東洋文庫 858

論語集注 4

朱熹
土田健次郎 訳注

平凡社

装幀　原　弘

目　次

論語集注1（既刊）

訳注者まえがき
論語序説
論語集注巻一
学而第一
為政第二
論語集注巻二
八佾第三
里仁第四

論語集注2（既刊）

論語集注巻三
公冶長第五
雍也第六
論語集注巻四
述而第七
泰伯第八

論語集注3（既刊）

論語集注巻五
子罕第九
郷党第十
論語集注巻六
先進第十一
顔淵第十二
論語集注巻七
子路第十三

論語《ろんご》集注《しっちゅう》4

朱《しゅ》 熹《き》 著
土田《つちだ》健次郎《けんじろう》 訳注

憲問第十四

胡氏が言った。「本篇はたぶん原憲の記録であろう」。合計四十七章。

胡氏曰、此篇疑原憲所記。凡四十七章。

胡氏曰わく、[1]此の篇疑うらくは原憲が[2]記す所なるべし、[3]と。凡そ四十七章。

（1）胡寅の語。（2）孔子の弟子。（3）この篇では、原憲は姓は記さず、しかも字《あざな》ではなく「憲」と諱《いみな》で表記されている。それゆえ当人の記録と見なしたのであろう。

第一章

憲問恥。子曰、邦有道穀、邦無道穀、恥也。［憲、恥を問う。子曰わく、邦、道有るに穀し、邦、道無きに穀するは、恥なり。］

「憲」は原思の名。「穀」は俸禄である。国に道が行われているのに何もできず、国に道が行われていないのに我が身を潔くできず、ただ俸禄を食《は》むことだけに意を用いているのは、ともに恥ずべきである。憲は狷介で、国に道が行われていないのに俸禄を受けることが恥ずべきであるのはもとよりわかっていた。ただ国に道が行われていても何もできずに俸禄を受けることが恥ずべきであることとなると、必ずしもわかっていなかった。それゆえ孔子は彼から質問があったおりに併せてこれを言い、それで彼の志を広げ、自分で励むことの意義をわからせ、為すべきことを行うように前進させようとしたのである。

憲、原思名。穀、禄也。邦有道不能有為、邦無道不能独善、而但知食禄、皆可恥也。憲之狷介、其於邦無道穀之可恥、固知之矣。至於邦有道穀之可恥、則未必知也。故夫子因其問而幷言之、以広其志、使知所以自勉、而進於有為也。

憲は、原思の名。[1] 穀は、禄なり。[2] 邦に道有るに為すこと有る能わず、邦に道無きに独り善くすること能わずして、但だ禄を食むを知るは、皆な恥ず可きなり。憲の狷介、其の邦に道無きに穀するの恥ず可きに於ては、固より之を知れり。邦に道有るに穀するの恥ず可きに至りては、則ち未だ必ずしも知らざるなり。故に夫子其の問いに因りて幷せて之を言い、以て其の志を広め、自ら勉むる所以を知りて、為すこと有るに進ましむるなり。

（1）「思」は、原憲の字。（2）『論語集解』に引く孔安国の注。

【補説】

［仁斎］自分自身だけを善く保つのはたやすいが、天下をも善くするのは難しい。恥といってもおのずから軽重の差があるのを知るべきである。

［徂徠］『論語集解』に引く孔安国の解釈のように、「邦に道が行われていれば俸禄をもらう。道が行われていないのにもらうのは恥である」という意味が正しい。秦漢以後、人はみな宰相になれることになってしまい、かくて士は功名の念が急となった。朱子の解釈にはそれが出ている。また原憲を狷介であったなどとするのは、勝手に古人を品評したものである。

＊徂徠は『論語徴』「題言」で、ここで原憲が「憲」と諱で記されていることから、『論語』後半は原憲の手になると言う。

第二章

克伐怨欲不行焉、可以為仁矣。［克伐怨欲行われざるを、以て仁と為す可し。］

これもまた原憲が自分ができることを質問したのである。「克」は勝つのを好む。「伐」は自ら誇る。「怨」は怨恨。「欲」は貪欲。

此亦原憲以其所能而問也。克、好勝。伐、自矜。怨、忿恨。欲、貪欲。

此れも亦た原憲の其の能くする所を以て問うなり。克は、勝つを好む。(1) 伐は、自ら矜《ほこ》る。怨は、忿恨。欲は、貪欲。(2)

（1）『論語集解』に引く馬融の注。（2）『論語集解』に引く馬融の注。

子曰、可以為難矣。仁則吾不知也。［子曰わく、以て難しと為す可し。仁は則ち吾知らざるなり、と。］

この四者が起こってもそれを制止でき、それを顕わに発現させないようにするのは、困難と言ってよい。しかし仁は、天理が渾然としていて、この四者の累などもともとは無いものである。発現しないのは言うまでもない。○程子が言われた。「人であって闘争心、驕傲、怨恨、貪欲が無いのは、ただ仁者だけができることである。これらが起こっても、その情を制御し、顕わに発現させないようにするのは、これも難しいことではあるが、仁と言うには不十分である。ここでの聖人の啓発は深い。残念なのは、原憲が再び問うことができなかったことである」。ある人が言った。「四者が顕わに発現しないということでは、もとより仁とすることはできない。しかし少なくとも自己に打ち勝つ事とか、仁を求むる方法とかではないのか」。それにこう答えた。「私欲を克服し礼に復帰すれば、私欲は残らず、天理の本然を得ることになる。もしただ制御して顕在化させないようにするだけでは、まだ病根を抜き去るということにはならず、それが胸中に潜伏し温存する余地が残っている。どうして私欲を克服したり仁を求めるということになろうか。学ぶ者がこの二者の差を察すれば、仁を求めるための修養は、ますます我が身に切実になって遺漏は無くなる」。

有是四者而能制之、使不得行、可謂難矣。仁則天理渾然、自無四者之累。不行不足以言之也。
○程子曰、人而無克伐怨欲、惟仁者能之。有之而能制其情、使不行、斯亦難能也、謂之仁、則未也。此聖人開示之深。惜乎、憲之不能再問也。或曰、四者不行、固不得為仁矣。然亦豈非所

是の四者有りて能く之を制すれども、行うことを得ざらしむは、難しと謂う可し①。仁は則ち天理渾然②、自ら四者の累無し。行われざるは以て之を言うに足らざるなり。
○程子曰わく③、人にして克伐怨欲無きは、惟だ仁者のみ之を能くす。之有りて能く其の情を制し、行われざらしむるは、斯れも亦た能くし難けれども、之を仁と謂うは、則ち未だしなり。此れ聖人の開示することの深きなり。惜しいかな、憲の再び問う能わざること、と。或ひと曰わく④、四者行われざるは、固より仁と為すを得ず。然れ

謂克己之事、求仁之方乎。曰、克去己私以復乎礼、則私欲不留、而天理之本然者得矣。若但制而不行、則是未有抜去病根之意、而容其潜蔵隠伏於胸中也。豈克己求仁之謂哉。学者察於二者之間、則其所以求仁之功、益親切而無滲漏矣。

ども亦た豈に所謂己に克つの事、仁を求むるの方に非ずや、と。曰わく、己私を克去しきて以て礼に復すれば、則ち私欲留まらずして、天理の本然なる者を得るなり。若し但だ制して行わざるは、則ち是れ未だ病根を抜去するの意有らずして、其の胸中に潜蔵隠伏するを容すなり。豈に己に克ち仁を求むるの謂ならんや。学者二者の間を察せば、則ち其の仁を求むる所以の功、益〻親切にして滲漏(5)すること無し、と。

(1) 否定的心情が起こった後で制御するよりも、起こらないようにすることが困難であり、重要なのであるということ。(2)「渾然」とは、個別の理が無数に具わり、それが一つに溶けあっている状態。(3) 程頤の語。「開示することの深きなり」までは『論語精義』七下に引く『伊川解』(おそらく『論語解』の現在佚した部分)。「憲の再び問うこと能わざること」は、『程氏遺書』一八。(4) これ以下は、程頤の語ではなく、朱子の地の文として訳した。(5) 水が漏れること。遺漏。

【補説】

[仁斎] 慈愛の徳が他者に及び、いささかの残忍な心も無くてこそ、仁と言えるのである。「克伐怨

欲」を防ぐというのは原憲の言葉と思われるが、専ら不仁の防御ばかり意識している。しかし徳の何たるかを知っている者は、仁の実現に意を用い、防御には力を入れないものであって、それゆえ「仁は則ち吾知らざるなり」と孔子は言ったのである。徳の実現に励めば、おのずと不徳は減退する。無理矢理欲望を無くそうとする朱子など後世の無欲主静の説は、仏教など異端の寂滅の教である。
［徂徠］本章の前に脱文があったと思われる。当時の人が管仲あたりをあげて賞賛したのであろう。弟子の質問なら「矣」ではなく「乎」のはずである。「克伐怨欲行われざる」とは克伐怨欲が国中に行われなくなったということ。「仁は則ち吾知らざるなり」とは、その人に民を安んずる仁の徳があったかは知らないということである。

第三章

子曰、士而懐居、不足以為士矣。［子曰わく、士にして居を懐《おも》うは、以て士と為すに足らず、と。］

居は、便がよく居心地がよい気持ちになるところを言う。

居、謂意所便安処也。　「居」は、意の便安(1)する所の処を謂うなり。

（1）便がよく、安らか。

【補説】

［仁斎］士たる者は、安逸を求めず、社会に貢献する志を持つべきである。

［徂徠］心の持ち方の問題にする朱子の解釈は天理と人欲を厳格に分ける説であって、酷薄に過ぎる。大夫も使者には立つが、主なる務めは国内の政務であるのに対し、士の重要な責務は四方への使いだからこのように言ったのである。

第四章
子曰、邦有道、危言危行。邦無道、危行言孫。［子曰わく、邦、道有れば、言を危くし、行を危くす。邦、道無ければ、行を危くし、言孫《したが》う、と。］

「行」と「孫」はともに去声。○「危」は、険しく厳しいこと。「孫」は、謙虚で状況に随順すること。尹氏が言った。「君子の節義の保ち方は、状況によって変わるべきではない。しかし言葉つきとなると、時にあえて言い尽くさないですます場合があるのは、それによって災禍を避けるのである。ということは、国を統治する者が士に謙虚随順の言葉を出させるようであるのは、危うい状況だということではなかろうか」。

行孫、並去声。○危、高峻也。孫、卑順也。尹氏曰、君子之持身、不可変也。至於言、則有時而不敢尽、以避禍也。然則為国者、使士言孫、豈不殆哉。

行、孫は、並びに去声。[1]○危は、高峻なり。孫は、卑順なり。[2]尹氏曰わく、[3]君子の身を持するや、変ず可からず。言に至りては、則ち時有りて敢えて尽くさず、以て禍を避くるなり。然らば則ち国を為《おさ》むる者、士をして言孫わしむ、豈に殆《あやう》からずや、と。

（1）ここの「行」は「おこない」。学而第一・第一一章の注（1）（第1巻の一〇三ページ）を参照。
（2）ここの「孫」は去声で、「謙譲」。卑屈ということではない。なお「まご」や「子孫」の時は平声。「孫は、順なり」（『論語集解』の何晏の注）。（3）尹焞の語。『論語集解』七下に引く。

【補説】
［仁斎］君子は国に道が行われていなくても、もとより妥協すべきではない。ただ舌鋒をやわらげ禍が及ばないようにはするのであって、道を得た者でなければできないことである。
［徂徠］（注が無い）。

第五章

子曰、有徳者、必有言。有言者、不必有徳。仁者必有勇。勇者不必有仁。［子曰わく、徳有る者は、必ず言有り。言有る者は、必ずしも徳有らず。仁者は必ず勇有り。勇者は必ずしも仁有らず、と。］

徳がある者は、穏やかさ健やかさを心に積み、英明さ立派さを外に発する。能弁な者は、口先だけで阿諛迎合することがある。仁者は、心に私欲によるわだかまりが無く、義を見れば必ず行う。勇者は、血気が盛んなだけのことがある。○尹氏が言った。「徳がある者は必ずそれが言葉に現れる。口だけが達者な者は、必ずしも徳があるわけではない。仁者は、その志は必ず勇猛である。ただ勇猛なだけな者は、必ずしも仁があるわけではない」。

有徳者、和順積中、英華発外。能言者、或便佞口給而已。仁者、心無私累、見義必為。勇者、或血気之強而已。○尹氏曰、有徳

徳有る者は、和順中に積み、英華外に発す。(1) 能く言う者は、或は便佞口給(2)のみ。仁者は、心に私累無く、義を見て必ず為す。(3) 勇者は、或いは血気の強のみ。(4) ○尹氏曰わく、(5) 徳有る者は必ず言有り。徒《いたずら》に能く言う者は、未だ必

者必有言。徒能言者、未必有徳也。仁者志必勇。徒能勇者、未必有仁也。

ずしも徳有らざるなり。仁者は志必ず勇なり。徒に能く勇なる者は、未だ必ずしも仁有らざるなり、と。

（1）「徳とは性の端なり。楽とは徳の華なり。……和順、中に積みて、英華、外に発す」（『礼記』楽記）。（2）「便佞」は言葉巧みに阿諛迎合すること。「便佞を友とす」（季氏第一六・第四章）。「口給」は口達者。「人に禦《あた》るに口給を以てす」（公冶長第五・第四章）。（3）「義を見て為さざるは勇無きなり」（為政第二・第二四章）。（4）血気の強は、肉体に由来する衝動的な意志力。（5）尹焞の語。『論語精義』七下に引く。

【補説】

［仁斎］徳を持つ者は言葉もきちんとし、仁である者は勇があることを前提にしての言葉である。

［徂徠］（注が無い）。

第六章

南宮适問於孔子曰、羿善射、奡盪舟。倶不得其死然。禹稷躬稼而有天下。夫子不答。南宮适出。子曰、君子哉若人。尚徳哉若人。「南宮适《なんきゅうかつ》孔子に問いて曰わく、羿《げい》、

射を善くし、奡《ごう》、舟を盪《うごか》す。倶に其の死を得ざること然り。禹稷は躬《みずか》ら稼して天下を有《たも》つ、と。夫子答えず。南宮适出づ。子曰わく、君子なるかな若《か》くのごとき人。徳を尚べるかな若くのごとき人、と。」

「适」は古活の反。「羿」の音は詣。「奡」は五報の反。「盪」は土浪の反。○「南宮适」は南容である。「羿」は有窮の君で、弓射の名手で、夏の君相を滅してその位を簒奪した。その臣の寒《かん》浞《さく》はまた羿を殺してそれに替わった。「奡」の字は『春秋伝』では、「澆《ぎょう》」となっている。浞の子である。力は陸地で舟を動かすほどであった。後に夏の君の少康に誅された。禹は洪水を治め用地を整備し、稷が農業を教えると、自らも農作業に親しんだ。禹は舜から位を譲られて、天下を統治した。稷の子孫は周の武王に至ると、これもまた天下を統治した。适の言っている意味は、羿や奡を当世の権力者になぞらえ、禹や稷を孔子になぞらえるものであった。それゆえ孔子は答えなかったのである。しかし适のこのような言葉から、彼が君子であって、徳を尊ぶ心があったと言うことができる。であるから賛同せざるを得なかったのである。それゆえ彼が退出するのを待って彼を賛美したのである。

适、古活反。羿、音詣。奡、五報反。盪、土浪反。○南宮适、

适は、古活の反(1)。羿は、音詣(2)。奡は、五報の反(3)。盪は、土浪の反(4)。○南宮适は、即ち南容なり(5)。羿は、有窮の君、(6)

即南容也。羿、有窮之君、善射、滅夏后相而簒其位。其臣寒浞、又殺羿而代之。奡、春秋伝作澆。浞之子也。力能陸地行舟。後為夏后少康所誅。禹平水土、曁稷播種、身親稼穡之事。禹受舜禅、而有天下。稷之後、至周武王、亦有天下。适之意、蓋以羿奡比当世之有権力者、而以禹稷比孔子也。故孔子不答。然适之言如此、可謂君子之人、而有尚徳之心矣。不可以不与。故俟其出而賛美之。

射を善くし、夏后相[7]を滅して其の位を簒《うば》う。其の臣寒浞、又た羿を殺して之に代わる[8]。奡は、春秋伝に澆に作る[9]。浞の子なり[10]。力は能く陸地に舟を行《や》る[11]。後に夏后少康[12]の誅する所と為る[13]。禹は水土を平らげ、稷に曁《およ》びて播種《はしゅ》し[14]、身《みずか》ら稼穡《かしょく》の事に親しむ[15]。禹は舜の禅を受けて、天下を有つ[16]。稷の後、周の武王に至りて、亦た天下を有つ。适の意は、蓋し羿、奡を以て当世の権力有る者に比して、禹、稷を以て孔子に比すなり。故に孔子答えず。然れども适の言此の如ければ、君子の人にして、徳を尚ぶの心有りと謂う可し。以て与せざる可からず。故に其の出づるを俟ちて之を賛美す。

(1)『経典釈文』二四。　(2)『経典釈文』二四。　(3)『経典釈文』二四。　(4)『経典釈文』二四。　(5)公治長第五・第一章参照。　(6)夏の時代の国の名。　(7)夏の天子。「相」は名。
(8)以上の経緯については、『春秋左氏伝』襄公四年にある魏絳《ぎこう》の言。　(9)『春秋左氏伝』襄公四年、及び哀公元年。（10）浞は羿の妻妾を自分のものにして澆（奡）を生ませた（『春秋左氏伝』襄公四年）。（11）『論語集解』に引く孔安国の注。（12）相の子。（13）「後に夏后少康」からは、『春秋左氏伝』襄公四年、及び哀公元年にある伍員（伍子胥）の言。（14）「禹、水土を平げ、山川を主名す。稷、播種を降し、農、嘉穀を殖す」（『書経』周書・呂刑）。（15）植え付けと収穫。農作業。「后稷、民に稼穡を教う」（『孟子』）滕文公上）。（16）禹は夏を開き、稷は周の祖。

【補説】
［仁斎］南宮は魯の三桓氏の一族（『春秋左氏伝』によると孟懿子の兄弟）で、専横の家に生まれながらこのように聖門の教にかなっていた。
［徂徠］「徳を尚ぶ」とは有徳者を尊ぶということ。君子であれば当然そうであるのだが、孔子は特にこう言うことでこの姿勢を賛嘆したのである。

第七章
子曰、君子而不仁者有矣夫。未有小人而仁者也。［子曰わく、君子にして不仁なる者有るかな。未だ小人にして仁なる者有らざるなり、と。］

「夫」の音は扶。○謝氏が言った。「君子は仁に志す。しかしほんのわずかの間でも、心がそこに無ければ、不仁であるのを免れない」。

夫、音扶。〇謝氏曰、君子志於仁矣。然毫忽之間、心不在焉、則未免為不仁也。

夫は、音扶。(1) 〇謝氏曰わく、(2) 君子は仁に志す。然れども毫忽《ごうこつ》の間、心焉《ここ》に在らざれば、(3) 則ち未だ不仁為《た》ることを免れざるなり、(4) と。

（1）ここでは「……かな」。雍也第六・第八章の注（1）（第2巻の一四六ページ）を参照。（2）謝良佐の語。『論語精義』七下に引く。（3）『大学』伝七章。（4）君子であっても、不仁に陥るの意。

【補説】

［仁斎］君子の不仁とは、人を愛する心があっても、人を愛する実質が無い場合である。臧文仲が六つの関所を廃したことや（『春秋左氏伝』文公二年に出ている孔子の語では彼の「三不仁」の一つとする）、子産が刑書を鋳たこと（『春秋左氏伝』昭公六年）などが不仁の例である。

［徂徠］（注が無い）。

第八章

子曰、愛之、能勿労乎。忠焉、能勿誨乎。［子曰わく、之を愛しては、能く労せしむること勿からんや。焉《これ》に忠ならば、能く誨《おし》うること勿からんや、と。］

蘇氏が言った。「子を愛しているだけできちんと励めさせられないのは、動物の愛である。君に忠誠を尽くしているだけで教誨の用に立たないのは、婦女や宦官の忠である。愛して励めさせることをわきまえるならば、その愛は深い。忠誠を尽くして教誨の用に立つことをわきまえるならば、その忠は大きい」。

蘇氏曰、愛而勿労、禽犢之愛也。忠而勿誨、婦寺之忠也。愛而知労之、則其為愛也深矣。忠而知誨之、則其為忠也大矣。

蘇氏曰わく(1)、愛して労すること勿きは、禽犢《きんとく》(2)の愛なり。忠(3)にして誨うること勿きは、婦寺の忠なり(4)。愛して之を労することを知れば、則ち其の愛為《た》るや深し。忠にして之を誨《おし》うることを知れば、則ち其の忠為るや大なり、と。

（1）蘇軾の語。　（2）鳥と子牛。ともに手土産に使う（『荀子』勧学）。また「老牛、犢を舐めるの愛」（『後漢書』楊彪伝）とあることからすると、動物的で盲目的な愛。『朱子語類』四四で学ぶ者の来訪の比喩があげられていることからすると、ここはまた子に限らず、「愛しても骨を折って教えてあげなければ動物の愛と同じである」という意味にもとれる。（3）『論語』の本義からするとまごころを尽くすことだが、蘇軾は忠誠の意味で言っている可能性がある。（4）『詩経』大雅・瞻卬《せんぎょう》に「教に匪《あら》ず誨に匪ず、時《こ》れ惟《こ》れ婦寺」とあり、その朱子の注に「蓋し其の言多しと雖も教誨の益有るに非ざる者は、是れ惟だ婦人と奄《えん》人のみ」とある。これは幽王が褒姒《ほうじ》を溺愛し奄人（宦官）を重用したことを非難したものと言う。ここはまた君に限らず「まごころを尽くしてもきちんと教えることが無ければ、婦女や宦官の誠実さと同じである」という意味にもとれる。

【補説】

［徂徠］（注が無い）。

第九章

子曰、為命、裨諶草創之、世叔討論之、行人子羽修飾之、東里子産潤色之。［子曰わく、命を為《つく》るに、裨諶《ひじん》之を草創し、世叔《せいしゅく》之を討論し、行人子羽之を修飾し、東里の子産之を潤色す、と。］

「裨」は婢之の反。「諶」は時林の反。○「裨諶」以下の四人はみな鄭の大夫である。「草」は

「あらまし」。「創」は始める。あらましの原稿を起草することを言う。「世叔」は游吉である。『春秋伝』では「子太叔」となっている。「討」は内容の検討。「論」は共同の討議。「行人」は使者を管理する官。「子羽」は公孫揮《き》である。「修飾」は添削することを言う。「東里」は地名、子産が居た所である。「潤色」は文飾を加えることを言う。鄭国で外交の辞命を作成する場合は、必ずこの四人の賢者の手を経て完成した。詳細で精密、それぞれの得意とする能力を尽くしていた。それゆえ諸侯に応対して、外交を失敗することは少なかった。孔子がこう言ったのは、これを評価したのである。

裨、婢之反。諶、時林反。○裨諶以下四人、皆鄭大夫。草、略也。創、造也。謂造為草藁也。世叔、游吉也。春秋伝作子太叔。討、尋究也。論、講議也。行人、掌使之官。子羽、公孫揮也。脩飾、謂増損之。東里、地名、子産所居也。潤色、謂加以文采也。鄭国之為辞命、必更此四賢之手

裨は、婢之の反(1)。諶は、時林の反(2)。○裨諶以下の四人は、皆な鄭の大夫。草は、略なり(3)。創は、造《はじむる》なり(4)。草藁《こう》を造為するを謂うなり。世叔は、游吉なり。春秋伝に子太叔に作る(5)。討は、尋ね究むなり。論は、講議なり。行人は、使を掌るの官(6)。子羽は、公孫揮なり。脩飾は、之を増損するを謂う。東里は、地名、子産の居る所なり。潤色は、加うるに文采を以てするを謂うなり。鄭国の辞命を為る、必ず此の四賢の手を更《へ》て成る(7)。詳審精密、各〻長ずる所を尽くす。是を以て諸侯に応対し、敗事有ること鮮し(8)。

而成。詳審精密、各尽所長。是以応対諸侯、鮮有敗事。孔子言此、蓋善之也。

孔子の此を言うは、蓋し之を善しとするなり。

（1）『経典釈文』二四。　（2）『経典釈文』二四では、「時針の反」。　（3）「草は、粗なり」（劉宋・裴駰『史記集解』陳丞相世家）。　（4）『国語』周語中の韋昭の注。　（5）『春秋左氏伝』襄公三一年。　（6）『論語集解』に引く馬融の注。　（7）『論語集解』に引く馬融の注。　（8）「子産、乃ち四国の為を子羽に問い、且つ多く辞令を為らしめ、裨諶と乗りて以て野に適き、可否を謀らしめ、馮簡子に告げて之を断ぜしめ、事成れば、乃ち子大叔に授けて之を行わしめ、以て賓客に応対す。是を以て敗事有る事鮮なし。北宮文子の所謂礼有るなり」（『春秋左氏伝』襄公三一年）。鄭の国では、子産のもと、辞令が慎重に作られ、かくて外交の失敗が無かった。

【補説】

［仁斎］自分の善は限りが有るが、天下の善は限りが無い。それゆえ子産は天下の善を用いて成果を挙げたのである。

［徂徠］「討論」とは誤りを駁すること。

第十章

或問子産。子曰、恵人也。［或ひと子産を問う。子曰わく、恵人なり、と。］

子産の政治は寛容だけであったわけではない。その心はひとえに人を愛するのを旨としていた。それゆえ孔子は彼を「恵み深い人」とした。その主要な点を挙げて言ったのである。

子産之政、不専於寛。然其心則一以愛人為主。故孔子以為恵人。蓋挙其重而言也。

子産(1)の政、寛に専らならず。然れども其の心は則ち一に人を愛するを以て主と為す(2)。故に孔子以て恵人と為す。蓋し其の重きを挙げて言うなり。

（1）鄭の名宰相の子産。　（2）「鄭の子産に疾有り。子大叔に謂いて曰わく、我死せば子必ず政を為さん。唯だ徳有る者は能く寛を以て民を服す。其の次は猛に如くは莫し。夫れ火は烈なり。民は望みて之を畏る。故に死するもの鮮し。水は懦弱なり。民狎れて之を翫べば、則ち死するもの多し。故に寛難し、と。疾むこと数月にして卒す。大叔政を為すに、猛に忍ばずして寛にす。鄭国盗多く、人を萑苻《かんぷ》の沢《たく》に取る。大叔之を悔いて曰わく、吾早に夫子に従えば、此に及ばず。徒兵を興し、以て萑苻の盗を攻め、尽く之を殺し、盗少しく止む。……子産の卒するに及び、仲尼之を聞き、涕を出して曰わく、古えの遺愛なり」（『春秋左氏伝』昭公二〇年）。なお『論語集解』に引く孔安国の注に「恵は、愛なり」とある。

問子西。曰、彼哉、彼哉。［子西を問う。曰わく、彼をや彼をや、と。］

「子西」は楚の公子の申で、楚国を譲って昭王を立て、その政を改め正した。彼もまた賢大夫である。しかし楚が王を僭称したことを改められなかった。昭王が孔子を登用しようとした時もまたそれを阻止した。その後は結局白公を召し、それによって禍乱を招いたのであるから、その人となりはわかろう。「あの男はね」とは、問題外にする言い方である。

子西、楚公子申、能遜楚国、立昭王、而改紀其政。亦賢大夫也。然不能革其僭王之号。昭王欲用孔子、又沮止之。其後卒召白公以致禍乱、則其為人可知矣。彼哉者、外之之辞。

子西は、楚の公子申、能く楚国を遜《ゆず》り、昭王を立てて、其の政を改め紀《ただ》す。①亦た賢大夫なり。然れども其の僭王の号を革むること能わず。②昭王孔子を用いんと欲するも、又た之を沮止す。③其の後卒《つい》に白公を召し、以て禍乱を致せば、④則ち其の人と為《な》り知る可し。彼をやとは、之を外にするの辞。

（1）『春秋左氏伝』昭公二六年。（2）諸侯なのに王を称するのをやめさせなかったこと。（3）『史記』孔子世家。（4）子西は、呉にいた楚の太子の建の子の勝を呉との国境に呼び寄せ白公と呼ばせた。後に子西は白公に殺され、白公も葉公の軍に攻められ山で縊れた。『春秋左氏伝』哀公一六年。

問管仲。曰、人也、奪伯氏駢邑三百。飯疏食、没歯、無怨言。［管仲を問う。曰わく、人《このひと》や、伯氏の駢邑三百を奪う。疏食を飯《くら》い、歯《よわい》を没するまで、怨言無し、と。］

「人や」とは、「この人は」と言うようなもの。「伯氏」は斉の大夫。「駢邑」は地名。「歯」は年齢である。桓公は伯氏の邑を奪い、それを管仲にあたえた。伯氏は自分の罪を自覚し、心から管仲の功績に頭を垂れた。それゆえ極貧のまま身を終えても、怨みの言葉は無かった。荀子の言う「戸籍帳簿三百冊分の領地を管仲にあたえたところ、供出させられた富人でそれを拒もうという者はいなかった」とは、この事である。〇ある人が問うた。「管仲と子産のどちらが優れているのか」。答えた。「管仲は、徳が才に勝っていない。子産は、才が徳に勝っていない。しかし聖人の学となると、おしなべて理解していないと言ってよかろう」。

人也、猶言此人也。伯氏、斉大　この人やとは、猶お此の人やと言うがごとし。(1)伯氏は、

夫。駢邑、地名。歯、年也。蓋桓公奪伯氏之邑、以与管仲。伯氏自知己罪、而心服管仲之功。故窮約以終身、而無怨言。荀卿所謂与之書社三百、而富人莫之敢拒者、即此事也。○或問、管仲子産孰優。曰、管仲之徳、不勝其才。子産之才、不勝其徳。然於聖人之学、則概乎其未有聞也。

斉の大夫。駢邑は、地名。歯は年なり(2)。蓋し桓公伯氏の邑を奪い、以て管仲に与う。伯氏自ら己の罪を知りて、心管仲の功に服す。故に窮約(3)し以て身を終うるも、怨言無し。荀卿の所謂之に書社三百(4)を与えて、富人之を敢えて拒む者莫しとは(5)、即ち此の事なり。○或ひと問う、管仲、子産孰れか優れる、と。曰わく、管仲の徳、其の才に勝たず。子産の才、其の徳に勝たず。然れども聖人の学に於ては、則ち概乎《がいこ》として其れ未だ聞くこと有らざるなり、と。

(1)『論語集解』に引く鄭玄の注に、『詩経』の「伊《こ》の人」というようなものと言う。　(2)『論語集解』に引く孔安国の注。　(3)貧窮。　(4)一つの社は、二十五家で(『説文解字』の「社」の項)、「書社」は、その社の人名を登録した簿冊のこと。またそれに相当する人口と土地。『荀子』仲尼の楊倞の注。三百ということは、七千五百家。　(5)『荀子』仲尼。

【補説】

[仁斎]「人なり」は「仁なり」の誤り。孔子が子産に対しては常に高い評価なのに、管仲については厳しい言葉が多いのは、管仲については王道を基準に評価しているからである。管仲は確かに世の中に利沢をあたえ、天下後世に功績があったのであって、その点では子産の及ぶところではない。才が豊かであれば期待が大きくなり、名声が高ければ要求も厳しくなる。孔子の人物評価に対しては、このようなことを念頭に読むべきである。

[徂徠]「彼」は「佊」の誤りで、邪の意。「問管仲曰」は「管仲を問いて曰わく」ということで、「怨言無し」までが管仲についての質問の語。それに対する孔子の答えは次章の語。貴賤を問題にするのは君子で、貧富を問題にするのは小人である。次章では貧賤を問題にしているのであるから、ここの答えとして、貧しくなった伯氏に怨む気持ちを起こさせなかったことが、為政者にとって難事であると言っているのである。次章が独立した一章であるとすると、貧しくても怨まず富めども傲らないことを孔子が説いたことになるが、このようなことはよくあることで、わざわざ孔子が学ぶ者に教えるようなものではない。なお仁斎が「人や」を「仁なり」とするのは誤り。その文献上の根拠も誤っているし、怨ませなかったことを仁とすれば、仁はたいしたことではなくなってしまう。

第十一章

子曰、貧而無怨難。富而無驕易。［子曰わく、貧にして怨むこと無きは難し。富みて驕ること無きは易し、と。］

「易」は去声。○貧しい状態に対応するのは困難だが、富んだ状態に対応するのは容易なのは、人情の常である。しかし人は困難に対して努力すべきだが、容易なところもゆるがせにすべきでもないのである。

易、去声。○処貧難、処富易、人之常情。然人当勉其難而不可忽其易也。

易は、去声。(1)○貧に処るは難く、富に処るは易きは、人の常情なり。然れども人当に其の難きを勉むべくして其の易きを忽《ゆるがせに》す可からざるなり。

（1）ここでは「たやすい」。泰伯第八・第一二章の注（1）（第2巻の三六四ページ）を参照。

【補説】

［仁斎］これは一般人のための教えであって、学ぶ者については学而第一・第一五章の子貢の質問に対する「未だ貧しくして楽しみ富みて礼を好む者には若かざるなり」が尽くしている。

［徂徠］（前章の【補説】に言うように、これは前章の管仲についての質問に対する孔子の回答部分）。

第十二章

子曰、孟公綽、為趙魏老則優。不可以為滕薛大夫。「子曰わく、孟公綽《もうこうしゃく》は、趙魏の老と為れば則ち優なり。以て滕薛《とうせつ》の大夫と為る可からず、と。」

「公綽」は魯の大夫。「趙」、「魏」は晋の卿の家。「老」は、家臣の長。大きな卿の家は勢力は盛大であるが諸侯のような仕事は無い。その家の家臣の長は声望は高いが官僚としての責務は無い。「優」は余裕があること。「滕」、「薛」は二国の名。「大夫」は国政に任ずる者。滕、薛は国は小さいが政務は煩雑で、大夫は位が高く責務も重い。こうであるならば公綽はやはり清廉で無欲ではあるが、能力という点では劣った者だったのであろう。○楊氏が言った。「事前に見抜けず、その人の才能に合わない登用をすれば、それは人を棄てることである。これが君子が人を見抜けないことを懸念する理由である。このように言っていることから、孔子の人材登用の仕方がわかるであろう」。

公綽、魯大夫。趙魏、晋卿之家。老、家臣之長。大家勢重而無諸侯之事。家老望尊而無官守之責。優、有余也。滕薛、二国名。大

公綽は、魯の大夫。趙、魏は、晋卿の家。[1] 老は、家臣の長。[2] 大家勢重くして諸侯の事無し。家老は望み尊けれども官守の責無し。優は、余り有るなり。滕、薛は、二国の名。大夫は、国政に任ずる者。滕、薛は国小にして政

夫、任国政者。滕薛国小政繁、大夫位高責重。然則公綽蓋廉静寡欲、而短於才者也。○楊氏曰、知之弗予、枉其才而用之、則為棄人矣。此君子所以患不知人也。言此則孔子之用人可知矣。

繁く、大夫位高くして責重し。然らば則ち公綽蓋し廉静寡欲にして、才に短き者なり。○楊氏曰わく、(3)之を知ること予《あらかじ》めせず。(4)其の才を枉《ま》げて之を用うれば、則ち人を棄つるを為す。此れ君子の人を知らざるを患うる(5)所以なり。此を言えば則ち孔子の人を用うること知る可し、と。

(1) 趙、魏は、晋公に仕えていた卿の家。後に同じく卿であった韓と、晋の国を簒奪し三分した。(2)『論語集解』に引く孔安国の注。(3) 楊時の語。『論語精義』七下に引く。(4)「凡そ事予めすれば則ち立ち、予めせざれば則ち廃す」(『中庸』第二〇章)。(5) 学而第一・第一六章。

【補説】

〔仁斎〕人はそれぞれ取り柄があるから、長所を見抜いて登用することが重要である。

〔徂徠〕(注が無い)。

第十三章

子路問成人。子曰、若臧武仲之知、公綽之不欲、卞荘子之勇、冉求之芸、文之以礼楽、亦可以為成人矣。［子路、成人を問う。子曰わく、臧武仲の知、公綽《こうしゃく》の不欲、卞《べん》荘子《そうし》の勇、冉求《ぜんきゅう》の芸の若き、之を文《かざ》るに礼楽を以てせば、亦た以て成人と為す可し、と。］

「知」は去声。〇「成人」は完全な人と言うようなもの。「武仲」は魯の大夫、名は紇《こつ》。「荘子」は魯の卞邑《べんゆう》の大夫。この語の意味はこうである。この四者の長所を兼ねれば、その知は理を窮めるのに十分であり、清廉さは心を養うのに十分であり、勇は行動に励むのに十分であり、才芸は広く対応するのに十分である。さらに礼で節度があるようにし、音楽で調和するようにし、内面に徳が完成し、礼貌が外に現れるようにすれば、能力は完全で徳も全て具わり、特にそれで名を知られるような善の形跡さえも一つも見えないような渾然たる状態になる。中正を全うし和楽であって、純粋であって偏りや雑駁の弊害が無い。そしてその人格は完成する。しかし「亦た」と言っているのは、窮極の状態ではないからである。子路が到達できる範囲について告げたのである。もし窮極を論ずるのならば、人道を尽くした聖人でもなければ、語るには不十分である。

知、去声。〇成人、猶言全人。　知は、去声。(1)〇成人は、猶お全人(2)と言うがごとし。武仲

武仲、魯大夫、名紇。荘子、魯卞邑大夫。言兼此四子之長、則知足以窮理、廉足以養心、勇足以力行、芸足以泛応。而又節之以礼、和之以楽、使徳成於内、而文見乎外、則材全徳備、渾然不見一善成名之迹、中正和楽、粋然無復偏倚駁雑之蔽、而其為人也亦成矣。然亦之為言、非其至者。蓋就子路之所可及而語之也。若論其至、則非聖人之尽人道、不足以語此。

は、魯の大夫、名は、紇。荘子は、魯の卞邑の大夫。言うこころは、此の四子の長を兼ぬれば、則ち知以て理を窮むるに(3)足り、廉以て心を養うに足り、勇以て力行する(4)に足り、芸以て泛《ひろ》く応ずるに足れり。而して又た之を節するに礼を以てし、之を和するに楽を以てし、徳内に成りて、文外に見われしむれば、則ち材全く徳備わり、渾然として一善の名を成すの迹を見ず(5)。中正和楽、粋然として復た偏倚駁雑の蔽無し。而して其の人と為《た》りや亦た成る。然れども亦の言為るは、其の至れる者に非ず。蓋し子路の及ぶ可き所に就《つ》きて之を語ぐるなり。若し其の至を論ずれば、則ち聖人の人道を尽くすに非ざれば、以て此を語るに足らず(6)。

(1) ここでは、「智」の意。里仁第四・第一章の注を参照。　(2) 全ての徳が全うされている者。
(3)『易経』説卦伝。　(4)『中庸』第二〇章。　(5) 全ての徳が渾然として具わり、その人の名が知られるような個別的な善徳を特定できない状態。　(6) 聖人の境地は言語を超えていて十全な描写は不可能なのである。

曰、今之成人者、何必然。見利思義、見危授命、久要不忘平生之言、亦可以為成人矣。［曰わく、今の成人なる者は、何ぞ必ずしも然らん。利を見ては義を思い、危きを見ては命を授け、久要は平生の言を忘れざれば、亦た以て成人と為す可し、と。］

もう一度「曰」の字を加えているのは、答えたうえでもう一度言ったのである。「命を授く」とは、その生を惜しまないで、人のために献身することを言う。「久要」は、過去の約束。「平生」は、平日。このような誠実さが本当にあれば、才知や礼楽がまだ具わっていなくても、「成人」の次の段階とすることができる。○程子が言われた。「明らかに知り、厚く信じ、果断に行うことができれば、「天下の達徳」である。孔子が言う「成人」もまたこの三者から出るものではない。武仲の知、公綽の仁、卞荘子の勇、冉求の芸というこの四人の能力を合わせて、礼楽によって磨きをかけるようにすべきである。それもまた「成人」とすることができる。しかし「大成」の境地を論ずるとなると、ここに止まるものではない。ましてや今の「成人」などは、誠実さはあるが礼楽にまで及んでいないのであるから、「成人」に次ぐ段階の者である」。また言われた。「臧武仲は知であったが、正しかったわけではない。しかし礼楽で磨きをかけたならば、不正は無かったであろう」。更に言われた。「「成人」と呼べるのは、聖人以外に誰がいようか。

孟子に言う。「ただ聖人であってこそ、その天賦の能力を発揮できる」。このようであってはじめて「成人」の名を称することができるのである」。○胡氏が言った。「「今の成人」以下は、子路の言葉である。さすがに「聞いたらすぐに行おう」と勇む心を抑えているが、「一生復誦する」頑固さがここにはある」。これが正しいかどうかはわからない。

復加曰字者、既答而復言也。授命、言不愛其生、持以与人也。久要、旧約也。平生、平日也。有是忠信之実、則雖其才知礼楽、有所未備、亦可以為成人之次也。○程子曰、知之明、信之篤、行之果、天下之達徳也。若孔子所謂成人、亦不出此三者。武仲知也。公綽仁也。卞荘子勇也。冉求芸也。須是合此四人之能、文之以礼楽。亦可以為成人矣。然而論其大成、則不止於此。若今

復た曰の字を加うるは、既に答えて復た言うなり。命を授くは、其の生を愛《おし》まず、持して以て人に与うるを言うなり。久要は、旧約なり(1)。平生は、平日なり(2)。是の忠信の実有れば、則ち其の才知礼楽、未だ備わらざる所有りと雖も、亦た以て成人の次と為す可きなり。○程子曰わく(3)、之を知ること明らかに、之を信ずること篤く、之を行うこと果なるは、天下の達徳(4)なり。孔子の所謂《いわゆる》成人の若きも、亦た此の三者を出でず。武仲の知や、公綽の仁や、卞荘子の勇や、冉求の芸や、須く是れ此の四人の能を合して、之を文るに礼楽を以てすべし。亦た以て成人と為す可し。然り而して其の大成(5)を論ずれば、則ち此に止まらず。今の成人の若きは、忠信有りて礼楽に及ばざ

之成人、有忠信而不及於礼楽、則又其次者也。又曰、臧武仲之知、非正也。若文之以礼楽、則無不正矣。又曰、語成人之名、非聖人孰能之。孟子曰、惟聖人然後可以践形。如此方可以称成人之名。○胡氏曰、今之成人以下、乃子路之言。蓋不復聞斯行之之勇、而有終身誦之之固矣。未詳是否。

れば、則ち又た其の次なる者なり、と。又た曰わく[6]、臧武仲の知は、正しきに非ざるなり。若し之を文るに礼楽を以てすれば、則ち正しからざること無し[7]、と。又た曰わく[8]、成人の名を語るは、聖人に非ざれば孰《たれ》か之を能くせん。孟子曰わく[9]、惟だ聖人にして然る後に以て形を践む可し、と。此の如くして方《はじ》めて以て成人の名を称す可し、と。○胡氏曰わく[10]、今の成人以下は、乃ち子路の言なり。蓋し復た聞けば斯《すなわ》ち之を行う[11]の勇ならずして、終身之を誦する[12]の固有り、と。未だ是なるや否やを詳らかにせず[13]。

（1）『論語集解』に引く孔安国の語。　（2）「古い約束は平日の言葉であっても」ということ。（3）程顥の語、『程氏遺書』一三。「須く是れ此の四人の能を合して」以下は程頤の語。『程氏遺書』二二上。　（4）『中庸』第二〇章。　（5）『孟子』万章下では、孔子を「大成」とする。　（6）程顥か程頤の語。『程氏外書』七。　（7）本章第一五章では、孔子は臧武仲の行動を批判している。つまり臧武仲自身は知者であっても不正の行動があったが、もし礼楽を修得すればその不正は無かったであろう、ということ。　（8）程顥の語。『程氏遺書』一一。　（9）『孟子』尽心上。　（10）胡寅の語。(11)先進第一一・第二一章の子路に関する語。(12)子罕第九・第二六章の子路に関する語。(13)『朱子語類』四四の方では、朱子は「曰わく、今の成人なる者」以下を子路の語とする胡寅の説に賛同している。ここの内容は子路が既にわかっている程度のものであるから、わざわざ孔子が教える必要が無いとするのである。また朱子は、この語に対する孔子のコメントが無いのは、退出した後の子路の語であるためと推測する。

【補説】

［仁斎］朱子の注に引く胡寅は、後の「曰わく」以下を子路の言葉とするが、先進第一一・第二四章の語意と似ていることからすると、それが正しい。この語を載せているのは、子路の言葉は理に合致しているところがあり、孔子がそれを認めたからである。

高い能力を持っている者はとかく自負心が過剰になる。それゆえ「成人」となるには、礼楽で節度を持たせることが必要になる。なお朱子の注に「四子の長を兼ぬ」というのは、誤り。四子の長はそれぞれが世間の高い評価の対象となるものである。聖人はできもしないことを学ぶ者に望まない。

［徂徠］後の「曰わく」以下は孔子の語で、子路のものとする胡寅（朱子の注）や仁斎は誤り。子路がまた問うたということを記録者が削ってしまったので、まぎらわしくなったのである。前半の「成人」は誰でもなれるものではない世襲の古えの大夫について言い、後半の「今の成人」は今の士のことを言ったのである。また「危きを見ては命を授け」とは、兵争の世にも忠実に君命に従って他国に使いするということ。

仁斎が朱子の「四子の長を兼ぬ」というのを批判しているのは正しい。ただ仁斎が「之を文するに礼楽を以てす」を礼楽によって偏りをなおし欠落を補うこととするのは礼楽の本質をわかっていない。「文す」とは白木に彩色するようなことではなく、養ってそれぞれの持ち前を立派に完成させていくこと。礼楽によらなければ、それぞれの徳は完成できないのである。

第十四章

子問公叔文子於公明賈曰、信乎、夫子不言、不笑、不取乎。［子、公叔文子を公明賈に問いて曰わく、信《まこと》なるか、夫子の言わず、笑わず、取らざること、と。］

「公叔文子」は衛の大夫の公孫抜である。「公明」は姓。「賈」は名。また衛の人である。文子の人格の詳細はわからない。しかし必ずや清廉な人物であったであろう。それゆえ当時この三点（言わず、笑わず、受け取らず）によって評価されていた。

公叔文子、衛大夫公孫抜也。公明、姓。賈、名。亦衛人。文子為人、其詳不可知、然必廉静之士。故当時以三者称之。

公叔文子は、衛の大夫の公孫抜なり。公明は、姓。賈は、名。亦た衛の人なり。文子の人と為《な》り、其の詳は知る可からず、然れども必ずや廉静の士ならん。故に当時三者を以て之を称す。(1)

（1）本文の「夫子」とは「夫《か》の子」で、公叔文子のこと。

公明賈対曰、以告者過也。夫子時然後言。人不厭其言。楽然後笑。人不厭其笑。義然後取。人不厭其取。子曰、其然、豈其然乎。［公明賈対えて曰わく、以て告ぐること過ぐるなり。夫子時にして然る後言う。人其の言うことを厭わず。楽しみて然る後に笑う。人其の笑うことを厭わず。義ありて然る後取る。人其の取ることを厭わず、と。子曰わく、其れ然り、豈に其れ然らんや、と。］

「厭う」とは、多すぎて嫌悪を催すことを言う語。物事の程度が適切であれば、人は厭わないで、その事を意識しなくなる。それゆえこのことを誉めることが時に誇張され、「言わず」、「笑わず」、「受け取らず」と言ったのである。しかしここで言われていることは、礼義が内面に満ち溢れ、それぞれの時宜に適切にかなう者でなければできないことである。文子は賢者であったが、たぶんこの境地には及んでいなかったであろう。ただ君子は人が善を行うのを励まし、過ちを直接的に指摘することを望まない。それゆえ「そうか。しかし本当にそうなのか」と言ったのである。これを疑ったのである。

厭者、苦其多而悪之之辞。事適其可、則人不厭、而不覚其有是矣。是以称之或過、而以為不言不笑不取也。然此言也、非礼義充溢於中、得時措之宜者不能。文子雖賢、疑未及此。但君子与人為善、不欲正言其非也。故曰其然、豈其然乎。蓋疑之也。

厭うとは、其の多きに苦しみて之を悪むの辞。事其の可に適《かな》えば、則ち人厭わずして、其の是れ有るを覚えず。是を以て之を称すること或いは過ぎて、以て言わず笑わず取らずと為すなり(1)。然れども此の言や、礼義中に充ち溢れ、時に措《お》くの宜しきを得る者に非ざれば能わず(2)。文子賢なりと雖も、疑うらくは未だ此に及ばず。但だ君子は人の善を為すを与《たす》け(3)、其の非を正言するを欲せざるなり。故に曰わく、其れ然り、豈に其れ然らんや、と。蓋し之を疑うなり(4)。

(1) 実際には「言い」、「笑い」、「受け取った」のであるが、それがあまりに適切であって特に意識されなかったので、誇張されて「言わず」、「笑わず」、「受け取らず」と言われることになった、ということ。　(2)『中庸』第二五章。　(3)「故に君子、人の善を為すを与くるより大なるは莫し」(『孟子』公孫丑上)。朱子はそこの注で「与は、猶お許すがごときなり。助くるなり。彼の善を取りて之を我に為せば、則ち彼益〻善を為すに勧む。是れ我其の善を為すを助くるなり」と言う。　(4) 直接的に誤りを指摘しないで、疑問を持っているという形で言ったということ。

【補説】

［徂徠］「時にして」は、「適切な時」ということ。

第十五章

子曰、臧武仲、以防求為後於魯。雖曰不要君、吾不信也。［子曰わく、臧武仲、防を以て後を魯に為すことを求む。君を要せずと曰うと雖も、吾は信ぜざるなり、と。］

「要」は平声。○「防」は地名。武仲が封ぜられた邑である。「要」は強制して要求すること。武仲は罪を得て邾《ちゅ》に出奔し、邾から防に行き、自分の後継者を立てることを請求し、その後に邑から退避した。その時に、もしその請求が受け入れられなければ、邑を拠点に反乱を起こすことを示威した。これは君を強制したものである。○范氏が言った。「「君を強制する者は、君を無視し」、大罪にあたる。武仲の邑は君から受けたものであり、罪を得て出奔したのであるから、後継者を立てるのは君が決めるものであって、自分が勝手にするものではない。それなのに邑を拠点にして請求したのは、知を好んで学を好まなかったからである」。楊氏が言った。「武仲は言葉を謙虚にして後継者擁立を請求した。その事跡は君に強制したものではない。しかし彼の意向としては君に対する強制が確かにあった。孔子の言葉はまた、『春秋』における動機を批判する方式である」。

要、平声。○防、地名。武仲所封邑也。要、有挟而求也。武仲得罪奔邾、自邾如防、使請立後而避邑。以示若不得請、則将拠邑以叛。是要君也。○范氏曰、要君者無上。罪之大者也。武仲之邑、受之於君、得罪出奔、則立後在君、非己所得専也。而拠邑以請、由其好知而不好学也。楊氏曰、武仲卑辞請後。其跡非要君者。而意実要之。夫子之言、亦春秋誅意之法也。

要は、平声①。○防は、地名。武仲の封ぜらるる所の邑なり。要は、挟むこと有りて求むるなり。武仲罪を得て邾《ちゅ》に奔《はし》り、邾より防に如《ゆ》き、後を立てることを請わしめて邑を避く②。以て若し請を得ざれば、則ち将に邑に拠りて以て叛《そむ》かんとするを示す。是れ君を要するなり③。○范氏曰わく④、君を要する者は上を無《な》みす。罪の大いなる者なり。武仲の邑、之を君に受け、罪を得て出奔すれば、則ち後を立つるは君に在り、己の専にするを得る所に非ざるなり。而して邑に拠りて以て請うは、其の知を好みて学を好まざるに由るなり⑤、と。楊氏曰わく⑥、武仲辞を卑しくして後を請う⑦。其の跡は君を要する者に非ず⑧。而れども意は実に之を要す。夫子の言は、亦た春秋の意を誅するの法なり⑨、と。

（1）脅迫する意味の場合は平声。「求める」の時も平声。去声の場合は、「要旨」など。（2）「臧孫（武仲）、防に如き、来り告げしめて曰わく、紇（武仲）は能く害せんとするに非ざるなり。知足らざるなり。敢えて私かに請うに非ず。苟くも先祀を守り、二勲を廃すること無ければ、敢えて邑を辟けず、と。乃ち臧為を立つ。臧紇（武仲）、防を致して斉に奔る」（『春秋左氏伝』襄公二三年）。臧武仲は本篇第一三章に見える。結果的には魯は異母兄の臧為を後継者にした。（3）『春秋左氏伝』襄公二三年の杜預の注に「邑に拠りて後を請う。故に孔子以て君を要すと為す」とある（『春秋経伝集解』）。（4）范祖禹の語。『論語精義』七下に引く。（5）本篇第一三章に「臧武仲の知」とあるように、彼は知者とされていた。またそこの朱子の注に引く二程の注では、そこの本文に「之を文るに礼楽を以てせば」とあるのをもとに、彼は不正であったが、礼楽を学んでいれば不正は無かったであろうとする。（6）楊時の語。『論語精義』七下に引く。（7）注（2）の『春秋左氏伝』襄公二三年の引用文にあるように、臧武仲は、自分を知が足りない者とし、跡継ぎを立てることを求めたのは、自分自身のためではなく、あくまでも父祖の勲功を無駄にしたくないからであるとした。（8）もともとは、孟孫氏が臧武仲のことを季孫氏に誣告し、それを信じた季孫氏が臧武仲を攻めたのが発端（『春秋左氏伝』襄公二三年）。（9）動機に対して筆誅を加える。「諝《しょ》聞く、春秋の義、情を原《たず》ね過を定め、事を赦し意を誅す」（『後漢書』霍諝伝）。「君子は意を誅して事を誅せず」（何休『公羊解詁』定公一三年）。

【補説】

［仁斎］臧武仲の事跡は直に似ていたが、心は直ではなかったので、孔子は批判した。

［徂徠］仁斎が「直」と「不直」の問題としたのは誤りで、臧武仲が「倫」を知らなかったのである。

第十六章

子曰、晋文公譎而不正。斉桓公正而不譎。［子曰わく、晋の文公は譎《いつわ》りて正しからず。斉の桓公は正しくして譎らず、と。］

「譎」は古穴の反。○「晋の文公」は、名は重耳。「斉の桓公」は、名は小白。「譎」は詐る。二公はともに諸侯の盟主であって、夷狄を撃退し周室を尊貴にした者たちであった。仁の名を借りて力を行使し、心はともに正しくはなかったとはいえ、桓公の方は楚を討伐するのに、義に則って相手の非を鳴らし、詐術によらなかった。あちら（桓公）の方がこちら（文公）よりもまだ善と言える。文公は衛を討伐して楚をおびき出し、陰謀によって勝利を得た。詐ることの甚だしいものである。二君の他の事跡もまた多くがこれに類している。それゆえ孔子はこう言って隠れている内面を明らかにしたのである。

譎、古穴反。○晋文公、名重耳。斉桓公、名小白。譎、詭也。二

譎は、古穴の反。(1)○晋の文公、名は重耳。斉の桓公、名は小白。譎は、詭なり。二公は皆な諸侯の盟主、夷狄を

公皆諸侯盟主、攘夷狄以尊周室者也。雖其以力仮仁、心皆不正、然桓公伐楚、仗義執言、不由詭道。猶為彼善於此。文公則伐衛以致楚、而陰謀以取勝。其譎甚矣。二君他事亦多類此。故夫子言此以発其隠。

攘《はら》いて以て周室を尊ぶ者なり。其の力を以て仁を仮り、心は皆な正しからずと雖も、然れども桓公の楚を伐つに、義に仗《よ》りて(2)言を執り(3)、詭《き》道《どう》(4)に由らず(5)。猶お彼は此より善と為す。文公は則ち衛を伐ち以て楚を致して、陰謀以て勝を取る(6)。其の譎ること甚だし。二君の他事も亦た多く此に類す。故に夫子此を言い以て其の隠を発す。

（1）『経典釈文』二四。　（2）「仗義」は義を把持する（『漢書』賈誼伝）。　（3）「執言」は、『易経』師六五・爻辞に見え、程頤の『易伝』では「其の罪を明らかにして之を討つなり」と言う。（4）詐術。「兵とは、詭道なり」（『孫子』計）。　（5）『春秋左氏伝』僖公四年。楚を伐った理由を桓公の宰相の管仲が言うところで、周を補佐する大義を持ち出している。　（6）『春秋左氏伝』僖公二八年。晋の文公は衛と曹を伐った。一方、宋は楚軍に包囲され、晋に救いを求めた。そこで晋は、宋に斉と秦を通して楚と和睦させるとともに、衛と曹の地を宋にあたえ、それによって衛と曹を愛している楚に斉と秦からの取りなしを拒絶させ、かくて斉と秦を自分の味方につけようとした。さらに晋は内密に衛と曹を復興させ、楚から離反させた。結局、晋、宋、斉、秦の連合軍と楚は対峙し、晋の軍は楚を破った。

【補説】

［仁斎］本章は、専ら桓公のことを語ったものである。桓公と文公は、王道ということからすれば全く正しいというわけではなかった。しかし桓公は葵丘《ききゅう》の会盟において太子を定めて王室を安んじ、文公は践土の会盟で天子を擁して諸侯に令し、そこには公と私、義と利の差があった。二人を比較すれば、桓公の方が評価できるのであって、聖人は桓公の美点を無視しなかったのである。後世の儒者が人を論ずるのに厳正であるが、毛を吹いて疵を求めるようであり、これでは古今にわたって完全な人間などいなくなってしまう。聖人は小さい過誤は赦し、一つの善も無視しない。それでこそ天地の心である。

［徂徠］「譎」とは縦横に計略を用いること、「正」は正攻法のことで、ともに兵家の言葉である。本章は桓公を称えて文公を貶めたのであるが、必ずしも両者の人となりを問題にしたのではなく、両者の用兵の差について言ったのである。文公は勝とうとし、桓公は負けないようにしたのである。

＊覇者たちの評価が問題になる章であって、朱子や仁斎は覇者を肯定しない立場を取りながらも、それでも道義性の程度で桓公と文公の優劣を論じている。それに対して兵学を重視した徂徠は、用兵の差という別の視点を取っている。

第十七章

子路曰、桓公殺公子糾。召忽死之。管仲不死。曰、未仁乎。［子路曰わく、桓公、公

子糾《きゅう》を殺す。召忽《こつ》之に死す。管仲は死せず、と。曰わく、未だ仁ならざるか、と。」

「糾」は居黝の反。「召」の音は邵。〇『春秋伝』に拠ると、斉の襄公は無道であった。鮑叔（鮑叔牙）は、公子の小白を奉じて莒《きょ》に出奔した。無知が襄公を弑殺するに及んで、管仲（管夷吾）と召忽は、公子の糾を奉じて魯に出奔した。魯人はこれを斉に送り込もうとしたが、成功しないうちに、小白の方が斉に入った。これが桓公である。彼は魯に公子の糾を殺させて、管仲と召忽の引き渡しを求めた。召忽はそこで自殺し、管仲は捕囚の身となることを求めた。鮑叔（鮑叔牙）は桓公に建議し、それによって管仲は宰相となった。子路は管仲が君の恩を忘れ君の仇に仕え、無慈悲で道理を顧みなかったのは、仁とはできないのではないかと疑ったのである。

糾、居黝反。召、音邵。〇按春秋伝、斉襄公無道。鮑叔牙奉公子小白奔莒。及無知弑襄公、管夷吾召忽、奉公子糾奔魯。魯人納之、未克、而小白入。是為桓公。使魯殺子糾、而請管召。召

糾は、居黝の反[1]。召は、音邵[2]。〇春秋伝を按ずるに[3]、斉の襄公[4]無道。鮑叔牙[5]公子小白[6]を奉じて莒《きょ》に奔る。無知[7]襄公を弑するに及び、管夷吾[8]召忽[9]、公子糾[10]を奉じて魯に奔る。魯人《ひと》之を納れんとするも、未だ克たずして、小白入る。是を桓公[11]と為す。魯をして子糾を殺さしめて、管召を請う。召忽之に死し、管仲囚われんことを請う。鮑叔

忽死之、管仲請囚。鮑叔牙言於桓公以為相。子路疑管仲忘君事讐、忍心害理、不得為仁也。

牙、桓公に言い、以て相《しょう》と為す。(12)子路、管仲の君を忘れ讐に事え、心を忍にし理を害するは、仁と為すを得ざるを疑うなり。

（1）『経典釈文』二四。（2）『経典釈文』二四。（3）『春秋左氏伝』荘公八年及び九年。（4）斉の君主で僖《き》公の子。（5）鮑叔。鮑は一族が斉に仕えて封ぜられた地名、叔は字。小白の守り役だった。（6）斉の僖公の庶子。後の桓公。（7）僖公の弟の夷仲年の子。僖公の寵愛を得ていたが、襄公即位の後抑圧され、襄公に怨みを持っていた。（8）管仲。後に斉の宰相となり桓公の覇業を助ける。（9）公子糾の守り役。（10）程頤は、小白（桓公）の弟とする（本篇第一八章の朱子の注）。なお逆に小白の庶兄とも言う（本篇第一八章の注（5）、五七ページを参照）。（11）覇者として有名な斉の桓公。（12）管仲と鮑叔の若い時からの交友は「管鮑の交わり」として有名。

子曰、桓公九合諸侯、不以兵車、管仲之力也。如其仁、如其仁。［子曰わく、桓公諸侯を九合するに、兵車を以てせざるは、管仲の力なり。其の仁に如《し》かんや、其の仁に如かんや、と。］

「九」は、『春秋伝』では「糾」となっている。意味は「率いる」。古字では通用する。「兵車によらない」とは、示威の力を借りないことを言う。「彼の仁に及ぼうか」とは、彼の仁に及ぶ者がいただろうかということを言う。二度言っているのは、このことを深く認めているのである。管仲は仁人たりえていなかったが、その恩沢は人々に及んだことからすれば、仁の功業があったとは言える。

九春秋伝作糾。督也。古字通用。不以兵車、言不仮威力也。如其仁、言誰如其仁者。又再言以深許之。蓋管仲雖未得為仁人、而其利沢及人、則有仁之功矣。

九は春秋伝に糾に作る。(1) 督なり。古字通用す。兵車を以てせずとは、威力を仮らざるを言うなり。其の仁に如かんやとは、誰か其の仁に如く者あらんやと言う。又た再言するは以て深く之を許す。蓋し管仲未だ仁人為るを得ずと雖も、而れども其の利沢人に及べば、則ち仁の功有り。

（1）『春秋左氏伝』襄公二六年。

【補説】

［仁斎］管仲は子糾に対して二心を抱きながら功をあげようとしたわけではなく、糾に純粋に尽くし

ていた。事が成らなかった段階で、命にこだわったという汚名を避けずに今度は桓公を補佐し天下を正した。それゆえ孔子は管仲が死すべきだったか否かを問わず、諸侯を糾合した功績を挙げ、仁を称えた。というのは、管仲は王法を宣揚し風俗を回復し、天下後世はその利沢と恩恵をこうむったのであるから、その徳は大きいと言えるのである。慈愛の心を一瞬も忘れないというのでなければ、もとよりこのように認めることは無い。それゆえ孔子は高弟でさえ許さなかった仁をもって管仲を評価した。

［徂徠］（注が無い）。

第十八章

子貢曰、管仲非仁者与。桓公殺公子糾、不能死。又相之。［子貢曰わく、管仲は仁者に非ざるか。桓公、公子糾を殺すに、死すること能わず。又た之に相たり、と。］

「与」は平声。「相」は去声。〇子貢は、死なかったのはまだよいとしても、宰相になったのはあまりのことである、と思ったのである。

与、平声。相、去声。〇子貢意　　与は、平声。(1)相は、去声。(2)〇子貢意えらく、死せざるは

不死猶可、相之則已甚矣。　猶お可なるも、之に相たるは則ち已甚《はなはだ》し。(3)

（1）ここでは「……か」。学而第一・第二章の注（1）（第1巻の六四ページ）を参照。（2）ここでは「宰相」。先進第一一・第二五章の注（1）（第3巻の二八一ページ）を参照。（3）召忽のように魯で公子の糾に殉じなかったのはまだしも、仕えていた糾を滅ぼした桓公の宰相になるとはあまりのことではないか、という意。

子曰、管仲相桓公、覇諸侯、一匡天下、民到于今、受其賜。微管仲、吾其被髪左衽矣。「子曰わく、管仲、桓公に相たりて、諸侯に覇たらしめ、天下を一匡《いっきょう》し、民、今に到るまで、其の賜を受く。管仲微《な》かりせば、吾其れ被髪左衽《さじん》せん。」

「被」は皮寄の反。「衽」は而審の反。〇「覇」は「伯」と同じ。長《おさ》である。「匡」は正す。周室を尊び夷狄を斥けるのは、ともに天下を正しくする方法である。「微」は無いということ。「衽」は衣の襟である。「ざんばら髪で左前の衣服」は夷狄の風俗である。

被、皮寄反。衽、而審反。〇覇、　被は、皮寄の反。(1) 衽は、而審の反。(2) 〇覇は、伯と同じ。(3)

与伯同。長也。匡、正也。尊周室、攘夷狄、皆所以正天下也。微、無也。衽、衣衿也。被髪左衽、夷狄之俗也。

長なり。(4)「匡」は、正すなり。(5)周室を尊び、夷狄を攘《はら》うは、皆な天下を正しくする所以なり。微は、無なり。(6)衽は、衣衿なり。(7)被髪左衽は、夷狄の俗なり。(8)

(1)『経典釈文』二四。　(2)『経典釈文』二四。　(3)『白虎通』号。　(4)「伯とは、長なり」『説文』の「覇」の条。　(5)『論語集解』に引く馬融の注。　(6)『論語集解』に引く馬融の注。　(7) 邢昺『論語正義』。　(8) 中華の地の風俗は、髪を結って冠をかぶり、衣の襟を右前にして着るが、夷狄ではそうではない。ここの本文は、「管仲がいなかったら、我々は夷狄に支配され、ざんばら髪で左前の衣の襟というその風俗を押しつけられていたであろう」ということ。

豈若匹夫匹婦之為諒也、自経於溝瀆、而莫之知也。［豈に匹夫匹婦の諒《まこと》を為すや、自ら溝瀆に経《くび》れて、之を知るもの莫きが若くならんや、と。］

「諒」は取るに足らぬ信義。「経」は首をつること。「これを知ることが無い」とは、人々がそれを知らないこと。『後漢書』ではこの文を引くが、そこでは「莫」の字の前に「人」の字が有る。

○程子が言われた。「桓公は兄である。子糾は弟である。管仲が私心によって仕え、国権争奪を補佐したのは、義ではない。桓公が子糾を殺したのは行き過ぎだが、子糾の行為は死んでも当然である。管仲は当初は共謀した。その結果ともに死んでもそれはそれでよい。争奪を補佐することが不義であることを知って、巻き込まれないようにして後に功業をあげようとするのもそれはそれでよい。それゆえ聖人は死なかったことを責めないで、その功業を称えた。もし桓公が弟で子糾が兄であったならば、管仲が補佐したことは正しい。それなのに桓公が国権を奪取し子糾を殺せば、管仲と桓公との関係は、ともに天を戴けない仇敵どうしとなる。それなのに後に功業をあげることを考えて、桓公に仕えることを受け入れたということならば、ここの聖人の言葉は非常に義を害い、万世にわたって謀叛不忠の乱れを開くものではなかろうか。唐の王珪や魏徴が、李建成の難の際に死なないで、太宗につき従ったようなのは、義を害すものと言うことができる。後に功業をあげても、どうして償えようか」。私が思うに、管仲は功があったが罪は無かったので、それゆえ聖人はその功を称えるだけであった。王と魏は先に罪があり後に功業があったのであるから、功罪を帳消しにせずはっきりと出した方がよいのである。

諒、小信也。経、縊也。莫之知、人不知也。後漢書引此文、莫字上、有人字。○程子曰、桓公、

諒は、小信なり。① 経は、縊《くび》るなり。② 之を知ること莫しとは、人知らざるなり。後漢書此の文を引くに、莫の字の上に、人の字有り。③ ○程子曰わく、④ 桓公は、兄なり。子

兄也。子糾、弟也。仲私於所事、輔之以争国、非義也。桓公殺之雖過、而糾之死実当。仲始与之同謀。遂与之同死可也。知輔之争為不義、将自免以図後功亦可也。故聖人不責其死、而称其功。若使桓弟而糾兄、管仲所輔者正。桓奪其国而殺之、則管仲之与桓、不可同世之讐也。若計其後功、而与其事桓、聖人之言、無乃害義之甚、啓万世反覆不忠之乱乎。如唐之王珪魏徴、不死建成之難、而従太宗、可謂害於義矣。後雖有功、何足贖哉。愚謂、管仲有功而無罪、故聖人独称其功。王魏先有罪而後有功、則不以相掩可也。

糾は、弟なり(5)。仲の事うる所に私して、之を輔けて以て国を争うは、義に非ざるなり。桓公の之を殺すは過ぎたりと雖も、而れども糾の死は実に当る。仲始め之と謀を同じくす。遂に之と死を同じくすとも可なり。之を輔けて争うことの不義為るを知れば、将に自ら免れて以て後功を図らんとするも亦た可なり。故に聖人其の死を責めずして、其の功を称す。若し桓弟にして糾兄たらしめば、管仲の輔くる所の者正し。桓其の国を奪いて之を殺せば、則ち管仲の桓に与《お》ける、世を同じくす可からざるの讐なり(6)。若し其の後功を計りて、其の桓に事うるを与《ゆる》せば、聖人の言、乃ち義を害するの甚だしき、万世の反覆不忠の乱を啓くこと無からんや。唐の王珪(7)、魏徴(8)の、建成(9)の難(10)に死せずして、太宗に従うが如き(11)は、義を害すと謂う可し。後功有りと雖も、何ぞ贖《あがな》うに足らんや、と。愚謂えらく、管仲は功有りて罪無ければ、故に聖人独り其の功を称す。王魏は先に罪有りて後に功有れば、則ち以て相い掩わずして可なり。

（1）取るに足らぬ頑なな誠実さ。衛霊公第一五・第三六章の朱子の注に「諒は、則ち是非を択ばずして信を必とす」と言う。（2）『荀子』彊国の唐の楊倞の注。（3）『後漢書』応劭伝。（4）程頤の語。『程氏外書』六。（5）程頤が桓公の方を兄とするのは、「斉桓其の弟を殺し以て国に反る」（『漢書』淮南衡山済北王伝の薄昭の語）に拠ったのであろう（元の金履祥『論語集註攷証』、及び荻生徂徠『論語徴』庚）。なお逆に桓公の方を弟とするものでは、「斉の僖公、公子諸児、公子糾、公子小白（桓公）を生む。……」（『管子』大匡）、「故に次弟糾魯に奔る。……次弟小白莒に奔る」（『史記』斉太公世家）、『荘子』盗跖、『越絶書』呉内伝など。（6）「父の讎は与に共に天を戴かず」（『礼記』曲礼上）。（7）唐初の人。建成に仕えたが、太宗が位を奪ってからは太宗に仕え勲功があった。（8）唐初の人。建成に仕えたが、太宗が位を奪ってからは太宗に仕え勲功があった。（9）高祖の子で太宗の兄。皇太子となる。弟の太宗が功業をあげ父の高祖も太子として遇するようになったのに危機を感じ、弟の元吉とともに太宗を殺害しようとしたが、逆に殺された。いわゆる「玄武門の変」。（10）「（武徳）九年六月、太宗兵を以て玄武門に入り、太子の建成及び斉王の元吉を殺す。高祖大に驚き、乃ち太宗を以て皇太子と為す」（『新唐書』太宗本紀）。（11）王珪については、「建成、皇太子と為るや中舎人を授け、中允に遷し、礼遇良《まこと》に厚し。……太子（建成）已に誅せらる、太宗召して諫議大夫と為す」（『新唐書』王薛馬韋伝）。魏徴については、「太子引きて洗馬と為す。徴、秦王の功高きを見て、陰に太子に勧めて早に計を為さしむ。太子敗る。……（太宗）位に即きて諫議大夫を拝す」（『新唐書』魏徴伝）。

【補説】

［仁斎］春秋時代では民は塗炭の苦しみを舐めていた。管仲がいたから中国の民たりえたのであって、もしいなければ夷狄の民になっていたであろう。管仲が子糾に殉じなかったのは、天下に対する抱負があったからであって、匹夫の誠実さとは異なるのである。

桓公と子糾の長幼の問題については、多くの書物が子糾の方を兄としている。ただ『春秋』では、母が正室かどうかの区別は厳格であるが、庶出の中ではどちらが兄かを問題にしない。ましてや管仲は子糾に対して誠意を尽くし、仇敵に出仕したと批判されるのも辞さず桓公の功業を成し遂げさせた。孔子はそれゆえ彼の非を言わなかったのである。

［徂徠］孔子が管仲を評価するのは、彼が仁であったからである。朱子の注に引く程子の語に桓公を兄、子糾を弟とするのは誤りで、桓公の方が弟であり、そのことは管仲評価とは関係が無い。また仁斎が庶出の中ではどちらが兄かは関係が無いというのも、村人ですら長幼の序列を問題にするのであって、強引な説である。孔子が桓公の方は仁とはしなかったことから、桓公に罪はあったことがわかる。しかし管仲が桓公に出会わなかったならば、世を救い民を安んずることはできなかった。このことからも管仲を咎めるべきではない。なお仁斎は前章の注で、管仲が慈愛の心を一瞬も忘れなかったから仁であると言うが、これは孟子の影響を受けた心学である。民を安んじ人に長たるの徳があってこそ仁なのである。

＊内面の道徳性を重視する朱子や仁斎にとって主君を変えた管仲を仁と認めることの説明は困難な問題であったが、徂徠の場合は、天下統治を儒教の本領とする立場から、政治的達成を軸に管仲を評価

することは容易であった。

第十九章

公叔文子之臣大夫僎、与文子同升諸公。［公叔文子の臣の大夫の僎《せん》、文子と同じく諸《これ》を公に升す。］

「僎」は士免の反。〇「臣」は家臣。「公」は公の朝廷。文子が僎を推薦して自分と同じように衛公の朝廷の臣とならせようとしたことを言う。

僎、士免反。〇臣、家臣。公、公朝。謂薦之与己同進、為公朝之臣也。

僎は、士免の反。(1)〇臣は、家臣。公は、公朝。(2)之を薦《すす》めて己と同じく進み、公朝の臣と為すを謂うなり。(3)

（1）『経典釈文』二四。　（2）衛の君主の朝廷。　（3）公叔文子（本篇第一四章の朱子の注を参照）は、自分の臣下の僎を推薦して、自分と同じように衛の君主の朝廷の臣下となるようにした。『論語集解』に引く孔安国の注もほぼ同内容。

子聞之曰、可以為文矣。［子之を聞きて曰わく、以て文と為す可し、と。］

「文」とは、理に順って麗しい秩序をなしているという意味。『謚《し》法』にもまた「民に爵位をあたえた場合、それを文と言う」とある。〇洪氏が言った。「身分が卑賤な家臣を引き上げて自分と並ばせたこの行いには、三つの善があった。人材を見抜いたのが第一。自負心に囚われなかったのが第二。君のために思って仕えたのが第三」。

文者、順理而成章之謂。謚法亦有所謂錫民爵位曰文者。〇洪氏曰、家臣之賤、而引之使与己並、有三善焉。知人一也。忘己二也。事君三也。

文とは、理に順いて章を成すの謂なり(1)。謚法にも亦た所謂民に爵位を錫《たま》うを文と曰う者有り(2)。〇洪氏曰わく(3)、家臣の賤にして、之を引きて己と並ばしむ、三善有り。人を知るは一なり。己を忘るるは二なり。君に事うるは三なり、と。

（1）「斐《ひ》然として章を成す」公冶長第五・第二一章の朱子の注に「斐は、文の貌。章を成すは、其の文理成就し、観る可き者有るを言う」。（2）「民に爵位を錫うを文と曰う」は、張守節『史記正義』

に収める「謚法解」、『逸周書』謚法解。なお「文」という謚《おくりな》についての言及は、公冶長第五・第一四章にも見える。　（3）洪興祖の語。

【補説】

［仁斎］「文」という謚は、本来は舜と文王のような存在に対するものであって、本章の一事のみでかかる謚を贈ることは、自分を虚しくし賢者を推薦することがいかに美徳であるかがわかる。

［徂徠］仁斎の「文」の謚についての議論は味わいが深い。「文」は道の別名で、謚でこれより大きいものは無い。他の善は自分の善の範囲であるが、賢者を推薦することの益は窮まり無い。

第二十章

子言衛霊公之無道也。康子曰、夫如是、奚而不喪。［子、衛の霊公の無道なるを言うなり。康子曰わく、夫れ是《かく》の如ければ、奚《なん》ぞ喪びざる、と。］

「夫」の音は扶。「喪」は去声。○「喪」は位を失う。

夫、音扶。喪、去声。○喪、失　　夫は、音扶。(1) 喪は、去声。(2) ○喪は、位を失うなり。

位也。

（1）ここでは「それ」。雍也第六・第八章の注（1）（第2巻の一四六ページ）参照。（2）ここでは「滅びる」の意。先進第一一・第八章の注（1）（第3巻の二一五ページ）を参照。

孔子曰、仲叔圉治賓客、祝鮀治宗廟、王孫賈治軍旅。夫如是、奚其喪。［孔子曰わく、仲叔圉《ぎょ》は賓客を治め、祝鮀《しゅくだ》は宗廟を治め、王孫賈《か》は軍旅を治む。夫れ是の如ければ、奚《なん》ぞ其れ喪びん、と。］

「仲叔圉」は孔文子である。三人はみな衛の臣。必ずしも賢ではなかったが、その能力は用うるに足りた。霊公は彼らをそれぞれの能力に適した職務に登用した。〇尹氏が言った。「衛の霊公は無道だったから位を失うべきであった。しかしこの三人を登用できたので、何とかその国を保つことができた。そうであれば道をわきまえた君が天下の賢才を登用した場合は、国を統治できるのは言うまでもなかろう。であるから『詩経』に「強くないことがあろうか、賢才の人を用いれば。四方の民は従う」と言うのである」。

仲叔圉、即孔文子也。三人皆衛臣。雖未必賢、而其才可用。霊公用之、又各当其才。○尹氏曰、衛霊公之無道、宜喪也。而能用此三人、猶足以保其国。而況有道之君、能用天下之賢才者乎。詩曰、無競維人。四方其訓之。

仲叔圉は、即ち孔文子なり。三人は皆な衛の臣。未だ必ずしも賢ならずと雖も、而れども其の才用う可し。霊公之を用うるに、又た各ゞ其の才に当たる。(1)○尹氏曰わく、(2)衛の霊公の無道、宜しく喪ぶべし。而れども能く此の三人を用うれば、猶お以て其の国を保つに足る。而るを況んや有道の君、能く天下の賢才を用うる者をや。詩に曰わく、(3)競《つよ》きこと無からんや維《こ》れ人。四方其れ之に訓《したが》う、と。

(1)『論語集解』に引く孔安国の注。　(2)尹焞の語。　(3)『詩経』大雅・抑。その朱子の注に「競は、彊なり。訓は、馴なり。……国を為むる者、人を得れば則ち彊《つよ》く、人を失えば則ち弱し。道に循う者は民の順う所にして、理に背く者は民の叛く所なり」とある(『詩集伝』)。賢才を登用すれば強くなり、四方の人々は服するということ。

【補説】

[仁斎]人材登用は重要であるが、後世の人材登用は、わずかな過誤を問題にし長所を生かさなかったり、登用しても能力を発揮させられないでいる。

[徂徠](注が無い)。

第二十一章

子曰、其言之不怍、則為之也難。［子曰わく、其れ之を言うに怍《は》じざれば、則ち之を為すや難し、と。］

大言して恥じないというのは、必ず行おうという志が無く、自分ができるかどうかを測らないということである。自分の言ったことを実行しようという場合、困難でないわけがあろうか。

大言不慙、則無必為之志、而不自度其能否矣。欲践其言、豈不難哉。

大言して慙《は》じざるは、(1)則ち必ず為すの志無くして、自ら其の能否を度《はか》らず。其の言を践まんと欲するも、豈に難からざらんや。

（1）『論語集解』に引く馬融の注に「怍は、慚なり」と言う。

【補説】

［仁斎］言葉に恥じることの無い者は、行いに疵が無い者であって、非常に困難なことである。

［徂徠］「其れ之を言うに怍じず」を内面に実質のある人のこととする邢昺の『論語正義』よりも、朱子の注の方が正しい（『論語正義』は『論語集解』に引く馬融の注を受けているが、仁斎はこの馬融を「馬氏曰わく」として引く）。

第二十二章

陳成子弑簡公。［陳成子、簡公を弑せり。］

「成子」は斉の大夫、名は恒。「簡公」は斉の君、名は壬。この事件は『春秋』哀公一四年に載せる。

成子、斉大夫、名恒。簡公、斉君、名壬。事在春秋哀公十四年。

成子は、斉の大夫、名は恒。簡公は、斉の君、名は壬。事は春秋哀公十四年に在り。(1)

（1）「甲午、斉の陳恒、其の君の壬（簡公）を舒州に弑す。孔丘、三日斎して斉を伐つことを請うこと三たびなり。公曰わく、魯、斉に弱めらるること久し。子の之を伐たんとするや、将に之を若何とするか、と。対えて曰わく、陳恒其の君を弑す。民の与《くみ》せざる者半ばなり、魯の衆を以て斉の半ばに加うれば克つ可きなり、と。公曰わく、子、季孫に告げよ、と。孔子辞す。退きて人に告げて曰わく、吾、大夫の後に従うを以て、故に敢えて言わずんばあらず、と」（『春秋左氏伝』哀公一四年）。

孔子沐浴而朝、告於哀公曰、陳恒弑其君。請討之。［孔子沐浴して朝し、哀公に告げて曰わく、陳恒其の君を弑せり。請う之を討たん、と。］

「朝」の音は潮。○この時孔子はすでに致仕して魯にいた。それなのに沐浴斎戒して君に告げたのは、この件を重視してゆるがせにしなかったからである。臣でありながらその君を弑殺するのは、人倫を大きくゆるがすもので、天理が許容しないものであり、人々はそれを誅罰してかまわない。ましてや隣国は言うまでもない。それゆえ孔子はすでに老齢で引退していたが、それでも哀公にこれを討つことを請うた。

朝、音潮。○是時孔子致仕居魯。沐浴斎戒、以告君、重其事而不敢忽也。臣弑其君、人倫之大変、天理所不容、人人得而誅之。況

朝は、音潮。(1)○是の時孔子致仕して魯に居る。沐浴斎戒し、以て君に告ぐは、其の事を重んじて敢えて忽《ゆるがせ》にせざるなり。臣の其の君を弑すは、人倫の大変、天理の容れざる所、人人得て之を誅す。況んや隣国をや。故に夫子

隣国乎。故夫子雖已告老、而猶請哀公討之。

已に老を告ぐと雖も、而れども猶お哀公の之を討つを請う。(2)

（1）ここでは「朝廷に参内する」の意。公冶長第五・第七章の注（1）（第2巻の三三ページ）を参照。
（2）本章の注で前引の『春秋左氏伝』哀公一四年。

公曰、告夫三子。［公曰わく、夫《か》の三子に告げよ、と。］

「夫」の音は扶。下の「夫」も同じである。◯「三子」は魯の家老の三家である。当時政権はこの三家の手にあり、哀公は専決する力が無かった。それゆえ孔子に告げさせたのである。

夫、音扶。下夫同。◯三子、三家也。時政在三家、哀公不得自専。故使孔子告之。

夫は、音扶。(1) 下の夫も同じ。◯三子は、三家なり。(2) 時に政三家に在り、哀公自ら専《もっぱら》にするを得ず。故に孔子をして之に告げしむ。

（1）ここでは「彼の」。雍也第六・第八章の注を参照。
（2）魯の政治を壟断していた三桓氏。

孔子曰、以吾従大夫之後、不敢不告也。君曰、告夫三子者。［孔子曰わく、吾の大夫の後《しりえ》に従うを以て、敢えて告げずんばあらざるなり。君曰わく、夫の三子者に告げよ、と。］

孔子は退出してから独白した。その気持ちは、こうであった。君を弑殺した賊は法では必ず討つとされている。大夫は国事を謀るものであるから、義として君に告げるべきである。君は自分で三子に命ずることができないので、自分に告げさせるのであろうか。

孔子出而自言如此。意謂、弑君之賊、法所必討。大夫謀国、義所当告。君乃不能自命三子、而使我告之邪。

孔子出でて自ら言うこと此の如し。意に謂えらく、君を弑すの賊は、法の必ず討つ所。大夫は国を謀るれば、義の当に告ぐべき所。君乃ち自ら三子に命ずること能わずして、我をして之に告げしむるや。

之三子告。不可。孔子曰、以吾従大夫之後、不敢不告也。［三子に之《ゆ》きて告ぐ。可《き》かず。孔子曰わく、吾、大夫の後に従えるを以て、敢えて告げずんばあらざるなり、と。］

君命によって三子のもとに赴いて告げた。しかし三子は魯の権臣で、もともと内心では君を無視していた。また実際には陳氏と気脈を通じていた。それゆえこの謀をはばんだ。孔子はそれに対してまたこの言葉で応じた。彼らを戒める意味は深い。○程子が言われた。『左氏伝』では、孔子の言をこう記す。「陳恒は君を弑殺した。半分の民がこれに同調しなかった。魯の多数を、斉の半分に加えれば、勝つことができる」。これは孔子の言葉ではない。実にこの言葉は力によるもので義によるものではない。孔子の志は、必ずその罪を正確に指摘し、上は天子に告げ、下は諸侯に告げ、同盟国を率いて討とうというものであった。斉にいかに勝つかということなどは、孔子にとっては付帯的な事であった。どうして魯の人の多寡などを測ろうか。この時に天下の乱は極まっていた。この件によって十分に正せられれば、周室は再び興起したであろう。魯の君臣は、結局はこれに従わなかった。惜しむに余りあることではないか」。胡氏が言った。「春秋の時の法では、君を弑殺した賊は、誰でも討伐できた。仲尼のこの挙も、先ず討伐を起こしその後で報告してもよかったのである」。

以君命往告。而三子魯之強臣、素有無君之心。実与陳氏声勢相倚。故沮其謀。而夫子復以此応

君命を以て往きて告ぐ。而れども三子は魯の強臣、素より君を無《なみ》するの心有り。実に陳氏と声勢相い倚る。故に其の謀を沮む。而して夫子復た此を以て之に応ず。其の

之。其所以警之者深矣。○程子曰、左氏記孔子之言曰、陳恒弑其君。民之不予者半。以魯之衆、加斉之半、可克也。此非孔子之言。誠若此言、是以力不以義也。若孔子之志、必将正名其罪、上告天子、下告方伯、而率与国以討之。至於所以勝斉者、孔子之余事也。豈計魯人之衆寡哉。当是時、天下之乱極矣。因是足以正之、周室其復興乎。魯之君臣、終不従之。可勝惜哉。胡氏曰、春秋之法、弑君之賊、人得而討之。仲尼此挙、先発後聞可也。

之を警むる所以の者深し。○程子曰わく、(1)左氏、孔子の言を記して曰わく、(2)陳恒其の君を弑す。民の予《くみ》せざる者半ばなり。魯の衆を以て、斉の半に加うれば、克つ可きなり。此れ孔子の言に非ず。誠に此の言の若きは、是れ力を以てして義を以てせざるなり。孔子の志の若きは、必ず将に其の罪を正名し、上は天子に告げ、下は方伯に告げ、而して与国を率いて以て之を討たんとす。斉に勝つ所以の者に至りては、孔子の余事なり。豈に魯人の衆寡を計らんや。是の時に当たり、天下の乱極まれり。是に因りて以て之を正すに足れば、周室其れ復た興らんや。魯の君臣、終に之に従わず。惜しむに勝《た》う可けんや、と。胡氏曰わく、(3)春秋の法、君を弑すの賊、人得て之を討つ。仲尼の此の挙、先ず発し後に聞して可なり、と。

(1) 程頤の語。『程氏遺書』二三。　(2) 本章の注で前引の『春秋左氏伝』哀公一四年の文。　(3) 胡寅の語。胡寅の父（実際には実父のいとこ）の胡安国は「魯の桓は、君を弑するの賊。人人の同じく悪む所。夫れ人得て之を討つなり」(胡安国『春秋伝』桓公六年)と言う。

【補説】

[仁斎]公義に対しては人々はみな同じ心を持つ。孔子の言う通り陳恒を討伐しようとしたならば天下はこれに応じたであろう。それを哀公はできず、三桓氏も私心から受け入れなかった。孔子はただ陳恒の悪を憎んだだけではなく、義が明らかにならないのを恐れたのである。

[徂徠]孔子の主張はもとより道に沿ったものであるが、測りしれないところがある。魯の臣民は孔子を非常に尊信し、陳恒の所業は志ある者が切歯するところであった。もし哀公が孔子の請願を聞き入れたならば、魯の国は強くなり、孔子の存在感も高まったであろう。それは三桓氏が恐れることでもあった。

朱子の注で程子が『春秋左氏伝』にある孔子の語を否定するのは、義ばかりにこだわりすぎて、何を為すべきかを問題にしない宋儒の悪弊である。また仁斎が義を強調するのも、ひたすら義に殉じた南宋の文天祥や明の方孝孺《じゅ》の徒について言うことであって、孔子について論ずることではない。

第二十三章

子路問事君。子曰、勿欺也。而犯之。[子路君に事《つか》うるを問う。子曰わく、欺くこと勿かれ。而して之を犯せ、と。]

「犯」は、面と向かって諫めることを言う。○范氏が言った。「面と向かって言うことは、子路にとっては難しいことではなかった。欺かないことの方が難しかった。それゆえ孔子は彼に教えるのに、「欺かない」ということを先にし、「面と向かって言う」を後にしたのである」。

犯、謂犯顔諫争。○范氏曰、犯非子路之所難也。而以不欺為難。故夫子教以先勿欺而後犯也。

犯は、顔を犯して諫争するを謂う。[1] ○范氏曰わく、[2] 犯は、子路の難しとする所に非ざるなり。而して欺かざるを以て難しと為す。故に夫子教うるに欺くこと勿きを先とし て犯すを後にするを以てするなり、と。

（1）『論語集解』に引く孔安国の注。　（2）范祖禹の語。『論語精義』七下に引く。

【補説】

［徂徠］「欺かず」は詐らないということではなく、子路の性格から言っても侮らないということ。

第二十四章

子曰、君子上達。小人下達。［子曰わく、君子は上達す。小人は下達す、と。］

君子は天理に従う。それゆえ日々高明に進んでいく。小人は人欲に従う。それゆえ日々暗愚下等に陥っていく。

君子循天理。故日進乎高明。小人徇人欲。故日究乎汚下。　君子は天理に循う。故に日〻高明に進む(1)。小人は人欲に徇《したが》う。故に日〻汚下に究まる。

（1）「故に君子は……高明を極め中庸に道《よ》る」（『中庸』第二七章）。

【補説】

［仁斎］君子は道徳に、小人は卑事に向かっていく。

［徂徠］君子は礼によって君と接触して仕えるが（これが「上達」）、民はそのような礼が無いから、秘かに個人的に接触する（これが「下達」）。諸家は、本章が義理ではなく礼の問題であることを知らない。

第二十五章

子曰、古之学者為己、今之学者為人。［子曰わく、古えの学者は己の為《ため》にす、今の学者は人の為にす、と。］

「為」は去声。○程子が言われた。「「自分のためにする」とは、自分のものにしようと望むことである。「人のためにする」とは、人に知られようと望むことである」。○程子が言われた。「今の学ぶ者「古えの学ぶ者は自分のためにし」、最終的には他者を十分感化するまでに至る。「今の学ぶ者は人のためにし」、最終的には自分を見失うまでに至る」。私が考えるに、学ぶ者の心の用い方の得失を聖賢が論じている場合、その説は多様である。しかしこの言葉ほど切実でポイントをついているものはいまだ無い。この両者を明確に弁別し日々これをもとに反省すれば、ほぼ明確に指針を得られる。

為、去声。○程子曰、為己、欲得之於己也。為人、欲見知於人也。○程子曰、古之学者為己、其終至於成物。今之学者為人、

為は、去声。(1)○程子曰わく(2)、己の為にするは、之を己に得んことを欲するなり。人の為にするは、人に知られんことを欲するなり、と。○程子曰わく(3)、古えの学者は己の為にし、其の終には物を成すに至る。今の学者は人の

其終至於喪己。愚按、聖賢論学者用心得失之際、其説多矣。然未有如此言之切而要者。於此明弁而日省之、則庶乎其不昧於所従矣。

為にし、其の終には己を喪うに至る、と。愚按ずるに、聖賢の学者の用心得失の際を論ずるに、其の説多し。然れども未だ此の言の切にして要なるが如き者有らず。此に於て明らかに弁じて日ゝ之を省みれば、則ち其の従う所に昧《くら》からざるに庶《おお》し。

（1）ここでは、「ために」。学而第一・第四章の注（2）（第1巻の七一ページ）を参照。　（2）程頤の語。『論語精義』七下に引く『論語解』の佚文。　（3）程頤の語。『程氏遺書』二五。

【補説】

［仁斎］自分の道徳的要請に従って学ぶ者は、結果的に他者にもよい効果を及ぼす。他人の目ばかり意識して学ぶ者は自分のためにも人のためにもならない。あるいは人の益になることがあったとしても、自分を高める効果は無い。

［徂徠］この学とは詩書礼楽を学ぶことである。君子は詩書礼楽を学んで、徳をはぐくむ。小人はただ人を意識して口で言うだけである。朱子たちは心の持ち方の問題にしてしまい、天下よりも自分の身を善にすることだけに集中してしまっている。

第二十六章

蘧伯玉使人於孔子。［蘧伯玉《きょはくぎょく》人を孔子に使わす。］

「使」は去声。以下同じ。○蘧伯玉は衛の大夫、名は瑗《えん》。孔子が衛にいた時、その家にいたことがあった。その後で魯に帰ったのである。それゆえ伯玉が人を派遣してきた。

使、去声。下同。○蘧伯玉、衛大夫、名瑗。孔子居衛、嘗主於其家、既而反魯。故伯玉使人来也。

使は、去声[1]。下同じ。○蘧伯玉は、衛の大夫、名は瑗。孔子衛に居りて、嘗て其の家を主とす[2]。既にして魯に反る。故に伯玉人をして来らしむるなり。

（1）ここでは「使者にたてる」。子路第一三・第五章の注（1）を参照。　（2）『史記』孔子世家。

孔子与之坐而問焉曰、夫子何為。対曰、夫子欲寡其過、而未能也。使者出。子曰、使乎、使乎。［孔子之に坐を与えて問いて曰わく、夫子何をか為す、と。対えて曰わく、夫子其の過を寡くせんと欲するも、而れども未だ能くせず、と。使者出づ。子曰わく、使いなるかな、使いなるかな、と。」

「彼を席につかせる」とは、孔子が使者の主人に敬意を表し、それを使者にまで及ぼしたのである。「夫子」は伯玉を指す。使者が「過誤を少なくしようと願っても、まだそれができない」と言っていることから、伯玉が自分の身を反省し私欲に打ち勝とうとし、しかもそれを常になしえぬという気持ちを持っていたことがわかる。使者の言葉が謙譲であればあれほど、その主人の賢がますます現れているのである。このことからもまた使者が深く君子（伯玉）の心を理解していて、使者としての言葉遣いに長じていたと言うことができる。それゆえ孔子は再度「本当の使者だね」と言って、重ねて使者を誉めたのである。『荘子』では「伯玉は五十歳でそれまでの四十九年間の非を知った」と称し、また「伯玉は六十歳でそれまでの六十年を忘れた」と言っている。徳を高める努力をし、老いても倦むことがなかったのである。それゆえ実践は篤実で、光輝が溢れていた。このことを使者がわかっていただけではなく、孔子もまたそのことを信じた。

与之坐、敬其主以及其使也。夫子、指伯玉也。言其但欲寡過、

之と坐すとは、其の主を敬し以て其の使いに及ぼすなり。夫子は、伯玉を指す（1）。其の但だ過を寡くせんと欲して、

而猶未能、則其省身克己、常若不及之意可見矣。使者之言愈自卑約、而其主之賢益彰。亦可謂深知君子之心、而善於辞令者矣。故夫子再言使乎以重美之。按荘周称伯玉行年五十、而知四十九年之非。又曰、伯玉行年六十、而六十化。蓋其進徳之功、老而不倦。是以践履篤実、光輝宣著。不惟使者知之、而夫子亦信之也。

猶お未だ能くせずと言えば、則ち其の身を省み己に克ち、常に及ばざる(2)が若きの意見る可し。使者の言愈〻《いよいよ》自ら卑約(3)にして、其の主の賢益〻《ますます》彰《あらわ》る。亦た深く君子の心を知りて、辞令を善くする者と謂う可し。故に夫子再び使いなるかなと言いて、以て重ねて之を美《ほ》む。按ずるに、荘周称す(4)、伯玉行年五十にして、四十九年の非を知る、と。又た曰わく(5)、伯玉行年六十にして六十化す(6)、と。蓋し其の徳に進むの功、老いて倦まず。是を以て践履篤実、光輝宣著。惟だ使者之を知るのみならずして、夫子も亦た之を信ずるなり。

(1) 邢昺『論語正義』。 (2)「学は及ばざるが如くして、猶お之を失わんことを恐れよ」(泰伯第八・第一七章)。 (3) 謙譲。 (4)『荘子』ではなく、『淮南子』原道訓。 (5)『荘子』則陽。
(6) 朱子は、この「化」を「旧事都《すべ》て消忘し了るを謂う」と言う(『朱子語類』四四)。

【補説】

［仁斎］過誤は深く咎めるべきではなく、過誤を改めないのが問題なのである。使者は、蘧伯玉が過

誤を無くそうと望んでいるとは言わず、過誤を少なくしようと望んでいると言ったが、これは深く孔子の心にかなうものであったので、孔子は賛嘆したのである。人は木石ではないのだから、過誤が無いわけにはいかないのだ。

［徂徠］仁斎の過誤についての議論はまことに味わいがある。

第二十七章

子曰、不在其位、不謀其政。［子曰わく、其の位に在らざれば、其の政を謀らず、と。］

重出。

重出。(1)

(1) 泰伯第八・第一四章にも出ている。

【補説】

(仁斎は「重出」とのみ言い、徂徠には注が無い)。

第二十八章

曾子曰、君子思不出其位。［曾子曰わく、君子は思うこと其の位を出でず、と。］

これは、艮の卦の象辞である。曾子はこの語を唱えていたことがあったのであろう。そこで記録者は前章の語の内容から、類似しているこの語をここに記した。○范氏が言った。「事物がそれぞれしかるべき位置に止まってこそ、天下の理が発揮される。それゆえ君子はその思いがそのあるべき位置から逸脱することが無くてこそ、君臣、上下、大小はみなその本来の職分を尽くせる」。

此艮卦之象辞也。曾子蓋嘗称之。記者因上章之語、而類記之也。○范氏曰、物各止其所、而天下之理得矣。故君子所思不出其位、而君臣上下大小、皆得其職也。

此れ艮の卦の象辞なり(1)。曾子蓋し嘗て(2)之を称す。記者上章の語に因りて、之を類記するなり。○范氏曰わく(3)、物各〻其の所に止まりて(4)、天下の理得。故に君子思う所、其の位を出でずして、君臣上下大小、皆な其の職を得るなり、と。

（1）『易経』艮卦・大象。（2）嘗は「つねに」という意味があるから、それからすると「曾子はいつもこの語を唱えていた」とも解しうる。（3）范祖禹の語。『論語精義』七下に引く。（4）「其の所に止まるなり」（『易経』艮卦・象伝）。

【補説】

［仁斎］前章は政治を謀る者のために言い、本章は君子が平日期するところを言う。

［徂徠］後世は官と位を併称するが、古えは官と爵を並べ、位の方は上位とか下位とかも位列の意味であった。ここの「位」も官位のことではなく、礼を行う際の立つ位置のこと。つまり宗廟の祭祀の礼において、自分の立つべき位置で敬虔な気持ちでいること。

第二十九章

子曰、君子恥其言而過其行。［子曰わく、君子は其の言を恥じて其の行を過ごす、と。］

「行」は去声。〇「恥」とは、決して言い尽くさないという意。「過」とは、少しでも多く行おうとする語。

行、去声。〇恥者、不敢尽之意。過者、欲有余之辞。　行は、去声。(1)〇恥とは、敢えて之を尽くさざるの意。過とは、余り有るを欲するの辞。

（1）ここでは「行い」の意。学而第一・第一一章の注（1）（第1巻の一〇三ページ）を参照。

【補説】

［仁斎］本章は、邢昺の『論語正義』のように「君子は其の言の其の行に過ぎることを恥ず」と読む。言行一致を説いているのである。

［徂徠］邢昺や仁斎の読み方は文法からはずれ、朱子は連続を示す「而」の字があるのに二つの事にしてしまっている。これは「君子は言ったことに廉恥心を持つから、言った事以上に行為する」と解釈すべきである。

第三十章

子曰、君子道者三。我無能焉。仁者不憂。知者不惑。勇者不懼。［子曰わく、君子の道なる者三。我能くすること無し。仁者は憂えず。知者は惑わず。勇者は懼れず、と。］

「知」は去声。〇自分を責めることで人に励まさせたのである。

知、去声。○自責以勉人也。

知は、去声。(1) ○自ら責めて以て人を勉めしむるなり。

（1）ここでは、「智」の意。里仁第四・第一章の注（3）（第1巻の三一〇ページ）を参照。

子貢曰、夫子自道也。［子貢曰わく、夫子自ら道《い》うなり、と。］

「道」は言うこと。「自分のことを言う」は、謙辞と言ってよいもの。○尹氏が言った。「徳を成就させるには、仁を優先させる。学を進歩させるには、知を優先させる。孔子の言葉で順序が同じでない場合があるのはこのためである」。

道、言也。自道、猶云謙辞。○尹氏曰、成徳以仁為先。進学以知為先。故夫子之言、其序有不同者以此。

道は、言うなり。自ら道うは、猶お謙辞と云うがごとし。(1) ○尹氏曰わく、(2) 徳を成すは仁を以て先と為す。学に進むは知を以て先と為す。故に夫子の言、其の序同じからざる者有るは、此を以てなり、(3) と。

（1）邢昺『論語正義』。「自を道う」は、「自分のことを言う」という意味。「仁者は憂えず。知者は惑わず。勇者は懼れず」とは、孔子が自分自身のことを言ったということ。孔子はこのようにできたのであるが、「我能くすること無し」と謙遜したとするのである。（2）尹焞の語。『論語精義』七下に引く。（3）本章は仁者、知者、勇者の順であるが、子罕第九・第二八章では「知者は惑わず。仁者は憂えず。勇者は懼れず」の順であり、『中庸』第二〇章に引く孔子の語では知、仁、勇の順である。

【補説】

［仁斎］孔子は君子が徳を完成するための条目を言って学ぶ者を鼓舞したのである。ここで孔子が「自分はできない」と言っているのは、道は窮まり無いのであって、聖人の知はそれに応じて限りなく発展し続けるからである。また子貢の語は、このような聖人のあり方を知っていて、孔子が聖人であることを言っているのである。

［徂徠］人々はそれぞれの持ち前の徳があるが、知、仁、勇は普遍的な徳であって、君子はみなこれに依拠するのである。「自道」は、「自ら道《よ》る」と読む。つまり孔子はこの三項に依拠したと、子貢は言ったのである。なお朱子が孔子の謙辞とするのは誤りで、仁斎が言うようにこのような孔子がそのまま聖人の姿なのである。

＊朱子が孔子を無謬の存在とするのに対し、仁斎は孔子を向上し続けた人物とし、徂徠もそれに賛同している。

第三十一章

子貢方人。子曰、賜也賢乎哉。夫我則不暇。［子貢人を方《くら》ぶ。子曰わく、賜や賢なるかな。夫れ我は則ち暇《いとま》あらず、と。］

「夫」の音は扶。〇「方」は比べる。「乎哉」は疑いを示す辞。人物を品評してその長短を比較するのは、これもまた理を窮める事ではあるが、こればかり行うようだと、心は外にばかり向かい、自分自身を修養することが疎略になる。それゆえこれを誉めながらその言葉に疑義を呈し、また自分を貶めながら深く子貢を抑制した。〇謝氏が言った。「聖人が人を咎める場合は、言葉遣いに圧迫感が無いが、このように言いたいことがおのずと伝わっていくのである」。

夫、音扶。〇方、比也。乎哉、疑辞。比方人物而較其短長、雖亦窮理之事、然専務為此、則心馳於外、而所以自治者疎矣。故褒之、而疑其辞、復自貶以深抑之。〇謝氏曰、聖人責人、辞不迫切、而意已独至如此。

夫は、音扶[1]。〇方は、比なり[2]。乎哉は、疑いの辞。人物を比方して其の短長を較ぶるは、亦た理を窮むる[3]の事なりと雖も、然れども専ら務めて此を為せば、則ち心、外に馳せて、以て自ら治むる所の者疎かなり。故に之を褒《ほ》めて、其の辞を疑い、復た自ら貶《おとし》めて以て深く之を抑《おさ》う。〇謝氏曰わく[4]、聖人の人を責むること、辞迫切ならずして、意已に独り至ること此の如し、と。

（1）ここでは「かの」。「夫」の発音については、雍也第六・第八章の注（1）（第2巻の一四六ページ）を参照。（2）『論語集解』に引く孔安国の注。（3）『易経』説卦伝。（4）謝良佐の語。『論語精義』七下に引く。

【補説】

［仁斎］人物を品評するのは子貢のような才識ある者がよく行うことである。朱子は「人物を品評してその長短を比較するのは、これもまた理を窮める事ではある」とするが、これでは他者にばかり意識が行き、自分自身の修養がおろそかになってしまう。朱子は人物の品評はあくまでも自分に対する戒めのためのものであることがわかっていない。

［徂徠］朱子は相変わらずの朱子流の議論であるし、仁斎が才識ある者の問題点と言うのも、知者であればこうするのは普通のことである。そのようなことではなく、孔子が子貢をたしなめたのは、彼が自分を賢知と見なしていたからである。

第三十二章

子曰、不患人之不己知。患其不能也。［子曰わく、人の己を知らざることを患えず。其の能くせざることを患うるなり、と。］

なべて章の意味が同じで文の方も異ならない場合は、一回出てからまたもう一回は重複して出てくる。文がすこし異なる場合は、何回も同じ意味のものがそれぞれの言葉で出てくる。本章の内容は合計四回見え、文は全て異なるところがあるから、聖人がこの一事の内容について、何回も言ったのである。その丁寧な配慮も見るべきである。

凡章指同而文不異者、一言而重出也。文小異者、屢言而各出也。此章凡四見、而文皆有異、則聖人於此一事、蓋屢言之。其丁寧之意、亦可見矣。

凡そ章の指同じくして文異ならざる者は、一言にして重出するなり。文の小しく異なる者は、屢《しばしば》言いて各ゝ出すなり[1]。此の章は凡そ四たび見えて[2]、文皆な異なること有れば、則ち聖人此の一事に於て、蓋し屢ゝ之を言う。其の丁寧の意、亦た見る可し。

【補説】

(1)『論語』では全く同文が二回出てくることがあるが、三回以上は出てこない。それに対し同じ内容で語に少し差が有る場合は、三回以上出てくる時がある。　(2) 本章の他、学而第一・第一六章、里仁第四・第一四章、衛霊公第一五・第一八章。

［仁斎］（朱子の注をそのまま引く）。
［徂徠］（注が無い）。

第三十三章

子曰、不逆詐、不億不信、抑亦先覚者是賢乎。［子曰わく、詐《いつわり》を逆《むか》えず、不信を億《おもんぱか》らず、抑《そもそも》ゝ亦た先ず覚る者は是れ賢か、と。］

「逆」は、まだそれが至らないうちにそれに対応すること。「億」は、まだ見ないうちにそれを予測して考えること。「詐」は、人が自分を欺くことを言う。「不信」は、人が自分を疑うことを言う。「抑」は、語気を反転させる辞。この語の意味はこうである。ことさら予防したり予測しようとしなくても、人の真偽について自然にあらかじめ覚れてこそ賢なのである。○楊氏が言った。「君子は誠に専一になるだけである。そして誠であるのに悟れない者はいない。それゆえ「他人の欺きを予防せず、他人の猜疑心を予測しなく」ても、常に「あらかじめ覚れる」のである。もし予防せず予測しないで結局は小人に愚弄されてしまうのであれば、これもまた特に見るべき点は無いのである」。

逆、未至而迎之也。億、未見而意之也。詐、謂人欺己。不信、謂人疑己。抑、反語辞。言雖不逆不億、而於人之情偽自然先覚、乃為賢也。○楊氏曰、君子一於誠而已。然未有誠而不明者。故雖不逆詐不億不信、而常先覚也。若夫不逆不億、而卒為小人所罔焉、斯亦不足観也已。

逆は、未だ至らずして之を迎うるなり(1)。億は、未だ見ずして之を意《おも》うなり。詐は、人の己を欺くを謂う。不信は、人の己を疑うを謂う。抑は、反語の辞。言うこころは、逆えず億らずと雖も、而れども人の情偽に於て自然に先ず覚るを、乃ち賢と為すなり。○楊氏曰わく(2)、君子は誠に一なるのみ。然して未だ誠ありて明らかならざる者有らず(3)。故に詐を逆えず不信を億らずと雖も、而れども常に先ず覚るなり。若し夫れ逆えず億らずして、卒に小人の罔《し》うる所と為れば、斯れ亦た観るに足らざるのみ(4)、と。

(1)「逆は、迎なり」(『爾雅』釈言第二)。また『説文解字』。　(2) 楊時の語。『論語精義』七下に引く。　(3)「誠自りして明らかなるは、之を性と謂う。明自りして誠なるは、之を教と謂う。誠なれば則ち明なり。明なれば則ち誠なり」(『中庸』第二一章)。　(4)「其の余は観るに足らざるのみ」(泰伯第八・第一一章)。

【補説】

[仁斎]「詐を逆えず、不信を億らず」は誠直の人だけができるが、それでも完全ではなく、それに加

えて「先ず覚る者」、つまり明哲の君子であってこそ、欺かれたり不信を持たれたりしない。［徂徠］「詐を逆えず、不信を億らず」は古語。孔子はこれを引いてあらかじめ人を見抜く者を智とする者を戒めているのである。孔子は誠意をもって人に対応し、「視」、「観」、「察」を説いているように（為政第二・第一〇章）実際にその人を観察して判断したのであって、あらかじめ見抜くことを智とはしない。

第三十四章

微生畝謂孔子曰、丘何為是栖栖者与。無乃為佞乎。［微《び》生畝《せいほ》孔子に謂いて曰わく、丘何ぞ是れ栖《せい》栖たる者を為すか。乃ち佞を為すこと無からんや、と。］

「与」は平声。〇「微生」は姓。「畝」は名である。畝は孔子を諱《いみな》で呼んで言葉遣いは非常に傲慢である。やはり年齢も高く徳もあるとされた隠者であろう。「栖栖」は、心残りして離れ難いこと。「へつらいをなす」とは、努めて口でご機嫌を取り人を喜ばせることを言う。

与、平声。〇微生姓。畝名也。畝名呼夫子而辞甚倨。蓋有歯徳　与は、平声。(1)〇微生は姓。畝は名なり。畝名もて夫子を呼びて(2)辞甚だ倨《おご》る。蓋し歯徳(3)有る隠者なり。栖栖は、依

而隠者。栖栖、依依也。為佞、言其務為口給以悦人也。

依なり。[4] 佞を為すは、其の務めて口給[5]を為し以て人を悦ばすを言うなり。

（1）「……か」。学而第一・第二章の注（1）（第1巻の六四ページ）を参照。（2）傲慢にも字ではなく「丘」と諱で孔子を呼んでいること。（3）「天下に達尊三有り。爵一、歯一、徳一」（『孟子』公孫丑下）。（4）恋々として未練を持つこと。（5）口先がうまいこと。

孔子曰、非敢為佞也。疾固也。「孔子曰わく、敢えて佞を為すに非ず。固なるを疾《にく》めばなり、と。」

「疾」は憎むこと。「固」は一つの事に固執して広く通じていかないこと。聖人は尊いとされる者に対してはこのように礼を恭しくし尽くしながら、言葉は率直であった。また深く相手を戒めてもいたのである。

疾、悪也。固、執一而不通也。聖人之於達尊、礼恭而言直如此。

疾は、悪なり。[1] 固は、一を執りて通ぜざるなり。聖人の達尊[2]に於る、礼恭しくして言直きこと此の如し。其の之

其警之亦深矣。　　　　　を警せるも亦た深し。

（1）憎む。　（2）天下中で尊いとされている者。本章の前段の注（3）に引く『孟子』公孫丑下。

【補説】

［仁斎］聖人は適切に出処進退を行い、天下と善を共有し、高きに過ぎる身の処し方をしない。

［徂徠］微生畝は何者か不明だが、孔子を諱で呼び、孔子が学問のことで答えていることからすると、孔子よりも先輩の土地の老教師なのであろう。「栖栖」はたずね求めてやめないことで、微生畝は孔子が広く学んで弁舌で名を挙げようとしていると非難したのである。「固」は学問について言うのであって、一説に固執すること。後儒はこのことを理解していない。また「疾む」は、必ずしも人を厭うことではなく、自分自身について懸念すること。孔子は、微生畝の非難に対して、自分が広くたずね学ぶのは一説に固執することを懸念するためであるとしたのである。

第三十五章

子曰、驥不称其力、称其徳也。［子曰わく、驥《き》は其の力を称せず、其の徳を称す、と。］

「驥」は駿馬の名。「徳」は調教されて身についたものを言う。○尹氏が言った。「驥はもともとの能力が高いが、その名声は調教によって得られた徳にある。人に才能があっても徳が無ければ、どうして尊ぶに足ろうか」。

驥、善馬之名。徳、謂調良也。
○尹氏曰、驥雖有力、其称在徳。
人有才而無徳、則亦奚足尚哉。

驥は、善馬の名(1)。徳は、調良を謂うなり(2)。○尹氏曰わく(3)、驥、力有りと雖も、其の称は徳に在り。人、才有りて徳無ければ、則ち亦た奚《なん》ぞ尚ぶに足らんや、と。

（1）『論語集解』に引く鄭玄の注。（2）『論語集解』に引く鄭玄の注。「此の二馬は、朕の常に自ら乗る所、甚だ調良善走、数万匹の極選なる者」（魏・曹丕「与孫権書」）。調教によって得られた駿馬としての能力。（3）尹焞の語。『論語精義』七下に引く。

【補説】

［徂徠］（注が無い）。

第三十六章

或曰、以徳報怨何如。［或ひと曰わく、徳を以て怨に報いるは何如、と。］

ある人が唱えたこの語は、今『老子』の書に見られる。「徳」は恩恵を言う。

或人所称、今見老子書。徳、謂恩恵也。　或人の称する所、今老子の書に見ゆ。[1] 徳は恩恵を謂うなり。[2]

（1）『老子』第六三章。　（2）『論語集解』に引く何晏の注。

子曰、何以報徳。［子曰わく、何を以てか徳に報いん。］

この語の意味はこうである。怨む相手に恩恵によって報いたならば、自分に恩恵をもたらしてくれた人には、何によって報いようとするのか。

言於其所怨、既以徳報之矣、則　言うこころは、其の怨む所に於て、既に徳を以て之に報

人之有徳於我者、又将何以報之乎。

いれば、則ち人の我に徳有る者には、又た将に何を以てか之に報いんとするや。

以直報怨、以徳報徳。［直を以て怨に報い、徳を以て徳に報いん、と。］

怨む相手に対しては、愛憎や取捨をひたすら公正無私の心でするのが、ここで言う「直」である。恩恵をもたらしてくれる者に対しては、必ず恩恵によって報い、忘れるべきではない。◯ある人が言ったその言葉は、度量が広いと言うことができる。しかし聖人の言葉から見てみると、意識的な私心から出ていて、怨や徳に対する対応としては全て公平になっていないのがわかる。必ず孔子の言葉のようであってこそ、その後で二者に対する対応が、それぞれしかるべきものとなれるのである。ただ怨みに対しても復讐することが無く、恩恵に対してはそれに報いたのは、これも度量は広いのである。本章の言葉は明白簡潔だが、その意味には曲折反復があり、それは天地の造化が簡易で知りやすくありながら、微妙であって窮まりが無いようなものである。学ぶ者はこの消息を詳細に玩味すべきである。

於其所怨者、愛憎取舍、一以至

其の怨む所の者に於て、愛憎取舎、一に至公にして私無

公而無私、所謂直也。於其所徳者、則必以徳報之、不可忘也。○或人之言、可謂厚矣。然以聖人之言観之、則見其出於有意之私、而怨徳之報、皆不得其平也。必如夫子之言、然後二者之報、各得其所。然怨有不讎、而徳無不報、則又未嘗不厚也。此章之言、明白簡約、而其指意、曲折反復、如造化之簡易易知、而微妙無窮。学者所宜詳玩也。

きを以てするは、所謂直なり。其の徳とする所の者に於ては、則ち必ず徳を以て之に報い、忘るる可からざるなり。○或人の言、厚きと謂う可し。然れども聖人の言を以て之を観れば、則ち其の意有るの私に出でて、怨徳の報い、皆な其の平かなるを得ざるを見る。必ず夫子の言の如くにして、然る後に二者の報い、各〻其の所を得。然れども怨に讎せざること有りて、徳に報いざること無きは、則ち又た未だ嘗て厚からざるにあらざるなり。此の章の言、明白簡約にして、其の指意、曲折反復、造化の簡易知り易くして、微妙にして窮まり無きが如し。学者宜しく詳《つまび》らかに玩《もてあそ》ぶべき所なり。

【補説】

［仁斎］「直を以て怨に報いる」とはその内実に従って応ずるまでことさらに意に介さないということ、「徳を以て徳に報いる」というのは、善であればそれを揚げ、不善であればそれを荒立てないことである。徳によって怨みに報いれば義を害し、怨みによって徳に報いれば仁を損なう。孔子の言葉のようであってこそ、仁と義を尽くせるのである。

［徂徠］朱子の注があたっていて、仁斎の解釈は誤りである。本章は、怨みに対しては適切に怨み、恩恵に対しては恩恵をあたえるということだけの意味である。仁斎のような解釈では、「徳を以て徳に報いる」ことは上位の人だけができることになってしまう。舜と臣下の関係の中で、臣下が舜に徳を施せようか。

第三十七章

子曰、莫我知也夫。［子曰わく、我を知ること莫きかな、と。］

「夫」の音は扶。○孔子が自ら歎き、それが子貢の問いを引き起こした。

夫、音扶。○夫子自歎、以発子貢之問也。　夫は、音扶。(1) ○夫子自ら歎じ、以て子貢の問いを発するなり。

(1) ここでは「……かな」。雍也第六・第八章の注（1）（第2巻の一四六ページ）を参照。

子貢曰、何為其莫知子也。子曰、不怨天、不尤人。下学而上達。知我者其天乎。

［子貢曰わく、何為《なんすれ》ぞ其れ子を知ること莫きや、と。子曰わく、天を怨みず、人をも尤《とが》めず。下学して上達す。我を知る者は其れ天か、と。］

天が応じてくれなくても天を怨まない。人とうまくいかなくても人を咎めない。ただ地道に学問を積み重ね自然に高い境地に到達することをわきまえている。これはただ自己を反省し修養し、段階に従って徐々に進歩していくことを言っているのである。人と全く異なることをして、人に知られようとすることなど無い。しかし深くこの語の意味を味わえば、この中には人は知りえず、天だけが知ってくれるという妙処があるのがわかる。孔子の門下ではただ子貢の智だけが、このことをほぼ知り及ぶことができた。それゆえ特に子貢に告げて、彼の問いを引き起こしたのである。惜しいのは、子貢がそれでもまだ理解し尽くせないところがあったことである。○程子が言われた。「「天を怨まず、人を咎めず」とは、理としてはこのようにあるべきである」。また言われた。「「地道に学んで高い境地に到達する」の意味は、この語自体からおのずと出てくる」。また言われた。「学ぶ者は「地道に学んで高い境地に到達する」の語を守るべきである。これは学の要点である。なべて下は人事を学んでいけば、上は天理に達するのである。しかし反復学習しても内容を理解していかなければ、高い境地に達することはできない」。

不得於天而不怨天。不合於人而不尤人。但知下学而自然上達。此但自言其反己自脩、循序漸進耳。無以甚異於人、而致其知也。然深味其語意、則見其中自有人不及知、而天独知之之妙。蓋在孔門、惟子貢之智、幾足以及此。故特語以発之。惜乎、其猶有所未達也。○程子曰、不怨天、不尤人、在理当如此。又曰、下学上達、意在言表。又曰、学者須守下学上達之語。乃学之要。蓋凡下学人事、便是上達天理。然習而不察、則亦不能以上達矣。

天に得られざるも天を怨みず。人に合わざるも人を尤めず。但だ下学して自然に上達するを知る。此れ但だ自ら其の己に反り自ら脩め、序に循いて漸く進むを言うのみ。以て甚だしく人に異なり、其の知を致すこと無きなり。然れども深く其の語意を味わえば、則ち其の中に自ら人の知るに及ばずして、天独り之を知るの妙有るを見る。蓋し孔門に在りては、惟だ子貢の智のみ、幾《ほとん》ど以て此に及ぶに足る。故に特に語《つ》げ以て之を発せり。惜しいかな、其れ猶お未だ達せざる所有るなり。○程子曰わく①、天を怨みず、人を尤めずは、理に在りては当に此の如くあるべし、と。又た曰わく②、下学して上達するは、意は言の表に在り③、と。又た曰わく④、学者須く下学上達の語を守るべし。乃ち学の要なり。蓋し凡そ下人事を学べば、便ち是れ上天理に達す。然れども習いて察せざれば⑤、則ち亦た以て上達すること能わず、と。

（1）程顥の語。『程氏外書』二。

（2）程顥の語。『程氏遺書』一一。

（3）「意は言の表に在り」

を朱子は「其の言に因りて以て其の意を知る」と説明するが、また「自ら是れ言語もて形容し得ず」とか「此れも亦た説く可き無し」とも言う（ともに『朱子語類』四四）。朱子の弟子もこの語の意味を疑問に思っていたようであるが、とにかくこの語の意味を玩味せよということであろう。（4）「乃ち学の要なり」までは程顥の語。『程氏遺書』二上。「上天理に達す」までは程頤の語。『程氏外書』二。それ以下は『論語精義』七下に引く程頤の語に見える。（5）『孟子』尽心上。

【補説】

［仁斎］「下学」とは、身近な人事を習うこと。「上達」とは、道徳の奥に到達すること。「我を知る者は其れ天か」とは、天は無心であって、人心をその心とする。直であれば人心は喜び、誠であれば信ずる。言うことが理にかなっていれば人が服するのは天下の公是であり、人心の共有するところである。当時は顕れなくても長い年月の間には必ず理解してくれる者が出てくる。

［徂徠］冒頭の「我を知ること莫きかな」とは当時の君主が孔子を登用してくれなかったこと。仁斎が黙契する者を得難いとするのは朱子学的であって誤り。「下学」の「下」は今、「上達」の「上」は古えで、先王の詩書礼楽を学んで先王の心に達すること。仁斎の「我を知る者は其れ天か」に対する解釈では、孔子は当世に名を求める揚雄（『漢書』揚雄伝上）の徒になってしまう。また「公是」だの「理」だのを持ち出して孔子の心を論ずるのは朱子学流である。そもそも鬼神を尊ばないから孔子の天の意味に暗くなるのである。

第三十八章

公伯寮愬子路於季孫。子服景伯以告曰、夫子固有惑志於公伯寮。吾力猶能肆諸市朝。［公伯寮、子路を季孫に愬《うった》う。子服景伯以て告げて曰わく、夫子固に公伯寮に惑える志有り。吾《われ》力猶お能く諸《これ》を市朝に肆《し》せん、と。］

「朝」の音は潮。◯「公伯寮」は魯の人。「子服」は氏。「景」は諡《おくりな》。「伯」は字。魯の大夫の子服何である。「夫子」は季孫を指す。彼（季孫）が寮の言葉によって疑心暗鬼の気持ちを持ったことを言う。「肆」は死体をさらすこと。景伯が寮を誅殺したいと望んだことを言う。

朝、音潮。◯公伯寮、魯人。子服氏。景謚。伯字。魯大夫子服何也。夫子、指季孫。言其有疑於寮之言也。肆、陳尸也。言欲誅寮。

朝は、音潮。(1) ◯公伯寮は、魯人。子服は氏。景は謚。伯は字。魯の大夫、子服何なり。(2) 夫子は、季孫を指す。(3) 其の寮の言に疑い有るなりを言うなり。肆は、尸を陳するなり。(4) 寮を誅せんと欲するを言う。

（1）この発音の時は朝廷の意が基本、ここでは「市」の意。公冶長第五・第七章の注（1）（第2巻の三三ページ）を参照。（2）『論語集解』に引く孔安国では名を「何忌」とするが、『春秋左氏伝』哀公三年の杜預の注では「何」とする（『春秋経伝集解』）。（3）邢昺『論語正義』。（4）『論語集解』に引く鄭玄の注。

子曰、道之将行也与命也。道之将廃也与命也。公伯寮其如命何。［子曰わく、道の将に行われんとするや命なり。道の将に廃れんとするや命なり。公伯寮其れ命を如何、と。］

「与」は平声。○謝氏が言った。「寮の訴えが受け入れられるのもまた天命である。実際には寮がどうすることもできないものである」。私が思うに、孔子はこう言って景伯を諭し、子路を安心させ、伯寮に警告したのである。聖人は利害が分かれる場合、天命が決するのを待ってからその後で泰然となるのではない。

与、平声。○謝氏曰、雖寮之愬行、亦命也。其実寮無如之何。愚謂、言此以暁景伯、安子路、而警伯寮耳。聖人於利害之際、

与は、平声。(1) ○謝氏曰わく、(2) 寮の愬え行わると雖も、亦た命なり。其の実は寮は之を如何ともすること無し、(3) と。愚謂えらく、此を言いて以て景伯を暁し、子路を安んじ、伯寮を警むるのみ。聖人の利害の際に於けるや、則ち命

則不待決於命而後泰然也。
に決することを待ちて後に泰然たらざるなり。(4)

（1）語調を整える助辞。学而第一・第二章の注（1）（第1巻の六四ページ）を参照。（2）謝良佐の語。『論語精義』七下に引く。（3）寮の譏言が行われるのも行われないのも天命であるから、寮がどうこうできないということ。（4）天命の如何にかかわらず泰然としているということ。朱子は、聖人は自分には命を言わず、命を言うときはみな衆人のためであるとする（『朱子語類』四四）。

【補説】

［仁斎］聖人は、道や世の興廃については命を言うが、出処進退や利害の取捨については義を言って命を言わない。一般人は命に決定されていても命を知らずに憂苦し、賢者も命に身をゆだねても本当にはわかっていないので平静でいられない。聖人だけが命を知って泰然としていられるのである。

［徂徠］「市朝に肆す」は、大夫以上は朝廷で、士以下は市で誅殺するということ（邢昺『論語正義』に引く応劭の語）。

第三十九章

子曰、賢者辟世。［子曰わく、賢者は世を辟《さ》く。］

「辟」は去声。以下同じ。〇天下に道が行われないので隠遁する。伯夷や太公などがこれにあたる。

辟、去声。下同。〇天下無道而隠。若伯夷太公、是也。

辟は、去声(1)。下同じ。〇天下無道にして隠る(2)。伯夷(3)、太公(4)の若き、是れなり。

(1)『経典釈文』二四では「音は避。下同じ」とする。「避ける」の意。なお君主の意の時は『経典釈文』では「必亦の反。君なり」と、入声とする。(2) 殷の紂の時。(3) 孤竹の君主の座を弟の叔斉と譲りあい、ともに世を逃れた。時に殷の支配時期である。後に周の文王の徳を慕い叔斉と向かったが、文王は逝去しており、子の武王が紂を武力討伐したのに抗議し、叔斉とともに首陽山に隠遁し餓死した。(4) 太公望呂尚。殷の時代、世に隠れ釣をしているところを文王に見出された。後に武王の補佐をし殷を滅ぼすのに貢献し、斉の国に封ぜられた。

其次辟地。［其の次は地を辟く。］

乱れた国を去り、治まっている邦に赴く。

去乱国、適治邦。　乱国を去り、治邦に適《ゆ》く。[1]

(1)『論語集解』に引く馬融の注。

其次辟色。「其の次は色を辟く。」

以前ほど礼を尽くしてくれなくなったので去る。

礼貌衰而去。　礼貌衰えて去る。[1]

(1)『孟子』告子下。「色」は容貌で、礼を言う。

其次辟言。「其の次は言を辟く、と。」

意見が食い違って後に去る。○程子が言われた。「四者は大小の順序で言っているが、優劣があるわけではない。遭遇する状況が同じではないだけなのである」。

有違言而後去也。○程子曰、四者雖以大小次第言之、然非有優劣也。所遇不同耳。

言に違うこと有りて[1]後去る。○程子曰わく[2]、四者は大小の次第を以て之を言うと雖も、然れども優劣有るに非ざるなり。遇う所同じからざるのみ、と。

（1）『春秋左氏伝』隠公一一年「鄭、息、違言有り。息侯、鄭を伐つ」の杜預の注に「言語の相い違うを以て恨むなり」とある（『春秋経伝集解』）。（2）程顥か程頤の語。『程氏遺書』八。

【補説】

［仁斎］この四条は、「世を辟く」が天下、「地を辟く」が国で大小の順序によっていて、「色を辟く」は前二者よりも急迫し、「言を辟く」は「色」の時よりもはっきりしているという順序で並ぶ。

［徂徠］（注が無い）。

第四十章

子曰、作者七人矣。［子曰わく、作《た》つ者七人、と。］

李氏が言った。「「作」は、起つこと。この語の意味はこうである。立ち去って隠遁した者は、今七人いる。それが誰であるかはわからない。それが誰であるかを特定しようとするのは、穿鑿である」。

李氏曰、作、起也。言起而隠去者、今七人矣。不可知其誰何。必求其人以実之、則鑿矣。

李氏曰わく、(1)作は、起つなり。(2)言うこころは、起ちて隠れ去る者、今七人なり。其の誰何《たれ》たるかを知る可からず。必ず其の人を求めて以て之を実にするは、則ち鑿《さく》なり、と。

(1) 李郁。八佾第三・第三章の注(3)(第1巻の二二〇ページ)を参照。　(2) 徂徠は、朱子たちが「作」を「起つ」とするのは、前の章と後の章が隠者の話なのと、『易経』繫辞下伝の「幾を見て作つ」によると言う(『論語徴』庚)。なお『論語集解』に引く包咸の注では「作」を「為す」とし、本章を前章にくっつけて、前章のような隠逸を為すことと解釈する。

【補説】

［仁斎］原文にはたぶん七人の姓名が並んでいたのであろう。

［徂徠］「作者」と言えば「聖」のことで、それに対して述者（祖述者）は「明」と言う（『礼記』楽記）。この七人は尭、舜、禹、湯、文、武、周公に決まっている。この「作」とは利用厚生のことではなく、文物制度なので、孔子は尭よりも前を数えなかったのである。ここに名前が無いのは当時の人々が七人が誰かを知っていたからである。

＊朱子、仁斎は「作」を立ち去ることとし、七人を隠者とするが、徂徠は制作の意として、統治の道の制作にあずかった聖人とする。

第四十一章

子路宿於石門。晨門曰、奚自。子路曰、自孔氏。曰、是知其不可、而為之者与。

［子路、石門に宿す。晨門曰わく、奚《いず》れ自《よ》りす、と。子路曰わく、孔氏自りす。曰わく、是れ其の不可を知りて、之を為す者か、と。］

「与」は平声。○「石門」は地名。「晨門」は、朝、開門を掌る役人。賢人で関所の監督役になって隠遁していた者である。「自」は「より」。どこから来たのかを問うたのである。胡氏が言った。「この門番は世の非道を認識して行動を起こさなかった。そのため孔子を譏った。しかし聖人は天下を見るに、行動すべきでない時などは無いことを、彼はわかってはいなかったのである」。

与、平声。○石門、地名。晨門、掌晨啓門。蓋賢人隠於抱関者也。自、従也。問其何所従来也。胡氏曰、晨門知世之不可而不為。故以是譏孔子。然不知聖人之視天下、無不可為之時也。

与は、平声[1]。○石門は、地名[2]。晨門は、晨に門を啓くを掌る[3]。蓋し賢人の抱関[4]に隠るる者なり。自は、従りなり[5]。其の何の所従り来《きた》れるかを問うなり。胡氏曰わく[6]、晨門は世の不可を知りて為さず。故に是を以て孔子を譏る。然れども聖人の天下を視るや、為す可からざるの時無きを知らざるなり、と。

（1）ここでは、「……か」。学而第一・第二章の注（1）（第1巻の六四ページ）を参照。（2）魯の都城の外郭の門。（3）『論語集解』に引く鄭玄の注。（4）門番。（5）邢昺『論語正義』。（6）胡寅の語。

【補説】

［仁斎］人は人とともに生きていくものである。また道は顕れたり隠れたりはするが、滅ぶ道理は無い。

孔子は民が塗炭の苦しみを受けるのを見るに忍びなかったのである。晨門の徒はこのことをわかっていなかった。

［徂徠］「是れ其の不可を知りて、之を為す者か」は、朱子の注のように晨門が孔子を譏った語とするのは誤り。これは、できないのを知っても行う孔子に対する晨門の讃辞である。そもそも『論語』に孔子を譏る語だけを載せるはずがない。譏る語がある場合には必ずそれを否定する何らかの語や記述があるのに、ここにはそれが無いことからも本章が賞賛であることがわかる。

第四十二章

子擊磬於衛。有荷蕢而過孔氏之門者。曰、有心哉擊磬乎。［子、磬《けい》を衛に擊つ。蕢《あじか》を荷いて孔氏の門を過ぐる者有り。曰わく、心有るかな磬を擊つや、と。］

「荷」は去声。○「磬」は楽器。「荷」は担う。「蕢」は草で編んだ籠。この蕢を荷う者も、また隠士である。聖人は心に天下を忘れたことは無かった。孔子の磬を打つ音を聞いてその心がわかったということは、この人物もまた普通の人ではなかったのである。

荷、去声。○磬、楽器。荷、担　　荷、去声。(1)○磬は、楽器。(2)荷は、担うなり。蕢は、草器

也。蕢、草器也。此荷蕢者、亦隠士也。聖人之心、未嘗忘天下。此人聞其磬声而知之、則亦非常人矣。

なり。(3) 此の蕢を荷う者も、亦た隠士なり。聖人の心、未だ嘗て天下を忘れず。此の人其の磬の声を聞きて之を知れば、則ち亦た常人に非ざるなり。

(1)「になう」の意の時は普通は上声であるが、ここでは去声にしている。なお蓮の意の時は平声。
(2) 紐で吊した打楽器。
(3) あじか。竹やわらやアシを編んで作った、土などを運ぶための籠。

既而曰、鄙哉、硜硜乎。莫己知也、斯已而已矣。深則厲、浅則掲。「既にして曰わく、鄙《ひ》なるかな、硜硜《こうこう》乎たり。己を知ること莫ければ、斯れ已《や》むのみ。深ければ則ち厲《れい》し、浅ければ則ち掲《けい》す、と。」

「硜」は苦耕の反。「莫己」の「己」の音は紀、それ以外は、音は以。「掲」は起例の反。○「硜硜」は石を叩く音、また一心不乱で融通がきかない意。衣をそのままにして水を渡るのを「厲」と言い、衣を掲げて水を渡るのを「掲」と言う。この両句は、『詩経』の「衛風」の「匏有苦《ほうゆうく》葉《よう》」の詩である。孔子が人々から理解されなくても活動をやめず、それが川の浅深に適切に応じて渡ることができないようであるのを、譏ったのである。

硜、苦耕反。莫己之己、音紀、余音以。掲、起例反。○硜硜、石声、亦専確之意。以衣渉水曰厲、摂衣渉水曰掲。此両句、衛風匏有苦葉之詩也。譏孔子人不知己而不止、不能適浅深之宜。

硜は、苦耕の反。(1) 莫己の己は、音紀、余は、音以。(2) 掲は、起例の反。(3) ○硜硜は、石の声、亦た専確の意。(4) 衣を以て水を渉るを厲と曰い、(5) 衣を掲《かか》げて水を渉るを掲と曰う。(6) 此の両句、衛風匏有苦葉の詩なり。(7) 孔子人が己を知らざれども止めず、浅深の宜しきに適《かな》うこと能わざるを譏る。

（1）『経典釈文』二四。　（2）「音は、紀。下の斯己同じ」（『経典釈文』二四）とあるが、朱子は「斯已」の「已」の音の方は「以」としている。ちなみに『経典釈文』二四では、微子第一八・第七章の「己（已）知之矣」の「己」について「音は紀、一音は以」と言う。こちらの方は「己（おのれ）」と「已（すでに）」の両方の解釈があり、朱子は後者（ここでは「己」と「已」を書き分けたが、字体は混用されることがある）。　（3）『経典釈文』二四。　（4）磬の音であり、その音の中に集中固執が感じ取れること。　（5）『論語集解』に引く包咸の注。また『詩経』邶風《はいふう》・匏有苦葉の毛伝に「衣を以て水を渉るを厲と為す。帯由り以上を謂うなり」とある。　（6）「衣を摂ぐ」は衣を掲げること。
（7）実際には「衛風」ではなく「邶風」の「匏有苦葉」の詩である。この引用は、状況に合わせて身を処することを言うためのもの。

子曰、果哉、末之難矣。［子曰わく、果なるかな、之を難しとする末《な》し、と。］

「果なるかな」とは、その世間を忘れることに果断であることを歎じたのである。「末」は、無いこと。聖人の心は天地と同じであって、天下を一家のように、国内を一人のように見なしていて、一日としてそれを忘れることができない。それゆえ蕢を担う者の言葉を聞いて、世間を忘れることに果断であるのを歎じ、また人の出処進退がただこれだけですむのであれば難しいことは無いと言ったのである。

果哉、歎其果於忘世也。末、無也。聖人心同天地、視天下猶一家、中国猶一人、不能一日忘也。故聞荷蕢之言、而歎其果於忘世、且言人之出処、若但如此、則亦無所難矣。

果たせるかなは、其の世を忘れるに果なるを歎ずるなり。末は、無なり。(1)聖人の心は天地と同じくして、天下を視ること猶お一家のごとく、中国は猶お一人のごとく、(2)一日として忘るること能わざるなり。故に蕢を荷うの言を聞きて、其の世を忘るるに果なるを歎じ、且つ人の出処、若し但だ此の如ければ、則ち亦た難き所無きを言う。

（1）『論語集解』の何晏の注。　（2）『礼記』礼運。

【補説】

［仁斎］世が衰え学も廃れ、人々は大道を知らず隠者を高く見るようになったが、本当に困難なのは、人事に関わり続け世道を維持し、人を禽獣のようにさせないことなのである。

［徂徠］「心有るかな」とは、『論語集解』の何晏の注などによると憂苦があることである。朱子がこれを採らなかったのは、孔子について憂苦を言いたくなかったからである。朱子は聖人もまた人間であることを知らなかったのである。

第四十三章
子張曰、書云、高宗諒陰三年不言。何謂也。［子張曰わく、書に云う、高宗諒陰《りょうあん》三年言わず、と。何の謂ぞや、と。］

「高宗」は商（殷）王の武丁である。「諒陰」は天子が喪に服する時の名、その意味は不詳である。

高宗、商王武丁也。諒陰、天子居喪之名、未詳其義。

高宗は、商王武丁なり。(1) 諒陰は、天子喪に居るの名、未だ其の義詳らかならず。(2)

(1) 商は、殷。武丁は、殷の中興の王。 (2)『書経』周書・無逸に「乃ち亮陰三年言わざること或《あ》り」とあり(『史記』魯周公世家にほぼ同文があり「亮闇」とする)、また商書・「説《えつ》命上」にも類似の文があるが後者は偽古文。また『礼記』喪服四制には、「諒闇」とある。

子曰、何必高宗。古之人皆然。君薨、百官総己、以聴於冢宰三年。「子曰わく、何ぞ必ずしも高宗のみならん。古えの人皆な然り。君薨《こう》ずれば、百官己を総べて、以て冢宰に聴くこと三年、と。」

「君が薨ずれば」と言っているから、このことは諸侯の場合にもあてはまる。「己れを総ぶ」とは、自分の職務の範囲を統括することを言う。「冢宰」は太宰である。官吏たちはみな冢宰から命令を聴いた。それゆえ君主は三年の間何も言わないことができた。○胡氏が言った。「位には貴賤が有るが、父母から生まれたという点では異なる者はいない。それゆえ親に対する三年の喪は、天子から庶民にまで一貫している。子張はこれを疑ったのではない。人君が三年の間何も言わなければ、臣下は命令を受けるところが無く、禍乱がそれによって起こりうると思ったのである。孔子はそこで、冢宰に聴けばよいのであるから、禍乱は憂うるには及ばないと告げたのである」。

言君薨、則諸侯亦然。総己、謂総摂己職。冢宰、太宰也。百官聴於冢宰。故君得以三年不言也。○胡氏曰、位有貴賤、而生於父母、無以異者。故三年之喪、自天子達於庶人。子張非疑此也。殆以為人君三年不言、則臣下無所稟令、禍乱或由以起也。孔子告以聴於冢宰、則禍乱非所憂矣。

君薨ずと言えば、則ち諸侯も亦た然り(1)。己を総ぶは、己の職を総摂すを謂う。冢宰は、太宰なり(2)。百官、冢宰に聴く。故に君は以て三年言わざるを得るなり。○胡氏曰わく(3)、位に貴賤有れども、父母より生まるるは、以て異なる者無し。故に三年の喪は、天子自り庶人に達す(4)。子張此を疑うに非ず。殆ど以為らく人君三年言わざれば、則ち臣下令を稟《う》くる所無く、禍乱或いは由りて以て起こらん。孔子告ぐるに冢宰に聴くを以てせば、則ち禍乱憂うる所に非ざるなり、と。

(1)「薨ず」とは本来高宗のような天子ではなく諸侯の死について言うものであるから、本章の内容が当然諸侯にもあてはまることを言う。「天子の死するを崩《ほう》と曰い、諸侯を薨と曰い、大夫を卒《しゅつ》と曰い、士を不禄と曰い、庶人を死と曰う」（『礼記』曲礼下）。（2）冢宰は、総理大臣。（3）胡寅の語。（4）「三年の喪は、天子自り庶人に達す」『孟子』滕文公上、「三年の喪は、天子自り達す」（『礼記』王制）。なおテキストによっては「於庶人」が無い。

【補説】

［仁斎］殷の中期に道が衰え、諒陰の礼が久しく廃れていたが、武丁だけはそれを行った。さすがに殷の道を中興した高宗（武丁）である。「三年言わず」とは全くものを言わなかったのではなく政務についてで言わなかったのである。

［徂徠］殷の天子はずっと三年の喪を行わず、高宗が特に行った。ただその礼が伝わっていないので、孔子は諸侯の礼を引いているのである。古書で「君」と言うのは諸侯である。また仁斎は諸侯ではなく天子について「薨ず」と言っていることを疑問視しているが、孔子が諸侯の事に即して言っているのがわかっていないのである。なお周公は『中庸』第一八章にあるように三年の喪を天子にまであてはめるようにしてその礼を定めた。そこでこの礼を周公に帰すのである。本章の語は三年よりも「言わず」というところに主眼がある。

諸書に引く孔子の言は、その書の著者の修辞が入っているので、『礼記』檀弓のように無条件に採用できないものもある。その中で『論語』と『中庸』は典拠とすることができる。

第四十四章

子曰、上好礼、則民易使也。［子曰わく、上、礼を好めば、則ち民使い易し、と。］

好と易はともに去声。〇謝氏が言った。「礼がいきわたれば、それぞれの分が定まる。それゆえ民は使役しやすくなる。

好易、皆去声。〇謝氏曰、礼達而分定。故民易使。

好、易は、皆な去声。[1]〇謝氏曰わく、[2]礼達して分定まる。[3]故に民使い易し、と。

（1）「好」は、ここでは「好む」の意。学而第一・第二章の注（1）（第1巻の六一ページ）。「易」は、ここでは「たやすい」の意。泰伯第八・第一二章の注（1）（第2巻の三六四ページ）を参照。（2）謝良佐の語。『論語精義』七下に引く。（3）『礼記』礼運。

【補説】

［仁斎］孔子は人に徳、学、礼、義を教えたが、必ず「好む」ということを重視した。上に立つ者が好んでこそ、その効果が下に及ぶ。後世あの手この手で礼の教化を試みてきたが、好む心が不足しているために実質を得られないでいる。

［徂徠］孔子は古え、学、徳、仁、礼、義を好むとは言うが、知を好むとは言わない。ここから仁義礼智が孔子の時は無かったことがわかる。礼と義は古えの道、学とはこれを学ぶこと、仁は仁徳であって、これらを好んだことから孔子の心がわかる。

第四十五章

子路問君子。子曰、脩己以敬。曰、如斯而已乎。曰、脩己以安人。曰、如斯而已乎。曰、脩己以安百姓。脩己以安百姓、尭舜其猶病諸。［子路、君子を問う。子曰わく、己を脩むるに敬を以てす、と。曰わく、斯の如きのみか、と。曰わく、己を脩めて以て人を安んず、と。曰わく、斯の如きのみか、と。曰わく、己を脩めて以て百姓を安んず。己を脩めて以て百姓を安んずるは、尭舜も其れ猶お諸《これ》を病めり、と。］

「自己を敬によって修める」とあるが、孔子の言葉は至れり尽くせりである。しかし子路はこれを物足りないとした。それゆえ内面の充実が積みあげられていき、自然に他者に及ぶという内容を再度告げたのである。他に方法は無い。「人」は自己に対して言う。「百姓」は万人を包括する。「尭舜もなおこれに悩んだ」とは、これ以上のことはありえないことを言って子路を抑制し、逆に身近な所に求めさせたのである。聖人の心とは、窮まることが無いものなのである。世の中が極めて治まっていても、本当に世界の中で、本来の場所を得られないでいるものが全く無いことがわかろうか。それゆえ尭舜でもまだ民衆を安定させるのに悩んだのである。もし自分の統治はもうこれで十分であると言うならば、そのような者は聖人であるはずがない。○程子が言われた。「君子は自己を修めてそれで民衆を安定させ、篤恭であってそれが天下を安定させる。上下がみな恭敬であれば、天地は自ら安定し、万物は自ら生育し、気もみな調和し、四匹の霊獣もみな現れる。これが道を身に体してそれを他者に及ぼしていく道であって、聡明睿知もみなこの恭敬から出てくる。これによって天に仕え天帝を祭るのである」。

脩己以敬、夫子之言至矣尽矣。而子路少之。故再以其充積之盛、自然及物者告之。無他道也。人者、対己而言。百姓、則尽乎人矣。尭舜猶病、言不可以有加於此、以抑子路、使反求諸近也。蓋聖人之心無窮。世雖極治、然豈能必知四海之内、果無一物不得其所哉。故尭舜猶以安百姓為

己を脩むるに敬を以てす、夫子の言至れり尽くせり。而して子路之を少とす。故に再び其の充積の盛んにして、自然に物に及ぶ者を以て之に告ぐ。他に道無きなり。人は、己に対して言う。百姓は、則ち人を尽くす。尭舜も猶お病めりとは、以て此に加うること有る可からざるを言い、以て子路を抑え、反りて諸を近きに求めしむるなり。蓋し聖人の心窮まり無し。世極めて治まると雖も、然れども豈に能く必ずしも四海の内、果たして一物も其の所を得ざること無きを知らんや。故に尭舜も猶お百姓

病。若曰吾治已足、則非所以為聖人矣。○程子曰、君子脩己以安百姓、篤恭而天下平。唯上下一於恭敬、則天地自位、万物自育、気無不和、而四霊畢至矣。此体信達順之道、聡明睿知、皆由是出。以此事天饗帝。

を安んずるを以て病と為す。若し吾が治已に足れりと曰えば、則ち聖人為《た》る所以に非ず。○程子曰わく、(1)君子己を脩めて以て百姓を安んじ、篤恭にして天下平なり。(2)唯だ上下恭敬に一なれば、則ち天地自ら位し、万物自ら育し、(3)気和せざること無くして、四霊(4)畢《ことごと》く至る。此れ信を体し順を達するの道にして、(5)聡明睿知も、皆な是れ由り出づ。此を以て天に事え帝を饗《きょう》す(6)、と。

(1) 程顥か程頤の語。『程氏遺書』六。 (2)『中庸』第三三章。 (3)『中庸』第一章。 (4)「何をか四霊と謂う。麟、鳳、亀、龍は、之を四霊と謂う」(『礼記』礼運)。 (5)「先王能く礼を脩め以て義に達し、信を体して以て順に達す」(『礼記』礼運)。なお朱子は「信を体すは、是れ実に此の道を身に体するなり。順を達すは、是れ発して節に中《あた》る。之を天下に推して通ぜざる所無きなり」(『朱子語類』四四)。 (6)「帝を饗す」は、天帝を祭る。『礼記』月令、礼器、祭儀など。

【補説】

［仁斎］古えは敬については、必ず敬する対象を言った。本章のように特に対象を言っていない場合は、民事を敬すということである。朱子のように特定の対象を持たない修養法としての敬とは異なる。

［徂徠］特定の対象を言わない敬は、天を敬することである。仁斎はかかる場合は民事であると言っ

たが、民事や王事はみな天職であって、天を敬するのが本である。

＊本章のような目的語を持たない「敬」を、朱子はあらゆる事物に対応できる修養法としたのであるが、仁斎と徂徠はこのような場合でも「敬」は特定の対象（民事や天）を持つとし、朱子の修養法を否定している。

第四十六章

原壌夷俟。子曰、幼而不孫弟、長而無述焉、老而不死。是為賊。以杖叩其脛。

［原壌夷して俟《ま》つ。子曰わく、幼にして孫弟ならず、長じて述べらるる無く、老いて死せざる。是を賊と為す、と。杖を以て其の脛《はぎ》を叩く。］

「孫」、「弟」はともに去声。「長」は上声。「叩」の音は口。「脛」は其定の反。○「原壌」は孔子の古なじみ。母が死んだ時に歌った。やはり老氏の流れであって、当然礼法の埒外で放恣に振る舞う者であった。「夷」はうずくまること。「俟つ」は待つ。孔子が来たのを見て、うずくまって待ったことを言う。「述」は、称えられるということ。「賊」とは、人を害うという意味。幼い時から老年に至るまで、一つの善行も無く、長く世に生き、いたずらに常道を破り風俗を乱してばかりいたことからすれば、人を害なったことになる。「脛」は足の骨である。孔子は彼を責めた後で、ついでについていた杖で軽く彼の脛を叩いたが、それはうずくまるのをやめさせようとするようであった。

孫弟、並去声。長、上声。叩、音口。脛、其定反。〇原壌、孔子之故人。母死而歌。蓋老氏之流、自放於礼法之外者。夷、蹲踞也。俟、待也。言見孔子来、而蹲踞以待之也。述、猶称也。賊者害人之名。以其自幼至長、無一善状、而久生於世、徒足以敗常乱俗、則是賊而已矣。脛、足骨也。孔子既責之、而因以所曳之杖、微撃其脛、若使勿蹲踞然。

孫、弟は、並びに去声[1]。長は、上声[2]。叩は、音口[3]。脛は、其定の反[4]。〇原壌は、孔子の故人。母死して歌う[5]。蓋し老氏の流にして、自ら礼法の外に放なる者なり[6]。夷は、蹲踞《そんきょ》なり[7]。俟つは、待つなり。孔子の来るを見て、蹲踞して以て之を待つを言うなり[8]。述は、猶お称さるるがごとし[9]。賊とは、人を害うの名[10]。其の幼自り長に至るまで[11]、一の善状も無くして、久しく世に生き、徒らに以て常を敗り俗を乱すに足るを以てすれば、則ち是れ賊のみ。脛は、足の骨なり。孔子既に之を責めて、因りて曳《ひ》く所の杖を以て、微《すこ》しく其の脛を撃ち、蹲踞すること勿からしむが若く然り。

（1）「孫」は、ここでは謙遜であること。述而第七・第三五章の注（1）（第2巻の三一七ページ）を参照。「弟」は、ここでは年長者に従順であること。学而第一・第二章の注（1）（第1巻の六一ページ）を参照。（2）ここでは「成長する」の意。先進第一一・第二五章の注（1）（第3巻の二七六ページ）を参照。（3）『経典釈文』二四。（4）『経典釈文』二四では「戸定の反」。（5）「孔子の故人を原壌と曰う。其の母死す。夫子之を助けて槨を沐《おさ》む。原壌木に登りて曰わく、久しきかな。予《われ》の音に託せざるや、と。歌いて曰わく、貍《り》首の斑然たる、女の手の巻然たるを執る、と。」（『礼記』檀弓下）。（6）老子の流れであって、礼法に囚われない姿勢を持つ者。（7）『論語集解』に引く馬融の注。（8）『論語集解』に引く馬融の注。（9）「其の称するに足らざるを知るなり」『国語』晋語八の呉の韋昭の注に「称は、述なり」。両字は通じ合う。（10）『論語集解』の何晏の注。（11）「長」は、テキストによっては「老」になっている。


【補説】

［仁斎］風俗や人倫を害するのは大きな悪である。聖人は旧知の人間であっても許さなかった。

［徂徠］孔子と原壌は古くからのなじみであって、孔子が杖で原壌の脛を叩いたのは、戯れにそうしたのである。ここには君子が人となごむ徳が現れている。

第四十七章

闕党童子将命。或問之曰、益者与。［闕党《けっとう》の童子命を将《おこな》う。或ひと之を問いて曰わく、益者か、と。」

「与」は平声。○「闕党」は村の名。「童子」は、まだ成人していない者の称。「命を行う」とは、主人と客人の間の言葉のやりとりを伝えることを言う。ある人がこのように疑ったのである。この童子が学問の上で進歩達成が見られたので、孔子が彼に取り次ぎ係をやらせ、寵愛ゆえの特別扱いをしたのではないか。

与、平声。○闕党、党名。童子、未冠者之称。将命、謂伝賓主之言。或人疑此童子学有進益、故孔子使之伝命、以寵異之也。

与は、平声。[1] ○闕党は、党の名。[2] 童子は、未だ冠せざる者の称。[3] 命を将うは、賓主の言を伝うるを謂う。[4] 或る人此の童子学に進益有り、[5] 故に孔子之をして命を伝えしめ、寵を以て之を異とするを疑うなり。

（1）ここでは、「……」か。学而第一・第二章の注（1）（第1巻の六四ページ）を参照。（2）一党は、五百家。（3）邢昺『論語正義』。成人式の時に冠をかぶる。（4）『論語集解』に引く馬融の注。（5）「此の童子是れ自ら進益の道を求むるか」（邢昺『論語正義』）。本文の「益」を、学問修養の進歩と解釈している。

子曰、吾見其居於位也。見其与先生並行也。非求益者也。欲速成者也。［子曰わく、吾其の位に居るを見る。其の先生と並び行くを見る。益を求むる者に非ざるなり。速やかに成らんことを欲する者なり、と。］

礼の規定によると、童子は隅に座り後からついて行くべきである。孔子は言った。「自分がこの童子を見ると、この礼に従っていない。学問の成果を求める気持ちになっていないのだ。ただ一刻も早く名をなそうと望んでいるだけである」。そこで取り次ぎ係に任じ、長幼の別を見させ、挨拶の作法を習わせたのである。つまりこれによって童子を抑制して教導したのであって、寵愛し特別扱いしたわけではないのである。

礼、童子当隅坐随行。孔子言、吾見此童子、不循此礼。非能求益。但欲速成爾。故使之給使令之役、観長少之序、習揖遜之容。蓋所以抑而教之、非寵而異之也。

礼に、童子当に隅坐随行すべし(1)。孔子言う、吾此の童子を見るに、此の礼に循わず(2)。能く益を求むるに非ず。但だ速やかに成らんと欲するのみ、と。故に之を使令の役に給し、長少の序を観しめ、揖遜(3)の容を習わしむ。蓋し抑えて之を教うる所以にして、寵して之を異とするに非ざるなり。

（1）「隅坐」については、「童子隅坐して燭を執る」（『礼記』檀弓上）とあり、そこの鄭玄の注に「隅坐は、成人と与にせず」とある。また「随行」については「父の歯に随行す」（『礼記』王制）。（2）孔子は、この童子が隅ではなく年長者と並んで座り、年長者（「先生」）の後に随わず並んで歩いたのを見て、礼を守っていないとしたのである。（3）人に対する挨拶の作法。「揖」は手を組んでするおじぎ、「遜」は人にゆずり遅れて歩く作法。

【補説】

［仁斎］孔子の童子に対する姿勢は甘すぎるように見えるが、聖人が人を教える場合には、導くことを務めとして、規制束縛することには努めない。樹木に対してあれこれ幹や枝をいじるよりも自然と伸ばした方がよい材木になるようなものである。

［徂徠］仁斎の人を教える姿勢についての議論は味わいがある。朱子の解釈は誤っている。そもそも礼の規定からして取り次ぎ係は童子の務めであって、孔子が特別扱いしたわけではない。質問者もそのことは知っていた。問題は、童子が年長者と並んで座ったり、年長者と並んで歩いていたことであって、これでは友として扱っているのではないかと疑ったのである。「益者」は、「益者三友」とあるように（季氏第一六・第四章）、友について使用する語である。

論語集注巻八

衛霊公第十五

合計四十一章

凡四十一章

凡そ四十一章

第一章

衛霊公問陳於孔子。孔子対曰、俎豆之事、則嘗聞之矣。軍旅之事、未之学也。明日遂行。［衛の霊公陳を孔子に問う。孔子対《こた》えて曰わく、俎豆の事は、則ち嘗て之を聞けり。軍旅の事は、未だ之を学ばざるなり、と。明日遂に行《さ》る。］

「陳」は去声。○「陳」は軍隊の陣立てを言う。「俎豆」は儀礼用の器。尹氏が言った。「衛の霊公は無道の君であった。そのうえ戦争を起こす気持ちがあった。それゆえ孔子は「まだ学んでおりません」と言ってそこを去った」。

陳、去声。○陳、謂軍師行伍之列。俎豆、礼器。尹氏曰、衛霊公無道之君也。復有志於戦伐之事。故答以未学而去之。

陳は、去声[1]。○陳は、軍師行伍[2]の列を謂う。俎豆は、礼器[3]。尹氏曰わく[4]、衛の霊公は無道の君なり。復た戦伐の事に志有り。故に答うるに未だ学ばざるを以てして之を去る、と。

（1）『経典釈文』二四では「直刃の反」。去声の時は、隊列。普通は平声。（2）『論語集解』に引く孔安国の注。「行伍」は五人一列の軍隊。（3）『論語集解』に引く孔安国の注。俎も豆も、祭祀の時に食物を盛る器で、俎は台、豆はたかつき。（4）尹焞の語。『論語精義』八上に引く。

在陳絶糧。従者病莫能興。［陳に在りて糧絶ゆ。従者病みて能く興《た》つ莫し。］

「従」は去声。○孔子は衛を去って陳に赴いた。「興」は起き上がる。

従、去声。○孔子去衛適陳。興、起也。　従は、去声。(1)○孔子衛を去りて陳に適《ゆ》く。興は、起なり。(2)

(1) ここでは、「供として付き従う」の意。先進第一一・第二章の注(1)(第3巻の一九八ページ)を参照。(2)『論語集解』に引く孔安国の注。

子路慍見曰、君子亦有窮乎。子曰、君子固窮。小人窮斯濫矣。［子路慍《いか》り見《まみ》えて曰わく、君子も亦た窮すること有るか、と。子曰わく、君子固《もと》より窮す。小人窮すれば斯《ここ》に濫《らん》す、と。］

「見」は賢遍の反。○何氏は言っている。「「濫」は、溢れ乱れることである」。この語の意味はこうである。君子ももとより困窮する場合があるが、小人のように困窮すると取り乱し悪に走るようなことは無い。程子が言われた。「「困窮に固し」とは、困窮の状態にも安心立命することである」。これもまた通じる。○私が思うに、聖人は行うべきことは行うまでで、ふりかえることが無く、困窮にあっても心安らかで、怨んだり後悔しないということが、ここに見ることができる。学ぶ者は深くこれを味わうべきである。

見、賢遍反。○何氏曰、濫、溢也。言君子固有窮時、不若小人窮則放溢為非。程子曰、固窮者、固守其窮。亦通。○愚謂、聖人当行而行、無所顧慮、処困而亨、無所怨悔、於此可見。学者宜深味之。

見は、賢遍の反。[1]○何氏曰わく、[2]濫は、溢なり。[3]言うこころは、君子固より窮する時有れども、小人窮すれば則ち放溢して非を為すが若きにあらず、と。程子曰わく、[4]窮に固しとは、固く其の窮を守る、[5]と。亦た通ず。○愚謂えらく、聖人当に行うべくして行い、顧慮する所無く、困に処《お》れども亨《とお》り、[6]怨悔する所無きこと、此に於て見る可し。学者宜しく深く之を味わうべし。

(1)『経典釈文』二四。　(2) 魏の何晏。　(3)『論語集解』の何晏の注。水が溢れるように、過度な行為に走る。「飢寒並び至り、窮すれば斯に濫溢す」(『漢書』刑法志三)。　(4) 程頤の語。『程氏外書』六。　(5)「固窮」の語は、歴代、道義を守って困窮に安んずる意味に使用された。　(6)「困なれども其の亨る所を失わず。其れ唯だ君子なるか」(『易経』困卦・彖伝)。

【補説】

[仁斎] 春秋戦国時代ではとかく軍事が礼楽より優先されたが、礼によって国を治めてこそ国は安泰

となる。孔子は軍事も知っていたが、それを教とはしなかったために「学んでいない」と答えた。霊公は孔子と接することができたにもかかわらず、残念にも質問の内容を誤った。

［徂徠］「俎豆の事」とは礼によって会合をリードすること。他国との会合は軍事で圧倒するよりも礼によった方が効果がある。孔子が登用されれば卿となり、軍隊も指揮することがあるから、孔子も当然軍事を学んでいた。それなのに「学んでいない」と答えたのは、このように言うのが人君に対する恭謙の礼だからである。また孔子といえども先王の道を伝えている人々全てからそれを学び知っているという気持ちも無かった。孔子は何でも知っていると言うのは孔子当人ではなく第三者が言うことである。

孔子が衛を去ったのは、仁斎が言うように霊公と考えが合わなかったのではなく、何か事件が起きたからである。また「窮す」とは何晏の注のように、君子も道が窮することに遭うことであって、朱子が引く程子の説は誤りである。子路は孔子に怒ったのではなく、自分がいらだって、このように言ったのである。また子路第一三・第三章にあるように子路は衛の地で孔子を迂遠としたので、孔子は諭したのである。

第二章

子曰、賜也、女以予為多学而識之者与。［子曰わく、賜や、女《なんじ》予を以て多く学びて之を識る者と為すか、と。］

「女」の音は汝。「識」の音は志。「与」は平声。以下同じ。〇子貢の学は、多くを学び博識を誇るものであった。孔子は彼に根本が何であるかを認識させようとした。それゆえ質問して啓発しようとした。

女、音汝。識、音志。与、平声。下同。〇子貢之学多而能識矣。夫子欲其知所本也。故問以発之。

女は、音汝[1]。識は、音志[2]。与は、平声[3]。下同じ。〇子貢の学は、多くして能く識る。夫子其の本づく所を知らしめんと欲す。故に問いて以て之を発す。

（1）この音は、汝の意。為政第二・第一七章の注（1）（第1巻の一八三ページ）を参照。（2）この音の時は、記憶する意。述而第七・第二章の注（1）（第2巻の二二九ページ）を参照。（3）ここでは疑問を表す。学而第一・第二章の注（1）（第1巻の六四ページ）を参照。

対曰、然、非与。「対《こた》えて曰わく、然り、非なるか、と。」

子貢はまず信じたが、すぐに疑念を発した。やはり彼なりに学を積んだ成果があり、気づき出したのである。

方信而忽疑。蓋其積学功至、而亦将有得也。

方《まさ》に信じて忽《たちま》ち疑う。蓋し其の学を積むの功至りて、亦た将に得ること有らんとするなり。

曰、非也。予一以貫之。［曰わく、非なり。予一以て之を貫く、と。］

この語の解釈は第四篇に見える。しかしあちらは行について言い、こちらは知について言う。

○謝氏が言った。「聖人の道は大きい」。一方人々はあまねく見て全てを記憶することはできない。であるから聖人が多く学んで博識であると見るのも当然である。しかし聖人は博識に努めるような者であろうか。それは天が、自分が生み出した万物に対して、それ以上それぞれを磨き立てるようにしないのと同じようなものである。それゆえ「私は一で貫いている」と言ったのである。『詩経』に「徳は毛のように軽い」とある。しかし毛には相互に比較できるような同類がある。また「天のことは、声も無く臭いも無い」とある。これこそ至言である」。尹氏が言った。「孔子は曾子に対しては、問われるのを待たず、すぐにこの語を告げた。曾子もまた深くその意を悟って「はい」と答えた。子貢となると、先ず疑問を起こすように仕向けてから、その後で彼に告げた。結局は子貢は曾子のように「はい」という返事ができなかった。二子が学び得たものの浅深の差がここでわかる」。私が思うに、孔子は子貢に対してはしばしば啓発することがあったが、他の人々となるとそれすらもあずからなかったわけであるから、顔回や曾子よりも程度の低い弟子たちの中でも学び得た内容の浅深の差があったことが、ここからも見ることができる。

説見第四篇。然彼以行言、而此以知言也。〇謝氏曰、聖人之道大矣。人不能偏観而尽識。宜其以為多学而識之也。然聖人豈務博者哉。如天之於衆形、匪物物刻而雕之也。故曰、予一以貫之。徳輶如毛。毛猶有倫。上天之載、無声無臭。至矣。尹氏曰、孔子之於曾子、不待其問而直告之以此。曾子復深喩之曰唯。若子貢則先発其疑、而後告之。而子貢

説は、第四篇に見ゆ。①然れども彼は行を以て言い、此は知を以て言うなり。②〇謝氏曰わく、③聖人の道大なり。人偏《あまね》く観て尽く識《しる》すこと能わず。宜《うべ》なり、其の以て多く学びて之を識すと為すや。然れども聖人豈に博を務むる者ならんや。天の衆形に於て、物物に刻して之を雕するに匪《あら》ざるが如きなり。④故に曰わく、予一以て之を貫く、と。徳の輶《かろ》きこと毛の如し。毛猶お倫有り。上天の載《こと》、声も無く臭も無し。至れり、⑤と。尹氏曰わく、⑥孔子の曾子に於ける、其の問いを待たずして、直《ただ》ちに之に告ぐるに此を以てす。曾子復た深く之を喩《さと》りて唯《い》と曰う。子貢の若きは、則ち先ず其の疑を発して、而して後に之に告ぐ。

終亦不能如曾子之唯也。二子所学之浅深、於此可見。愚按、夫子之於子貢、屢有以発之、而他人不与焉、則顔曾以下、諸子所学之浅深、又可見矣。

而して子貢終に亦た曾子の唯の如くなること能わず。二子学ぶ所の浅深、此に於て見る可し、と。愚按ずるに、夫子の子貢に於ける、屢〻以て之を発すること有りて、他人は与《あずか》らざれば、則ち顔曾以下、諸子の学ぶ所の浅深も、又た見る可し。

（1）里仁第四・第一五章。ここでも「一以て之を貫く」の語がある。（2）本章は博学多識の話から入っているのに対し、里仁第四・第一五章の方では、「一以て之を貫く」の語について曾子が「夫子の道は、忠恕のみ」と解説するように、徳行が意識されている。（3）謝良佐の語。『論語精義』八上に引く。（4）朱子はこの語を、天はただ一気を行きわたらせ、全ての物を生み育て形貌をあたえるが、どうして逐一それをめかしたてることがあろうか、という意味だと説明する（『朱子語類』四五）。（5）「徳の軽きこと毛の如し」からここまでが、『中庸』第三三章。なお「徳の輶きこと毛の如し」は、『詩経』大雅・皇矣の語。「上天の載、声も無く臭も無し」は『詩経』大雅・烝民の語。この『中庸』の語の意味は次の通り。『詩経』には「徳は毛のように軽い」とあるが、毛はいかに微量であっても他の毛と相互に比較できるような形体を持っている以上、形而下なるものである。また同じく『詩経』に「天理は感覚器官で捉えられない」とあるが、これこそ形而上なる理の本質を言っているのであって、至言である。（6）尹焞の語。『論語精義』八上に引く。

【補説】
［仁斎］「一以て之を貫く」というのは、博学多識を否定しているのである。
［徂徠］朱子が、孔子は「一貫」を曾子には行について、子貢には知について教えたと言うが、それは誤りであって、古えの学はみな事について教えた。学ぶ者に事に即して自得させようとしたのである。朱子たちがこの一貫を心法のように言うのは、仏教のまねである。孔子が「一」の内容を言わなかったのは、言葉では明らかにし難かったからであって、六芸に通じていなければ聞くことはできないものである。また子路が「然り、非なるか」と言ったのを、朱子が「まず信じたが、すぐに疑念を発した」などとしたのも誤りである。このように答えたのは、楊慎（升庵）が言うように、師に対する礼である。

第三章
子曰、由、知徳者鮮矣。「子曰わく、由よ、徳を知る者鮮《すくな》し。」

「鮮」は上声。○「由」は子路の名を呼んで告げたのである。「徳」は義理が自分に具わっているものを言う。自分に具わっていなければ、本当に徳の味わいを知ることはできない。○第一章からここに至るまで、たぶん全て一時の言葉である。本章の語は、やはり子路が怒って孔子のもとにやってきたことから発したものである。

鮮、上声。○由、呼子路之名而告之也。徳、謂義理之得於己者。非己有之、不能知其意味之実也。○自第一章至此、疑皆一時之言。此章蓋為慍見発也。

鮮は、上声。(1) ○由は、子路の名を呼びて之に告ぐるなり。徳は、義理の己に得る者を謂う。己之を有するに非ざれば、其の意味(2)の実を知ること能わざるなり。○第一章自り此に至るまで、疑うらくは皆な一時の言なり。此の章蓋し慍り見ゆるが為《ため》に発するなり。(3)

(1) ここでは、「少ない」。学而第一・第二章の注(2)(第1巻の六一ページ)を参照。(2) 意味わい。(3) 本篇第一章の「子路慍り見えて曰わく」を受けている。孔子は自分を問いつめてきた子路に対し、徳を具えていれば動揺しないと言っているのである。

【補説】
[仁斎] 徳がすばらしいものであることを知るのは難しく、学ぶ者が徳の涵養に励めないでいることを嘆いた語である。なお古人は徳行を学問としたが、後世はそれがわからず、徳行は徳行、学問は学問とするようになった。
[徂徠] この「徳」とは「有徳の人」の意であって、朱子はそれがわかっていない。
＊ここでも「知る」の内容について、朱子や仁斎が自分の徳を問題にするのに対し、徂徠は人材の話

にする。

第四章

子曰、無為而治者、其舜也与。夫何為哉。恭己正南面而已矣。「子曰わく、無為にして治まる者は、其れ舜なるか。夫れ何をか為さんや。己を恭しくして正しく南面するのみ、と。」

「与」は平声。「夫」の音は扶。○無為にして治まるというのは、聖人の徳が立派で民が自然に感化され、ことさら作為する必要が無いことである。舜だけを称えているのは、尭の後を継ぎ、さらにしかるべき人材を得て種々の役職をまかせ、それゆえ作為の形跡が見えないからである。「自分を恭しくする」とは、聖人の敬徳の姿である。殊更作為するところが無いから、人々からはただこのように見えるのである。

与、平声。夫、音扶。○無為而治者、聖人徳盛而民化、不待其有所作為也。独称舜者、紹尭之

与は、平声。[1]夫は、音扶。[2]○無為にして治まるは、聖人の徳盛んにして民化し、其の作為する所有るを待たざるなり。独り舜を称するは、尭の後を紹《つ》ぎて、又た人を得

後、而又得人以任衆職。故尤不見其有為之迹也。恭己者、聖人敬徳之容。既無所為、則人之所見如此而已。

て以て衆職を任ず。故に尤も其の有為の迹《あと》を見ざればなり。(3) 己を恭しくすとは、聖人の敬徳の容なり。既に為す所無ければ、則ち人の見る所此の如きのみ。

（1）ここでは、「……か」。学而第一・第二章の注（1）（第1巻の六四ページ）を参照。（2）ここでは、「それ」。雍也第六・第八章の注（1）（第2巻の一四六ページ）を参照。（3）尭や禹を初め他にも聖天子は多いが、ここではなぜ舜だけをあげたのかを説明している。

【補説】

［仁斎］ここで特に舜を称えているのは、舜が様々な事業を行いながらその作為の痕跡が見えないからである。舜はそれぞれの状況に自然にかつ適切に行為した。

［徂徠］ここは舜が人材を得たことを称えたのである。しかるべき人材を登用し、それにまかせてこそ民を安んずることができる。仁斎が言うようなことは聖人ならみなそうであって、別に舜に限ったことではない。

第五章

子張問行。［子張行われんことを問う。］

子張が名誉や名声が広く世に「達すること」を問うたのと同じである。

猶問達之意也。　猶お達を問うの意のごとし。(1)

(1)「子張問う、士何如なれば斯れ之を達と謂う可き、と」（顔淵第一二・第二〇章）。そこでは、子張が名誉や名声が鳴り響くことについて問うたのに対し、孔子は「達」とは本来その徳が人に信頼されて、その行に滞りが無いという意味であるとして答えている。

子曰、言忠信、行篤敬、雖蛮貊之邦行矣。言不忠信、行不篤敬、雖州里行乎哉。［子曰わく、言忠信、行篤敬ならば、蛮貊《ばんばく》の邦と雖も行われん。言忠信ならず、行篤敬ならざれば、州里と雖も行われんや。］

「行篤」、「行不」の「行」は去声。「貊」は亡百の反。○子張の意は、世間に自分が受け入れられることにあった。それゆえ孔子は自分の内面を反省するということで答えた。それは、俸禄を求めることや名が知られることを問われた際の答えの内容とほぼ同じである。「篤」は厚い。「蛮」は南の夷狄。「貊」は北の夷狄。二千五百家を州とする。

行篤行不之行、去声。貊、亡百反。○子張意在得行於外。故夫子反於身而言之。猶答干禄問達之意也。篤、厚也。蛮、南蛮。貊、北狄。二千五百家為州。

行篤、行不の行は、去声[1]。貊は、亡百の反[2]。○子張の意は、外に行わるるを得るに在り。故に夫子身に反して之を言う。猶お禄を干め達を問うに答うるの意のごとし[3]。篤は、厚なり。蛮は、南蛮。貊は、北狄[4]。二千五百家を州と為す[5]。

(1) ここでは、「おこない」。学而第一・第一一章の注(1)(第1巻の一〇三ページ)を参照。 (2)『経典釈文』二四では、「亡白の反」。 (3)「子張禄を干めんことを学ぶ」(為政第二・第一八章)。「達を問う」は本章の前注参照。本章でもそこと同じく孔子は心の持ち方の重要性ということで答えている。 (4) 中国の四方にそれぞれ野蛮人がいるとされた。 (5)『論語集解』に引く鄭玄の注。

立則見其参於前也。在輿則見其倚於衡也。夫然後行。[立てば則ち其の前に参ずるを見るなり。輿《よ》に在れば則ち其の衡《こう》に倚《よ》るを見るなり。夫れ然る後に行わる、と。」

「参」は七南の反。「夫」の音は扶。〇「其」は、誠実敬虔を指して言う。「参」は、「そこに赴いて参（三）となることがないようにせよ」の「参」と同じ。自分と三となることを言う。「衡」はくびき。この語の意味はこうである。誠実敬虔を一念一念忘れず、自分がどこにいても常にあたかもそれを見るようであり、ほんの少しの間そこから離れようとしてもできない。そうなって後に一つ一つの言葉や行いが自然に誠実敬虔さから離れず、蛮夷の地でも広く行われる。

参、七南反。夫、音扶。〇其者、指忠信篤敬而言。参、読如毋往参焉之参。言与我相参也。衡、軛也。言其於忠信篤敬、念念不忘、随其所在、常若有見、雖欲頃刻離之、而不可得。然後一言一行、自然不離於忠信篤敬、而蛮貊可行也。

参は、七南の反。(1)夫は、音扶。(2)〇其は、忠信篤敬を指して言う。参は、読みて往きて参すること毋《なか》れの参の如し。(3)我と相い参するを言うなり。(4)衡は、軛《くびき》なり。(5)言うこころは其の忠信篤敬に於て、念念忘れず、其の在る所に随いて、常に見ること有るが若く、頃刻も之を離れんと欲すと雖も、而れども得可からず。(6)然る後に一言一行、自然に忠信篤敬より離れずして、蛮貊にも行わる可きなり。

（1）『経典釈文』では「参」の音として「所金の反」、「七南の反」、「初林の反」などをあげるが、ここでは「所金の反」を取っている（巻二四）。それに対して朱子はここの「参」を「三」の意味とし、日本漢字音では「サン」である「七南の反」としている。なお「所金の反」の方は日本漢字音では「シン」で、孔子の弟子の曾参の「参」はこちらの音。（2）ここでは、「それ」。雍也第六・第八章の注（1）（第2巻の一四六ページ）を参照。（3）「離坐離立すれば、往きて参ずること毋れ」（『礼記』曲礼上）。「離」は「二」の意味で、二人で座っていたり立っていたりするところに割り込んではならないということ。つまりここの「参」は、二に対して三になること。（4）自分が「忠信」、「篤敬」とともに三となるということ。つまり常に自分が「忠信」と「篤敬」に寄り添うこと。（5）牛や馬が車を引く時に、車に結びつけるためのくびき。（6）「立てば則ち其の前に参ずるを見るなり。輿に在れば則ち其の衡に倚るを見るなり」を、常に忠信篤敬と一体になるという意味に解釈しているのであるが、この『論語』の本文を朱子は「敬」の修養法を常に行うことの説明にしばしば用いる。

子張書諸紳。［子張諸《これ》を紳に書す。］

「紳」は、大帯の下に垂れた部分。「これを書す」は、忘れないようにしたのである。○程子が言われた。「学は、努め励んで心の本質に近づき、学んだ内容を自分のものにするように求めることである。広く学んで志を篤くし、切実に問いを為し、自分の身に引き寄せて思い、言葉を誠実にし、行いを敬虔にし、立てばそれが前で交わるのが見え、乗り物に乗ればそれがながえに寄りかかっているのが見えるというように自己に密着させる、これが学にほかならない。才質の美しい者は心底悟り、心の滓《かす》が全て融解していて、天地と一体となっている。その次の段階となると、ひたすら敬虔さによって心を涵養する。ただその到達点は同じである」。

紳、大帯之垂者。書之、欲其不忘也。○程子曰、学要鞭辟近裏著己而已。博学而篤志、切問而近思、言忠信、行篤敬、立則見其参於前、在輿則見其倚於衡、只此是学。質美者明得尽、査滓便渾化、却与天地同体。其次惟荘敬以持養之。及其至則一也。

紳は、大帯の垂るる者。[1] 之を書すは、其の忘れざるを欲するなり。[2] ○程子曰わく、[3] 学は鞭辟《べんぺき》して裏《うち》に近づき己に著《つ》く[4]を要すのみ。博く学びて篤く志し、切に問いて近く思い[5]、言は忠信、行は篤敬、立てば則ち其の前に参ずるを見、輿に在れば則ち其の衡に倚るを見るは、只だ此れ是れ学なり。質の美なる者は明にし得て尽くし[6]、査滓[7]は便ち渾化し[8]、却《かえっ》て天地と体を同じくす。其の次は惟だ荘敬以て之を持養す。其の至れるに及びては則ち一なり。[9]

(1)『論語集解』に引く孔安国の注に「紳は、大帯なり」とある。　(2) 子張が孔子の語を大帯に書いて忘れないようにしたのである。　(3) 程顥の語。『程氏遺書』一一。　(4)「鞭辟」は勉励すること。「裏に近づき」は、「裏《うち》」、つまり自己の内部の本来の善なる心に接近すること。これらは当時の口語。「已に著く」は自分に添わせること。（5）子張第一九・第六章。（6）「明」は悟った程度が徹底していることを表す。（7）滓《かす》。（8）融解して一つになる。（9）既に悟っている者と、敬の修養に励んでいる者とでは差があるが、その到達点は結局同じになるということ。

【補説】

［仁斎］「忠信」こそは学問の根本であり、「篤敬」こそは学問の素地である。後世の儒者は、「忠信篤敬」が日常の務めであることから低く見て高遠を極めた論とは見なさないが、「忠信篤敬」を除いて高遠なものなどは無い。道をわかっている者の言葉は身近で実質を持つが、道に無知な者の言葉は高遠で虚妄であって、日常に無益である。

［徂徠］仁斎は「忠信篤敬」を学問の道とするが、子張が「行われること」を説いたことに対する答えであることからもわかるように、君子の道がそれによって行われるものである。朱子たち後世の儒者は聖人になることを学ぶなどと言っているが、そのようなことを孔子は言わなかった。そもそも学とは詩書礼楽を誦え習うことであって、「忠信篤敬」のことではない。もし「忠信篤敬」であっても、その人が先王の道を学ばないのであれば、単なる田舎者である。仁斎も朱子学流の議論に堕している。

「立てば則ち其の参を前に見るなり。輿に在れば則ち其の倚を衡に見るなり」は古語である。この語は「立つ」と「座る（輿に在る）」が対応し、馬車で立つ時は驂（そえ馬）と前（ながえの前の部分）が離れないのを見、座る時は輢（衡をのせる二本の木）と衡（横木）が離れないのを見るということであって、己と人が離れず、その後で道が行われることを言う。言行が「忠信篤敬」であれば、己と人が離れないのである。朱子の解釈などは、禅宗の公案の類である。

第六章

子曰、直哉史魚。邦有道如矢。邦無道如矢。「子曰わく、直なるかな史魚。邦に道有るも矢の如く、邦に道無きも矢の如し。」

「史」は官名。「魚」は衛の大夫、名は鰌《しゅう》。「矢のようである」とは、まっすぐなことを言う。史魚は自分が賢人を薦め不肖者を退けることができなかったので、死んだ後でも自分の死体を用いて諫めた。それゆえ孔子はまっすぐであると称えた。彼の事は『孔子家語』に見える。

史、官名。魚、衛大夫、名鰌。如矢、言直也。史魚自以不能進賢退不肖、既死猶以尸諫。故夫子称其直。事見家語。

史は、官名。魚は、衛の大夫、名は鰌。矢の如しは、直なるを言うなり。史魚自ら賢を進め不肖を退くこと能わざるを以て、既に死するも猶お尸を以て諫む。故に夫子其の直を称す。事は家語に見ゆ[1]。

（1）『孔子家語』困誓第二二。衛の蘧伯玉《きょはくぎょく》は賢人であったが霊公は用いず、不肖者の弥子瑕《びしか》を登用した。史魚はそのことをしばしば諫めたが聞き入れられなかった。史魚は病にかかり、臨終の時に子に向かって、自分は生きている時に君主を正すことができなかったから、死んでも礼によって遺骸を安置することはせず、牖《まど》の下に置くように言った。霊公は弔問に来てその様子を見、子から臨終の時の言葉を聞いて愕然とし、かくて蘧伯玉を用い、弥子瑕を退けた。

君子哉蘧伯玉、邦有道則仕、邦無道則可巻而懐之。［君子なるかな蘧伯玉、邦道有れば則ち仕え、邦道無ければ則ち巻きて之を懐《ふところ》にすべし、と。］

伯玉の出処進退は、聖人の道に合致していた。それゆえ彼のことを「君子」と言ったのである。「巻」はおさめる。「懐」はふところにしまう。蘧伯玉が孫林父、寗殖《ねいしょく》から君を放逐殺害する謀り事の相談を受けた時に、応じないで出奔したようなのが、ここで言われていることなのである。〇楊氏が言った。「史魚のまっすぐさは、君子の道を尽くしてはいない。蘧伯玉のようであってこそ、乱世にあって自分が損なわれるのを免れることができる。史魚がいつも「矢の如し」のようであったのは、「巻いてふところにおさめよう」としてもできなかったのである」。

伯玉出処、合於聖人之道。故曰　伯玉の出処は、聖人の道に合す。故に君子と曰う。巻は、

君子。巻、収也。懐、蔵也。如於孫林父甯殖放弑之謀、不対而出、亦其事也。○楊氏曰、史魚之直、未尽君子之道。若蘧伯玉、然後可免於乱世、若史魚之如矢、則雖欲巻而懐之、有不可得也。

収なり[1]。懐は、蔵なり[2]。孫林父、甯殖の放弑の謀に於て、対えずして出づるが如きも、亦た其の事なり[3]。○楊氏曰わく[4]、史魚の直は、未だ君子の道を尽くさず。蘧伯玉の若くにして、然る後に乱世を免るる可く、史魚の矢の如きが若きは、則ち巻きて之を懐《ふところ》にせんと欲すと雖も、得可からざること有るなり、と。

（1）「有司、三牲の俎を巻め、賓館に帰る」（『儀礼』公食大夫礼）の鄭玄の注に「巻は、猶お収のごときなり」。（2）沈休文「斉故安陸昭王碑文」（『文選』）の李善の注に「宋均曰わく、懐は、蔵なり」とある。（3）孫文子（孫林父）は衛の献公に殺されると思い、蘧伯玉に暗に献公をたおすことをにおわせながら相談した。蘧伯玉はそれに反対しそこを去り、近くの関所から出奔した（以上は、『春秋左氏伝』襄公一四年）。また甯殖が蘧伯玉に亡命中の献公の帰国について相談したところ、蘧伯玉は答えをはぐらかし近くの関所から出奔した（以上は、『春秋左氏伝』襄公二六年）。（4）楊時の語。『論語精義』八上に引く。

【補説】

［仁斎］史魚は自分を通すが他者を活かせない。蘧伯玉は自分も他者も全うできるから君子なのである。

［徂徠］「巻く」とは道を巻くことである。つまり用いられれば道を発揮し、用いられなければ道を懐にして隠れること。

第七章

子曰、可与言、而不与之言、失人。不可与言、而与之言、失言。知者不失人。亦不失言。［子曰わく、与に言う可くして、之と言わざれば、人を失う。与に言う可からずして、之と言えば、言を失う。知者は人を失わず。亦た言を失わず、と。］

知は、去声。

知、去声。　　知は、去声。(1)

(1) ここでは智の意。「知者」は智者のこと。里仁第四・第一章の注(3)(第1巻の三一〇ページ)を参照。

【補説】

［徂徠］知者はそのままでは仁者ではない。ただ知者と仁者は無関係なわけではない。

第八章

子曰、志士仁人、無求生以害仁、有殺身以成仁。［子曰わく、志士仁人は、生を求めて以て仁を害すること無く、身を殺して以て仁を成すこと有り、と。］

「志士」は志を持っている士。「仁人」は徳が完成した人。死ぬべき道理なのに生きることを求めれば、その心には安らかならぬものが残る。これは心の徳を損なっているのである。死ぬべくして死ねば、心は安らかで徳は全うされる。○程子が言われた。「真実の理を心に得れば、おのずから是非は判別できる。真実の理とは、正しさを真に悟り、不正を真に悟ることなのである。古人には身を捨てて命を落とす者がいた。もし真に悟っているのでなければ、このようにしえたであろうか。生は義よりも重くはなく、生は死よりも安らかではないことを、真に悟るべきなのである。それゆえ身を殺して仁を成し遂げる者は、ただ一つの正しさを成し遂げるだけなのである」。

志士、有志之士。仁人、則成徳　志士は、志有るの士。仁人は、則ち成徳の人なり。理の

之人也。理当死而求生、則於其心有不安矣。是害其心之徳也。当死而死、則心安而徳全矣。○程子曰、実理得之於心自別。実理者、実見得是、実見得非也。古人有捐軀隕命者。若不実見得、悪能如此。須是実見得生不重於義、生不安於死也。故有殺身以成仁者、只是成就一箇是而已。

当に死すべくして生を求むれば、則ち其の心に於て安からざること有り。是れ其の心の徳を害するなり。当に死すべくして死せば、則ち心安んじて徳全し。○程子曰わく、[1]実理は之を心に得れば自ら別つ。実理は、実に是を見得し、実に非を見得するなり。[2]古人軀[3]を捐《す》てて命を隕《お》とす者有り。若し実に見得せざれば、悪《いず》くんぞ能く此の如くならん。須く是れ実に生は義よりも重からず、生は死よりも安からざるを見得すべし。故に身を殺して以て仁を成す者有るは、只だ是れ一箇の是を成就するのみ、[4]と。

（1）程頤の語。『程氏遺書』一五。（2）朱子は「見る」を「悟る」と同じ意味で使用することが多い。「得」は動詞の語助で、口語的表現。（3）身体。（4）自分の身を殺す瀬戸際に立った時は、性命の理を全うするといったことを考える暇などあるはずもなく、ともかくただ正しいことを行うことが問題なのである（『朱子語類』四五）。

【補説】

［仁斎］志士も仁人も、その行いには差があるが、窮極が仁ということでは同じである。

［徂徠］「志士仁人」とは、夏の龍逢（桀を諫めて殺された）や殷の比干（紂を諫めて殺された）の徒である。先王の道は、民を安んずる統治の道である。志士はこれに志し、仁人はこの場で徳を発揮する。ところが朱子は専ら心の問題とし、心学的に解釈してしまっている。また朱子の注では程子の「一箇の是を成就する」という語を引くが、このように是非という範疇に局限して仁を言うことはできない。たとえば道学者の羅従彦は「天下に正しくない父母はいない」と言ったが、もし舜が悪人であった父の瞽瞍《こそう》を正しいとしたのならそれは舜ではない。父の不正は不正として認識するが、父を怨み怒る気持ちを持たないのが孝子なのである。

第九章

子貢問為仁。子曰、工欲善其事、必先利其器。居是邦也、事其大夫之賢者、友其士之仁者。

子貢仁を為すを問う。子曰わく、工其の事を善くせんと欲すれば、必ず先ず其の器を利《と》くす。是の邦に居るや、其の大夫の賢者に事え、其の士の仁者を友とす、と。」

「賢」は功業について言い、「仁」は徳について言う。孔子は以前言われた。「子貢は自分に及ばない者と交わるのを喜ぶ」。それゆえこのように告げた。謹厳謙虚な心で切磋琢磨して徳を成就してもらいたいと思ったのである。○程子が言われた。「子貢は仁を実践することを問うたのであって、仁を問うたのではない。それゆえ孔子は彼に仁を実践する助けになることを告げたのである」。

賢、以事言、仁、以徳言。夫子嘗謂、子貢悦不若己者。故以是告之。欲其有所厳憚切磋以成其徳也。○程子曰、子貢問為仁、非問仁也。故孔子告之以為仁之資而已。

賢は、事を以て言い、仁は、徳を以て言う。夫子嘗て謂う、子貢己に若かざる者を悦ぶ、と(1)。故に是を以て之に告ぐ。其の厳憚(2)切磋する所有りて以て其の徳を成さんと欲するなり。○程子曰わく(3)、子貢仁を為すを問いて、仁を問うに非ず。故に孔子之に告ぐるに仁を為すの資を以てするのみ、と。

（1）「子曰わく、商（子夏）や好みて己に賢《まさ》る者と処り、賜（子貢）や好みて己に若かざる者と説く」（『孔子家語』六本第一五）。　（2）恐懼する。　（3）程頤の語。『程氏外書』二。

【補説】

［仁斎］子貢は「仁を助ける」ことについて質問したのであって、それに答えて孔子は賢明な師友こそがそれであるとした。そのような師友に恵まれない時は、徳は成就しない。

［徂徠］朱子が引く程子の語や仁斎が、「仁を為す」を仁の実践を助けるという方向で解釈するのは誤りで、子貢は「仁政を行う」ことを質問したのである。仁政を行うには人材が必要である。子貢は才人であったためとかく自分でやろうとし過ぎる傾向があったので、孔子はこのように言ったのである。先王が民を安んずる道は、仁が中心となるが、仁は勇智忠和など種々の徳を活かすものであるから、多様な人材が必須となるのであって、それゆえ仁は道を尽くしているとは言わなかったのである。なお仁者は得難いものであるのに、ここでは「士の仁者」と得やすいように言っていることから、「其の大夫の賢者に事え、其の士の仁者を友とす」が古語であり、孔子はこれを引いたのであることがわかる。

第十章

顔淵問為邦。［顔淵邦を為《おさ》むるを問う。］

顔子は王を補佐する能力を持っていたので、天下を治める道を問うたのである。国を治めると言っているのは、謙遜の語である。

顔子王佐之才、故問治天下之道。　顔子王佐の才、故に天下を治むるの道を問う。邦を為む

曰為邦者、謙辞。

ると曰うは、謙辞なり。

子曰、行夏之時、［子曰わく、夏の時を行い、］

夏の暦は、北斗七星の柄の部分が初昏に寅の方角を指す月を以て一年の始めとすることを言う。天は子《ね》の方角を指す月から始まり、地は丑の方角を指す月から始まり、人は寅の方角を指す月から生ずる。それゆえ北斗七星の柄がこの三方向を指す月は、全て一年の初めとすることができる。そこで三代はたがいにこれを用い、夏は寅の方角を指す月を人の正月とし、商（殷）は丑の方角を指す月を地の正月とし、周は子の方角を指す月を天の正月とした。ただ四季に従って農事にはげむのであるから、一年の月は当然人を基準とすべきである。それゆえ孔子は以前このように言ったのである。「私は夏の暦書を得た」。そしてそれを解説した者は、これを『夏小正』の類とした。つまり夏の暦の内容の妥当性と、それをもとにした各季節に発する政令の適切さを評価し、そこでこのように顔子に告げたのである。

夏時、謂以斗柄初昏建寅之月為歳首也。天開於子、地闢於丑、

夏の時(1)は、斗柄(2)の初昏(3)に寅(4)を建《おざ》すの月(5)を以て歳首(6)と為すを謂う。天は子に開け、地は丑に闢《ひら》け、人は寅に生ず(7)。

人生於寅。故斗柄建此三辰之月、皆可以為歳首。而三代迭用之、夏以寅為人正、商以丑為地正、周以子為天正也。然時以作事、則歳月自当以人為紀。故孔子嘗曰、吾得夏時焉。而説者以為謂夏小正之属。蓋取其時之正、与其令之善、而於此又以告顔子也。

故に斗柄の此の三辰を建すの月は、皆な以て歳首と為す可し。(8) 而して三代迭《たが》いに之を用い、夏は寅を以て人正とし、商は丑を以て地正とし、周は子を以て天正とす。(9) 然れども時以て事を作《な》せば、(10) 則ち歳月自ら当に人を以て紀と為すべし。(11) 故に孔子嘗て曰わく、吾夏の時を得たり、と。(12) 而して説く者以て夏小正の属を謂うと為す。(13) 蓋し其の時の正と、其の令の善とを取りて、此に於て又た以て顔子に告ぐ。

（1）夏王朝の暦。　（2）北斗七星の柄の部分。　（3）たそがれ。　（4）寅の方角。　（5）北斗七星の柄の尾の部分が指すので「おざす」と読む。一月にあたる。　（6）正月。　（7）邵雍『皇極経世書』では、この世界は「月子第一会」に始まり、「月丑第二会、子自り丑に入り、地、下に辟《ひら》くの候なり」、「月寅第三会、丑にして寅に交わり、天地開辟し、人物始めて生ずるの候なり」と続く。朱子はこの邵雍の説を引く（『朱子語類』四五）。なお「会」とは、邵雍が元、会、運、世の四つで時間の長さを表した議論の中に出てくるもので、一会は三六〇年にあたる。　（8）ここの三辰は、子、丑、寅の方角。北斗七星の柄が指す方角によって、一年の各月を表すことについては、為政第二・第二三章の注（11）（第1巻の二〇五ページ）を参照。　（9）夏王朝は建子の月（一月）、殷王朝は建丑の月

（十二月）、周王朝は建寅の月（十一月）をそれぞれ正月とした。（10）季節に従って農事にはげむこと。「閏以て時を正し、時以て事を作し、事以て生を厚くす」（『春秋左氏伝』文公六年）。（11）農作業など人事の重要性から、人統にあたる夏の暦を採用するということ。（12）『礼記』礼運。（13）『礼記』礼運の鄭玄の注に「夏の四時の書を得るなり。其の書存する者は、小正有り」とある。「夏小正」は、『大戴礼《だたいれい》』夏小正。

乗殷之輅、［殷の輅《ろ》に乗り、］

「輅」の音は路。また「路」としているテキストもある。○商の輅は、木の輅である。「輅」は大車の名。古えは木で車を作るだけであった。商になって輅の名が出てきた。その規格がそれまでとは異なったのである。周の人は輅を金玉で飾ったので、奢侈に過ぎて壊れやすかった。商（殷）の輅が素朴堅牢で、その姿が貴賤に応じて区別があり、質実で中庸を得ているのには及ばない。

輅、音路。亦作路。○商輅、木輅也。輅者、大車之名。古者以

輅は、音路。亦た路に作る。(1) ○商の輅は、木輅なり。輅は、大車の名。(2) 古えは木を以て車を為《つく》るのみ。商に至り

木為車而已。至商而有輅之名。蓋始異其制也。周人飾以金玉、則過侈而易敗。不若商輅之樸素渾堅、而等威已弁、為質而得其中也。

て輅の名有り。蓋し始めて其の制を異にするなり。周人飾るに金玉を以てすれば、則ち侈に過ぎて敗れ易し。商輅の樸素渾堅にして、等威[3]已に弁じ、質にして其の中を得たりと為すに若かざるなり。

（1）「音は路。本亦た路に作る」（『経典釈文』二四）。（2）『論語集解』に引く馬融の注に「殷の車を大輅と曰う」。（3）「示に等威有るは、古えの道なり」（『春秋左氏伝』文公一五年）。その杜預の注に「等威は、威儀の等差」とある（『春秋経伝集解』）。

服周之冕、［周の冕《べん》を服し、］

周の冕に五種類があるが、みな祭服の冠である。冠の上に覆いがあり、前後に旒《りゅう》がある。黄帝以来もうこれがあったが、制度化し等級をつけることは、周になって初めて整った。しかしその物自体は小さく、身体各部の一番上に加える。それゆえ華やかであっても贅沢とは見なされず、費用はかかっても浪費とまでは言えない。孔子がこれを採用したのは、雅であって中庸を得ているとしたからである。

周冕有五、祭服之冠也。冠上有覆、前後有旒。黄帝以来、蓋已有之、而制度儀等、至周始備。然其為物小、而加於衆体之上。故雖華而不為靡、雖費而不及奢。夫子取之、蓋亦以為文而得其中也。

周の冕に五有り(1)、祭服の冠なり。冠上に覆有り、前後に旒(2)有り。黄帝以来、蓋し已に之れ有れども、制度儀等、周に至りて始めて備わる。然れども其の物為《た》るや小にして、衆体の上に加う。故に華なりと雖も、而れども靡《び》(3)と為さず、費(4)なりと雖も、而れども奢に及ばず。夫子之を取るは、蓋し亦た以て文にして其の中を得たりと為すなり。

（1）冕は、冠の上につける布張の板。そこから前後に玉を通した飾り紐が垂れている。周の五冕とは、「先王を享するは、則ち袞《こん》冕、先公饗射を享するは、則ち鷩《へつ》冕、四望山川を祀るは、則ち毳《ぜい》冕、社稷五祀を祭るは、則ち希冕、群小の祀を祭るは、則ち玄冕」（『周礼』春官・司服）。それぞれの冕は、飾り紐の数が異なる。　（2）冕から垂れている玉を通した飾り紐。　（3）華美。　（4）費用がかかる。

楽則韶舞、［楽は則ち韶舞、］

その善を尽くし美を尽くしている点を採用したのである。

取其尽善尽美。　　　　其の善を尽くし美を尽くすを取る。(1)

(1)「子、韶を謂う。美を尽くせり。又た善を尽くせり」(八佾第三・第二五章)。

放鄭声、遠佞人。鄭声淫、佞人殆。［鄭声を放ち、佞人を遠ざけよ。鄭声は淫にして、佞人は殆《あやう》し、と。］

「遠」は去声。○「放」は禁絶することを言う。「鄭声」は鄭国の音楽。「佞人」は卑屈にへつらう口舌の徒。「殆」は危ういこと。○程子が言われた。「孔子に対する政治についての質問は多かった。しかし孔子は顔淵にだけこのような内容を告げた。三代の制度は、全て時代によって増したり減らしたりして改変された。久しくたつ間には弊害が無いわけにはいかなくなっていた。周が衰え聖人が現れなくなった。そこで孔子は先王の礼を斟酌《しんしゃく》して、万世にわたって常に行える道を打ち立てた。そこでここに言われているようなことを明らかにしたが、これはとっかかりである。これをもとにして求めていけば、それ以外もみな考究できる」。張子が言われた。「礼楽は統治の法である。鄭の音楽を禁じ、佞人を遠ざけるのは、法の規定外の要請である。しかしこれらのことを一日でも謹まなければ、法は破壊される。舜の時代や夏王朝の君臣がたがいに戒めあったのは、そのためであった」。また言われた。「法が確立してそれが守られれば、徳化は長続きし、大きな功業が立てられる。ところが鄭の音楽や佞人は、人々にこれを守ることを失わせる。それゆえこれらを禁じ遠ざけるのである」。尹氏が言った。「これは百もの王にわたっても変わることの無い大法である。孔子が『春秋』を作ったのも、やはりこの精神からである。孔子と顔淵はこの大法をその時代に実現できなかったが、その政治を行う法は、ここに見ることができる」。

遠、去声。○放、謂禁絶之。鄭声、鄭国之音。佞人、卑諂弁給之人。殆、危也。○程子曰、問政多矣。惟顔淵告之以此。蓋三代之制、皆因時損益。及其久也、不能無弊。周衰、聖人不作。故孔子斟酌先王之礼、立万世常行

遠は。去声[1]。○放は、之を禁絶するを謂う。鄭声は、鄭国の音[2]。佞人は、卑諂弁給[3]の人。殆は、危し[4]。○程子曰わく[5]、政を問うこと多し。惟だ顔淵のみ之に告ぐるに此を以てす。蓋し三代の制、皆な時に因りて損益す[6]。其の久しきに及びて、弊無きこと能わず。周衰え聖人作《おこ》らず。故に孔子先王の礼を斟酌して、万世常行の道を立つ。此を発して以て之が兆と為すのみ[7]。是に由りて之を求むれ

之道。発此以為之兆爾。由是求之、則余皆可考也。張子曰、礼楽、治之法也。放鄭声、遠佞人、法外意也。一日不謹、則法壊矣。虞夏君臣、更相飭戒、意蓋如此。又曰、法立而能守、則徳可久、業可大。鄭声佞人、能使人喪其所守。故放遠之。尹氏曰、此所謂百王不易之大法。孔子之作春秋、蓋此意也。孔顔雖不得行之於時、然其為治之法、可得而見矣。

ば、則ち余は皆な考う可きなり、と。張子曰わく、(8)礼楽は治の法なり。鄭声を放ち、佞人を遠ざくるは、法外の意なり。一日も謹まざれば、則ち法壊る。虞夏(9)の君臣の更〻《こもごも》相い飭戒《ちょくかい》するは、意蓋し此の如し、と。又た曰わく、(10)法立ちて能く守れば、則ち徳久しかる可く、業大なる可し。(11)鄭声佞人は、能く人をして其の守る所を喪わしむ。故に之を放ち遠ざく、と。尹氏曰わく、(12)此れ所謂百王不易の大法(13)なり。孔子の春秋を作るは、蓋し此の意なり。孔顔(14)之を時に行うを得ずと雖も、然れども其の治を為すの法、得て見る可し、と。

(1) ここでは「遠ざける」。学而第一・第一三章の注(1)(第1巻の一一一ページ)を参照。　(2) 鄭の音楽は淫乱であると定評があった。　(3) 卑屈にへつらい、口先がうまい。　(4)『論語集解』に引く孔安国の注に「人をして淫乱危殆せしむ」と言う。　(5) 程頤の語。『程氏遺書』一七。
(6) 為政第二・第二三章。　(7) 夏、殷、周の礼をどのように選択するかのサンプルを示したということ。（8）張載の語と思われるが、出典未詳。（9）舜（虞舜）の時代と夏王朝。（10）張載の語。『正蒙』三〇篇。（11）「久しかる可きは則ち賢人の徳、大なる可きは則ち賢人の業」（『易経』繫辞上伝）。（12）尹焞の語。『論語精義』八上に引く。（13）『史記』律書第三。（14）孔子と顔淵。

【補説】

［仁斎］「邦を為む」は、単に邦を治めることではなく、紀綱法度を創造すること。法は時代と合わなくなることがあるが、道にはそれが無い。孔子は四代の制から一事を取り出し、その梗概を示した。「夏の時を行う」は、正を取る。「殷の輅に乗る」は、質を尊ぶ。「周の冕を服す」は、文に従う。「楽は韶舞する」は、美善の極を尊ぶ。「鄭声を放ち、佞人を遠ざく」は、治を害する本を防ぐ。これが万世にわたって不変の道で、文質を兼ね、法戒を維持し、天下を治める道が尽くされている。

［徂徠］礼楽を制作するのは革命であって、君子はこれを言うことを忌む。そこで顔回はただ邦を治めることを質問した。しかし孔子や顔回の時代は革命の時であった。また天命が降れば顔回も聖人でありえた。それゆえ孔子は礼楽の制作で答えたのである。本章を朱子の注などでは万世不変の大法などと言うが、あくまでも孔子や顔回の時点での話である。もし万世不変と言うのならば、本章の通りでなかった歴代の聖人は聖人ではないことになってしまうし、本章の内容をそのまま今の世に行えるであろうか。「夏の時」、「殷の輅」、「周の冕」は礼であり、「韶」は楽である。聖人が天下を治めるのは礼楽に尽きる。「鄭声」は楽に、「佞人」は礼に害がある。「佞人」を朱子が卑屈にへつらう口舌の徒とするのは誤りで、能弁な者のことである。かかる者は法政を乱す。孟子のように先王の礼楽の意義

を知らない者が自分の見解をもとに議論を立てて先王の教えを変乱するのも、この類である。かかる者は法制を乱す。「鄭声」が問題とされるのは、その声楽が民の娯楽になり本来の楽が好まれなくなるからであって、内容が淫乱というようなことではない。

第十一章

子曰、人無遠慮、必有近憂。［子曰わく、人遠き慮《おもんばかり》無ければ、必ず近き憂有り、と。］

蘇氏が言った。「人が踏む場所は、足を運ぶ所以外はみな無用の地であるが、無視してよいものではない。千里の外までも思慮を伸ばさなければ、患難は机や席のような身近に起こる。

蘇氏曰、人之所履者、容足之外、皆為無用之地、而不可廃也。故慮不在千里之外、則患在几席之下矣。

蘇氏曰わく(1)、人の履む所は、足を容るるの外は、皆な無用の地為るも(2)、廃す可からず。故に慮り千里の外に在らざれば、則ち患几席(3)の下に在り、と。

（1）蘇軾の語。　（2）「夫れ地は広く且つ大きからざるに非ざるなり。人の用うる所は足を容るるのみ」（『荘子』外物）。 （3）机と敷物。

【補説】

［仁斎］この言葉には、神明や占いも及ばない。

［徂徠］この語は聖人の道を尽くしている。本章のように孔子は智に富み思いは深く、その道は深遠であった。当時孔子が尊ばれながら登用されなかったのは、迂遠と見なされたからであり、後世の聡明な儒者が聖人の道を理解できなかったのは、近いところしか見なかったからである。

第十二章

子曰、已矣乎。吾未見好徳如好色者也。［子曰わく、已《や》んぬるかな。吾未だ徳を好むこと色を好むが如くなる者を見ず、と。］

「好」は去声。○「已んぬるかな」は、結局は見ることができないことを嘆いているのである。

好、去声。○已矣乎、歎其終不得而見也。

好は、去声。（1）○已んぬるかなは、其の終に得て見ざるを歎くなり。

（1）ここでは「好む」。学而第一・第二章の注（1）（第1巻六一ページ）を参照。

【補説】

［徂徠］この語は人君を主として言う。であるから「已矣乎」の三字がある。孔子を登用する者がいないのを歎じた語である。

第十三章

子曰、臧文仲其窃位者与。知柳下恵之賢、而不与立也。［子曰わく、臧文仲は其れ位を窃《ぬす》む者か。柳下恵の賢を知りて、与に立たざるなり、と。］

「者与」の与は平声。○「位を盗む」とは、その位につりあわず、心中それを恥じているが、盗むように秘かにその位についていることを言う。柳下恵は、魯の大夫の展獲、字は禽、柳下の邑をあたえられ、諡《おくりな》は恵と言った。「ともに立つ」とは、彼と朝廷に並び立つことを言う。范氏が言った。「臧文仲は魯で政務をとっていた。もし賢者を見抜けなければ、明知ではない。賢者をわかっていながら登用しなければ、賢者を覆い隠しているのである。明知ではない罪は小さいが、賢者を覆い隠す罪は大きい。それゆえ孔子は不仁と見なし、その上に位を盗むとした。

者与之与、平声。〇窃位、言不称其位而有愧於心、如盗得而陰拠之也。柳下恵、魯大夫展獲、字禽、食邑柳下、謚曰恵。与立、謂与之並立於朝。范氏曰、臧文仲為政於魯。若不知賢、是不明也。知而不挙、是蔽賢也。不明之罪小、蔽賢之罪大。故孔子以為不仁、又以為窃位。

者与の与は、平声。[1] 〇位を窃むは、其の位に称《かな》わずして心に愧ずること有り、盗み得るが如くにして陰《ひそか》に之に拠るを言うなり。柳下恵は、魯の大夫展獲、字は禽、邑を柳下に食み、謚して恵と曰う。与に立つは、之と朝に並び立つを謂う。范氏曰わく、[2] 臧文仲政を魯に為す。若し賢を知らざれば、是れ不明なり。知りて挙げざれば、是れ賢を蔽うなり。不明の罪は小、賢を蔽うの罪は大なり。故に孔子以て不仁と為し、又た以て位を窃むと為す。

（1）ここでは、「……か」。学而第一・第二章の注（1）（第1巻の六四ページ）を参照。　（2）范祖禹の語。『論語精義』八上に引く。

【補説】

［仁斎］賢人を知っていながら登用しない罪は大きい。

［徂徠］位を盗む者とすることは、最大限の批判であって、人を知ることの重要さを表している。

第十四章

子曰、躬自厚、而薄責於人、則遠怨矣。［子曰わく、躬《み》自《みずか》ら厚くして、人を責むるに薄ければ、則ち怨に遠ざかる、と。］

「遠」は去声。○自分を責めることが厳しい。それゆえ自分の身はますます修まる。他人を責めるのは控えめにする。それゆえ人は容易につき従ってくれる。これが人々に怨みに思われないですむ理由である。

遠、去声。○責己厚。故身益修。責人薄。故人易従。所以人不得而怨之。

遠は、去声。(1)○己を責むること厚し。故に身益〻修まる。人を責むること薄し。故に人従い易《やす》し。人の得て之を怨まざる所以なり。

（1）「遠ざける」の意の時は、去声。「遠い」の意の時は上声。学而第一・第一三章の注（1）（第1巻の一一一ページ）。

【補説】
［仁斎］自分を治めることが厚く、人を責めることが薄いのは、仁者の心の持ち方である。
［徂徠］「躬自ら厚くす」を仁斎が自分を治めることとするのは誤りで、『論語集解』に引く孔安国の注で自分を責めることとするのが古来相伝の説である。

第十五章

子曰、不曰如之何、如之何者、吾末如之何也已矣。［子曰わく、之を如何せん、之を如何せんと曰わざる者は、吾之を如何ともすること末《な》きのみ、と。］

「どのようにしようか、どのようにしようか」とは、熟慮して慎重に対処する時の語である。このようにしないでいいかげんに行えば、聖人であってもどうすることもできない。

如之何、如之何者、熟思而審処之辞也。不如是而妄行、雖聖人亦無如之何矣。

之を如何せん、之を如何せんとは、熟思して審処するの辞なり。是の如くせずして妄りに行えば、聖人と雖も亦た之を如何ともすること無し。

【補説】
［徂徠］「之を如何」は問う言葉であって、孔子は問うことを尊んだのである。つまり質問をしてこない者はどうしようもないということである。「之」は意味の無い字で、朱子が、熟思して審処することとするのは「之」の字に泥んでいるのである。

第十六章

子曰、群居終日、言不及義、好行小慧、難矣哉。［子曰わく、群居すること終日、言義に及ばず、好みて小慧《けい》を行うは、難きかな。］

「好」は去声。○「小慧」は小賢しい智恵である。言葉が義にわたらなければ、放埒な邪心がはびこり、好んで小賢しい智恵を働かせれば、危ない橋を渡り僥倖を求めかねなくなる。「難きかな」とは、徳に入るすべが無く、禍を引き起こしていくことを言う。

好、去声。○小慧、私智也。言不及義、則放辟邪侈之心滋、好

好は、去声。(1)○小慧は、私智なり。言義に及ばざれば、則ち放辟邪侈《ほうへきじやし》(2)の心滋《しげ》く、好みて小慧を行えば、則ち険を

行小慧、則行険僥倖之機熟。難矣哉者、言其無以入徳而将有患害也。

行い倖を僥《もと》むるの(3)機熟す。難きかなとは、其の以て徳に入ること無くして将に患害有らんとするを言うなり。

(1) ここでは、「好む」。学而第一・第二章の注(1)(第1巻の六一ページ)を参照。(2) 勝手に悪を行うこと。『孟子』梁恵王上。(3)「小人険を行ない以て幸を儌《もと》む」(『中庸』第一四章)。その朱子の注に「儌は、求むなり。幸は、当に得べからずして得る所の者を謂う」(『中庸章句』)。

【補説】
[仁斎] 本章は、悪友の害を言う。
[徂徠] 当時の卿大夫は、このように群居するのを、人心を集め声望があると思い、道を学ばなかった。それゆえ「難きかな」と歎じたのである。

第十七章

子曰、君子義以為質、礼以行之、孫以出之、信以成之。君子哉。[子曰わく、君子は義以て質と為し、礼以て之を行い、孫以て之を出し、信以て之を成す。君子なるかな。]

「孫」は去声。○「義」は、物事に秩序をあたえる根本である。それゆえこれを根幹とする。そして行う場合には必ず麗しい節度を持ち、外に現す場合には必ず謙譲により、完遂するには必ず誠実さによる。それこそが君子の道なのである。○程子が言われた。「「義を質とする」というのは、本質とするということ。礼によってこれを行い、謙譲によってこれを現し、誠実さによってこれを完遂するのである。この四句は事柄としては一つなのであるが、義を根本とするのである」。また言われた。「「敬によって内面をまっすぐにする」のであれば、「義によって外面が方正になる」。「義を本質とする」のであれば、「礼によって行い、謙譲によって現し、誠実によって完遂する」」。

孫、去声。○義者、制事之本。故以為質幹。而行之必有節文、出之必以退遜、成之必在誠実。乃君子之道也。○程子曰、義以為質、如質幹然。礼行此、孫出此、信成此。此四句、只是一事、以義為本。又曰、敬以直内、則

孫は、去声[1]。○義は、事を制するの本[2]。故に以て質幹[3]と為す。而して之を行うに必ず節文[4]有り、之を出すに必ず退遜を以てし、之を成すに必ず誠実在り。乃ち君子の道なり。○程子曰わく[5]、義以て質と為すは、質幹の如く然り。礼もて此を行い、孫もて此を出し、信もて此を成す。此の四句は只だ是れ一事、義以て本と為す、と。又た曰わく[6]、敬以て内を直くすれば、則ち義以て外を方にす[7]。

義以方外。義以為質、則礼以行之、孫以出之、信以成之。

義以て質と為せば、則ち礼以て之を行い、孫以て之を出し、信以て之を成す、と。

（1）「謙譲」の時は去声。「まご」などの意味の時は平声。（2）「義以て事を制す」（『書経』商書・仲虺之誥）。（3）体の根幹。（4）学而第一・第一二章の注（1）（第1巻の一〇五ページ）を参照。（5）程顥か程頤の語。『程氏遺書』八。（6）程顥の語。『程氏遺書』一一。（7）「君子敬以て内を直くし、義以て外を方にす」（『易経』坤卦・文言伝）。

【補説】

［仁斎］聖門では仁義を併称しながらも、仁を大とするが、本章で義を質としているのは、時に義が仁より重いことがあるからである。仏教や道家・道教が道に背くのは義の重さを知らないからである。

［徂徠］ここの「君子」は卿大夫のことで、本章は卿大夫が君主に謁見する時の心構えを言う。「仁」とは君道であり、「義」は臣道であるから、本章は「義を以て質と為す」としているのである。朱子は「孫」を謙譲とし、「信」を誠実とするが、「孫」は言辞を謙譲にすること、「信」が持ち出されるのは謁見の際には信が重要だからである。この四項目を行えば、君子の徳は無くとも、君子とすることができるので、「君子なるかな」と言っているのである。また仁斎は仁義の併称を言うが、それは孟子から始まったことであって、孔子の時代には無い。

第十八章

子曰、君子病無能焉。不病人之不己知也。［子曰わく、君子能くすること無きを病《うれ》う。人の己を知らざることを病えず。］

（注が無い）。

【補説】

［徂徠］ここの「能」は、才能のことである。人を登用する時に才能によるのは古えの道である。朱子学で徳を尊び才能を軽視し、万人が聖人になることを求めるが、そのような道理があろうか。

第十九章

子曰、君子疾没世而名不称焉。［子曰わく、君子は世を没するまで名の称せられざることを疾《にく》む。］

范氏が言った。「君子の学は自分の内的要求のために行い、人に認められることを求めない。

しかし没するまでその名が称えられないならば、善を行う中身が無かったことがわかる」。

范氏曰、君子学以為己、不求人知。然没世而名不称焉、則無為善之実可知矣。

范氏曰わく、(1)君子の学は以て己の為《ため》にし、(2)人に知らるることを求めず。然れども世を没するまで名の称せられざれば、則ち善を為すの実無きこと知る可し、と。

（1）范祖禹の語。『論語精義』八上に引く。（2）憲問第一四・第二五章。

【補説】

［仁斎］張栻が言うように（『論語大全』所引）、名があがらないのを嫌うのではなく、名に相応する実質が無いのを病むのである。

［徂徠］人の資質もいろいろであり、若い時は放埒でも中年になって改悟する者もいるから、孔子は「没するまで」と言った。

第二十章

子曰、君子求諸己。小人求諸人。［子曰わく、君子は諸《これ》を己に求め、小人は諸を人に求む、と。」

謝氏が言った。「君子は自分を反省しないことは無い。小人はこれに反する。これが君子と小人の分岐点である」。○楊氏が言った。「君子は他人が自分のことを理解してくれないのを苦にすることは無いが、同時に没するまで名が称えられないことには心を痛める。このように没するまで名が称えられないことに心を痛めてはいるが、そこで求めているものは何かと言えば、これによっても自己の内面を反省することなのである。小人は他人に求める。それゆえ道からはずれ名誉を求め、そのためには何でもする。この三章は、文章は同じではないが、意味は相互に補充しあっている。これらを並べたのも記録者の意向である」。

謝氏曰、君子無不反求諸己。小人反是。此君子小人所以分也。○楊氏曰、君子雖不病人之不己知、然亦疾没世而名不称也。雖疾没世而名不称、然所以求者、亦反諸己而已。小人求諸人。故違道干誉、無所不至。三者文不

謝氏曰わく[1]、君子は諸《これ》を己に反求[2]せざること無し。小人は是に反す。此れ君子と小人の分るる所以なり、と。○楊氏曰わく[3]、君子は人の己を知らざることを病まずと雖も、然れども亦た世を没するまで名の称せられざることを疾むなり[4]。世を没すまで名の称せられざることを疾むと雖も、然れども求むる所以の者は、亦た諸を己に反すのみ。小人は諸を人に求む。故に道に違いて誉を干《もと》め[5]、

相蒙、而義実相足。亦記言者之意。

至らざる所無し。(6)三者(7)文相い蒙《おお》わずして、義は実に相い足る。亦た言を記す者の意なり、と。

(1)謝良佐の語。『論語精義』八上に引く。(2)『孟子』公孫丑上、離婁上。(3)楊時の語。『論語精義』八上に引く。(4)前章。(5)「道に違い以て百姓の誉を干むる罔《なか》れ」(『書経』虞書・大禹謨)。(6)「小人間居して不善を為し、至らざる所無し」『大学』伝六章。(7)本篇の第一八章、第一九章、第二〇章。

【補説】

[仁斎]君子はこのように自分を反省し徳を積む。

第二十一章

子曰、君子矜而不争。群而不党。「子曰わく、君子は矜《きょう》にして争わず。群して党せず、と。」

荘重に自分を律するのを「矜」と言う。しかし謀叛心は無い。それゆえ争わない。協調の気持ちで人々とともにいるのを「群」と言う。しかし阿諛迎合の気持ちは無い。それゆえ徒党を組まない。

莊以持己曰矜。然無乖戾之心。故不争。和以処衆曰群。然無阿比之意。故不党。

莊以て己を持するを矜と曰う。(1)然れども乖戾の心無し。故に争わず。和以て衆に処るを群と曰う。(2)然れども阿比の意無し。故に党せず。

(1)『論語集解』に引く包咸の注に、「矜は、矜莊なり」とある。(2)「君子は和して同ぜず」(子路第一三・第二三章)。

【補説】

[仁斎] 君子は道徳を保ち、ことさら他者に対して異を立てて自分を高しとすることは無い。といって世俗にまみれることも無い。

[徂徠] ここは朱子の解釈で十分。仁斎が君子は道徳を保つ者とするが、孔子の時代、君子は上位の者の名称、つまり士大夫の通称である。また仁斎が「物と我とを同一に視る」というのは朱子学者流である。仁斎自身は異を立てて自分を高しとすることを否定するが、朱子学に対して一家をなそうとして、結果的には彼が否定した態度になってしまっている。

第二十二章

子曰、君子不以言挙人。不以人廃言。［子曰わく、君子は言を以て人を挙げず。人を以て言を廃さず、と。］

（注が無い）。

【補説】

［徂徠］舜が同様のことを言っていて（『中庸』第六章）、聖人たちの言葉は符節を合したようである。

第二十三章

子貢問曰、有一言而可以終身行之者乎。子曰、其恕乎。己所不欲、勿施於人。［子貢問いて曰わく、一言にして以て終身之を行う可き者有るか、と。子曰わく、其れ恕か。己の欲せざる所を、人に施すこと勿かれ、と。］

自分の気持ちをもとに他者の気持ちを推し測っていけば、他者への貢献は窮まり無い。それゆえこれは一生行うべきなのである。○尹氏が言った。「学は要所を知ることを尊ぶ。子貢の質問は、その要所を知ったものと言える。孔子は彼に仁を求める方法を告げた。これを推し極めれば、聖人の無我の境地であっても、これから出ることは無くなる。「一生これを行う」とするのも当然と言えようか」。

推己及物、其施不窮。故可以終身行之。○尹氏曰、学貴於知要。子貢之問、可謂知要矣。孔子告以求仁之方也。推而極之、雖聖人之無我、不出乎此。終身行之、不亦宜乎。

己を推して物に及ぼせば、其の施すこと窮まらず。故に以て終身之を行う可し。○尹氏曰わく、(1)学は要を知ることを貴ぶ。子貢の問いは、要を知ると謂う可し。孔子告ぐるに仁を求むるの方を以てす。推して之を極むれば、聖人の無我と雖も、此を出でず。終身之を行うも、亦た宜ならずや、と。

(1) 尹焞の語。『論語精義』八上に引く。

【補説】

[仁斎] 人はどうしても自分には甘く他人には厳しくなる。それゆえ恕を旨とすれば、その効果は測

り知れない。子貢は以前一貫について質問したが（本篇第二章）、その方法がまだわかっていなかったので、ここでまた質問した。

［徂徠］「己の欲せざる所を、人に施すこと勿かれ」は、解説部分が本文に入り込んだものである。孔子の時代に「恕」は解説を必要とする言葉ではなかった。仁斎が、孔子が子貢に「恕」によって答えた後に、「恕」を行う要点を告げたとするのは、誤りである。

第二十四章

子曰、吾之於人也、誰毀誰誉。如有所誉者、其有所試矣。［子曰わく、吾の人に於けるや、誰をか毀《そし》り誰をか誉めん。如し誉むる所有る者は、其れ試みる所有り。］

「誉」は平声。「譏る」とは人の悪を鳴らして、それが真実を損なっていること、「誉める」とは人の善を称揚して、それが実質以上であること。孔子にはこのようなことが無かった。人を誉めることがあっても、それは必ずその人をためしたうえで、それに値するようになるのをわかっていたのである。聖人は善を善として認めるのに速やかであるが、いい加減にしなかったのはこの通りであった。また悪を悪として否定する場合は非常に緩やかであった。それゆえ前もってその悪が予測できても、譏ることは無かった。

誉、平声。毀者、称人之悪而損其真、誉者、揚人之善而過其実。夫子無是也。然或有所誉者、則必嘗有以試之、而知其将然矣。聖人善善之速、而無所苟如此。若其悪悪則已緩矣。是以雖有以前知其悪、而終無所毀也。

誉は、平声。[1] 毀るとは、人の悪を称して其の真を損ない、誉むとは、人の善を揚げて其の実に過ぐ。[2] 夫子は是れ無し。然れども或いは誉むる所有る者は、則ち必ず嘗て以て之を試みること有りて、其の将に然りとするを知るなり。聖人善を善とするの速やかなれども、苟《いやしく》もする所無きこと此の如し。若し其の悪を悪とすれば則ち已《はなは》だ緩なり。是を以て以て其の悪を前知すること有りと雖も、而れども終に毀る所無きなり。

（1）『経典釈文』二四には「音は、余」とあり、平声とする。ここでは「誉める」の意。普通は去声。
（2）「誉者或いは其の実を過ぎ、毀者或いは其の真を損す」（『史記』仲尼弟子列伝）。

斯民也、三代之所以直道而行也。［斯の民は、三代の直道にして行う所以なり。］

「この民」は今の人である。「三代」は、夏、商、周の三代である。「直道」は私心による歪曲が無いこと。この語の意味はこうである。私が過度に毀ったり誉めたりしない理由は、今の民は、三代の御代において善は善とみなし、悪は悪とみなし、不公正な歪曲が無かった民と同じ民であるがゆえに、私は今もまた人々に対して是非の実質を曲げることはできないからである。◯尹氏が言った。「孔子は人に対して、どうして過度に毀ったり誉めたりする気持ちを持っていたであろうか。誉めたのは、ためしてその美点を知っていたためである。「この今の民は、まっすぐな道に沿って行っていた三代の民と同じである」。どうして私心を介在させてよいものであろうか」。

斯民者、今此之人也。三代、夏商周也。直道、無私曲也。言吾之所以無所毀誉者、蓋以此民、即三代之時、所以善其善、悪其悪、而無所私曲之民、故我今亦不得而枉其是非之実也。◯尹氏曰、孔子之於人也、豈有意於毀誉之哉。其所以誉之者、蓋試而知其美故也。斯民也、三代所以

斯の民は、今の此の人なり。三代は、夏、商、周なり[1]。直道は、私曲すること無きなり。言うこころは、吾の毀誉する所無き所以は、蓋し此の民は、即ち三代の時、[2]其の善を善とし、其の悪を悪とする所以にして、私曲する所無きの民なるを以て、故に我今亦た得て其の是非の実を枉げざるなり。◯尹氏曰わく[3]、孔子の人に於ける、豈に之を毀誉するに意有らんや。其の之を誉むる所以は、蓋し試みて其の美を知る故なり。斯の民は、三代の直道にして行う所以なり。豈に私を其の間に容るるを得んや、

直道而行。豈得容私於其間哉。と。

（1）『論語集解』に引く馬融の注。（2）公正でないこと。「公法行われて私曲止む」（『管子』五輔）。（3）尹焞の語。『論語精義』八上に引く。

【補説】

［仁斎］道には古今の差が無いように、人にも古今の別は無い。道を知らない者は当世の民を不善と見て、統治の際には悉く変えて三代の民のようにしようとするが、そのような道理はあろうか。

［徂徠］後文に「民」とあるように「人」とは郷人を言い、「試」は「用いる」という意味である。孔子は地元では人を毀誉することが無かった。ただ誉めるに足る民がいた時はそれを用いた。人を教える道は、その善を推奨して、発憤させることにある。後儒はこれを知らず呵責することを尊んだ。道とは礼楽であって、三代の民はその道にすなおに従った。民の教化はそれが自ずと習俗になることにあり、毀誉することで行うものではない。朱子は毀誉が是非に当たるべきであるとするが、毀誉が実態より行き過ぎるのは人情であり、そもそも毀誉とは勧戒するためのものであって、それが是非に当たるかどうかを厳密に求めるようなものではない。なお仁斎は「直道」を「毀誉褒貶を忌み避けることがなかった」と解釈するが、それでは本文の「誰をか毀り誰をか誉めん」と抵触してしまう。

第二十五章

子曰、吾猶及史之闕文也、有馬者借人乘之。今亡矣夫。「子曰わく、吾猶お史の文を闕き、馬有る者は人に借して之に乗らしむに及ぶ。今は亡《な》きかな、と。」

「夫」の音は扶。○楊氏が言った。「「歴史記録係は文を書かなかった」と、「馬を人に借した」という二事を、孔子はまだかろうじて見ることができた。「今は失われた」とは、時代がますます浮薄になったのを傷んだのである」。私が思うに、これは必ず何か理由があって発した語である。細かな事ではあるが、時代の変化が大きいことを知ることができる。○胡氏が言った。「この章の意味ははっきりしないので、無理に解釈してはならない」。

夫、音扶。○楊氏曰、史闕文、馬借人、此二事、孔子猶及見之。今亡矣夫、悼時之益偸也。愚謂、此必有為而言。蓋雖細故、而時変之大者可知矣。○胡氏曰、此章義疑、不可強解。

夫は、音扶。① ○楊氏曰わく、② 史の文を闕き、③ 馬の人に借す、④ 此の二事、孔子猶お之を見るに及ぶ。今は亡きかなは、時の益〻偸《うす》⑤きを悼むなり、と。愚謂えらく、此れ必ず為《ため》にすること有りて言う。蓋し細故と雖も、而れども時変の大なる者知る可し。○胡氏曰わく、⑥ 此の章の義疑わしければ、強いて解す可からず。

（1）ここでは、「……かな」。雍也第六・第八章の注（1）（第2巻の一四六ページ）を参照。（2）楊時の語。『論語精義』八上に引く。（3）『論語集解』に引く包咸の注では、歴史記録係が疑わしいところは書かずにおき、知者の出現を待ったことと言う。（4）『論語集解』に引く包咸の注では、馬がいても調教できなければ、人に貸して乗って馴らしてもらうことと言う。（5）「故旧遺《わす》れざれば、則ち民偸《うす》からず」（泰伯第八・第二章）の朱子の注に「偸は、薄なり」とある。（6）胡寅の語。

【補説】

［徂徠］「吾猶及史之闕文也」の「闕文」はもともと注であったものが本文に入ってしまったもの。「吾猶及史之」と「也」の間に闕文があったのであって、それに気づかなかった後人が意味をあれこれ穿鑿してきた。

第二十六章

子曰、巧言乱徳。小不忍、則乱大謀。［子曰わく、巧言は徳を乱る。小を忍ばざれば、則ち大謀を乱る、と。］

「巧言」は是非を混乱させる。人々がこれを聞き入れてしまうと、維持すべきものを失うはめになる。些事を我慢しないというのは、婦人の仁愛や匹夫の勇気のようなものがみなそれである。

巧言、変乱是非。聴之使人喪其所守。小不忍、如婦人之仁、匹夫之勇、皆是。

巧言は、是非を変乱す。之を聴けば人をして其の守る所を喪わしむ。小を忍ばずは、婦人の仁、匹夫の勇の如き、(1)皆な是れなり。

(1)「此れ特《た》だ匹夫の勇なり。……此れ所謂婦の仁なり」(『漢書』韓彭英盧呉伝の韓信の伝)。

【補説】

[徂徠]「徳」とは「徳言」のことであって、「巧言」とともに言辞のことである。「巧言」と「徳言」は似ているから、「乱す」と言ったのである。また「忍ばず」を尊ぶようになったのは孟子からで、孔子は尊重しなかった。

第二十七章

子曰、衆悪之必察焉。衆好之必察焉。「子曰わく、衆之を悪むも必ず察す。衆之を好むも必ず察す、と。」

「好」と「悪」はともに去声。○楊氏が言った。「ただ仁者だけが正しく人を好悪できる。衆人が好悪するからといってその内容を検証しないと、私心に覆われてしまうことがある」。

好悪、並去声。○楊氏曰、惟仁者能好悪人。衆好悪之而不察、則或蔽於私矣。

好、悪は、並びに去声(1)。○楊氏曰わく(2)、惟だ仁者のみ能く人を好悪す(3)。衆之を好悪して察せざれば、則ち或いは私に蔽わる、と。

（1）「好」は、ここでは「好む」。学而第一・第二章の注（1）（第1巻の六一ページ）を参照。「悪」は、ここでは「憎む」。里仁第四・第三章の注（1）（第1巻の三一七ページ）を参照。（2）楊時の語。『論語精義』八上に引く。（3）「惟だ仁者のみ能く人を好み、能く人を悪む」（里仁第四・第三章）。

【補説】

［仁斎］衆人の好悪は公ではあるが、雷同の懸念もある。

［徂徠］民の好むことを好み、憎むことを憎む（『大学』伝一〇章）は仁であるが、本章のようなものは知である。聖人の言葉は一つだけを採用し他は排するというようなものではない。

第二十八章

子曰、人能弘道。非道弘人。「子曰わく、人能く道を弘む。道人を弘むるに非ず、と。」

「弘」は広めて大きくすること。人の外に道は無く、道の外に人は無い。しかし人心には知覚があるが、道体自体は働きが無い。それゆえ人は道を広められるが、道は人を広めることはできないのである。○張子が言われた。「心が性を尽くすことができるのが、「人は道を広めることができる」ということである。性が心を制御しようとしないのが、「道が人を広めるのではない」ということである」。

弘、廓而大之也。人外無道、道外無人。然人心有覚、而道体無為。故人能大其道、道不能大其人也。○張子曰、心能尽性、人能弘道也。性不知検其心、非道弘人也。

弘は、廓《かく》して之を大いにするなり。人の外に道無く、道の外に人無し。然れども人心に覚有りて、道体為すこと無し[1]。故に人能く其の道を大いにし、道其の人を大いにすること能わざるなり。○張子曰わく[2]、心は能く性を尽くし[3]、人は能く道を弘むるなり。性は其の心を検することを知らず[4]、道の人を弘むるに非ざるなり、と。

（1）道そのものは、理であって、それ自体では作用や運動を起こさない。（2）張載の語。『正蒙』誠明篇第六。（3）「理を窮め性を尽くして以て命に至る」（『易経』説卦伝）。自分の「心」によって、自分の心の具わっている理（道）である「性」を窮め尽くしていくこと。（4）「性」は「道」であるから、やはりそれ自体では作用や運動は起こさず、「性」の方から「心」を制御してくれることはない。

【補説】

［仁斎］道は広大だが無為であり、人は小さい存在であるが、知がある。聖人は人々に自己完成を求めているのである。

［徂徠］道とは先王の道であり、それが行われるかは人次第である。孔子がこう言ったのは、道を守り続けるだけではなく、それを盛大にしなければならないからである。朱子は道と徳とを混同しているから、道体だの性だのを持ち出した。同じく先王の道を伝えても、子思は孔子に、孟子は子思に及ばなかった。このように道の盛衰は人の問題であって、道を伝えたからといって皆がその大いさを極めるわけではない。

第二十九章

子曰、過而不改、是謂過矣。［子曰わく、過《あやま》ちて改めざる、是を過と謂う、と。］

誤っても改めることができれば、誤りが無い状態に復帰できる。改めなければ、誤りはできあがってしまい、改めようにも手がつけられなくなる。

過而能改、則復於無過。惟不改、則其過遂成、而将不及改矣。過ちて能く改むれば、則ち過無きに復す。惟だ改めざれば、則ち其の過遂に成りて、将に改むるに及ばざらんとす。

【補説】
［仁斎］人は過誤が無いわけにはいかない。聖人の教は過誤が無いことは尊ばず、改めることを尊ぶのである。
［徂徠］（注は無い）。

第三十章

子曰、吾嘗終日不食、終夜不寝以思。句。無益。句。不如学也。［子曰わく、吾嘗て終日食《くら》わず、終夜寝ねずして以て思う。益無し。学ぶに如かず。］

これは、考えるばかりで学ばない者のために言った語である。あれこれ心を労して成果を期すのは、心持ちを謙虚にして学び自然と悟っていくのに及ばない。李氏が言った。「孔子は考えてばかりいて学ばないというような者ではなかった。ただこのように言うことで人に教えたのである」。

此為思而不学者言之。蓋労心以必求、不如遜志而自得也。李氏曰、夫子非思而不学者。特垂語以教人爾。

此れ思いて学ばざる者の為《ため》に之を言う。(1)蓋し心を労して以て必《ひつ》を求むるは、志を遜《そん》して自ら得るに如かざるなり。(2)(3)李氏曰わく、(4)夫子は思いて学ばざる者に非ず。特《た》だ語を垂れ以て人を教うるのみ、と。

(1)「学びて思わざれば則ち罔《くら》く、思いて学ばざれば則ち殆《あやう》し」(為政第二・第一五章)。本章は、この語の中の後者の場合に対して言ったもの。なお、本章の本文の「以思」と「無益」の後に「句」という注が入っているが、それはここで「句(文)」を切るということ。(2)「自得」は、おのずから悟ると、自分で悟るという両方の意味があるが、ここでは前者。(3)「惟だ学は志を遜し、務めて時に敏《と》くす」(『書経』商書・説命下)。(4)李郁の語。

【補説】

［仁斎］物には成法があり、その成法は聖人や賢人が行う内容である。これを捨てて思ってばかりいても意味は無い。

［徂徠］「道」とは先王の道であって、尭や舜から文王や武王に至るまでの諸聖人の智恵や工夫の集積である。それゆえ孔子がいくら聖人であっても、一人の知、一日の力によって得られるようなものではなかった。それゆえ孔子はこう言ったのであって、朱子の注に引く李氏の語にわざわざこのように言ったなどとするのは誤りである。

第三十一章

子曰、君子謀道不謀食。耕也餒在其中矣。学也禄在其中矣。君子憂道不憂貧。

［子曰わく、君子は道を謀りて食を謀らず。耕すや餒《うえ》其の中に在り。学ぶや禄其の中に在り。君子は道を憂えて貧を憂えず、と。］

「餒《だい》」は奴罪の反。〇「耕すこと」は、食を求めるためのものであるが、必ずしもそれで食が得られるわけではない。「学ぶこと」は、道を求めるためのものであるが、俸禄がそれに伴ってくることもある。しかし学ぶ際には、ただ道を得られないことだけを憂える。貧しさを厭うがゆえに、これによって俸禄を得ようと望むようなものではない。〇尹氏が言った。「君子は根本を修めて結果を気に病まない。自分の外にあるものによって一喜一憂などしようか」。

餒、奴罪反。〇耕、所以謀食、而未必得食。学、所以謀道、而禄在其中。然其学也、憂不得乎道而已。非為憂貧之故、而欲為是以得禄也。〇尹氏曰、君子治其本而不恤其末。豈以在外者為憂楽哉。

餒は、奴罪の反。[1]〇耕は、食を謀る所以なれども、未だ必ずしも食を得ず。学は、道を謀る所以なれども、禄は其の中に在り。然れども其の学ぶや、道を得ざるを憂うるのみ。貧を憂うるが為《ため》の故にして、是を為して以て禄を得んと欲するに非ざるなり。〇尹氏曰わく、[2]君子其の本を治めて其の末を恤《うれ》えず。豈に外に在る者を以て憂楽を為さんや、と。

（1）『経典釈文』二四。　（2）尹焞の語。『論語精義』八上に引く。

【補説】

[仁斎] 君子であっても食が無ければ生きられず、貧しければ独り立ちできない。それでも謀らず憂えないのは、徳を持っていれば孤立せず必ず周囲と親密になるからである。

[徂徠]「謀る」は、探し求めるという意味である。

第三十二章

子曰、知及之、仁不能守之、雖得之、必失之。［子曰わく、知之に及べども、仁之を守ること能わざれば、之を得と雖も、必ず之を失う。］

「知」は去声。〇智は理を知るのに十分であっても、私欲がそれを隔てれば、これを身に体することはできない。

知、去声。〇知、足以知此理、而私欲間之、則無以有之於身矣。知は、去声。(1) 〇知は以て此の理を知るに足れども、私欲之を間《へだ》つれば、則ち以て之を身に有すること無し。

(1) ここでは「智」。里仁第四・第一章の注(3)(第1巻の三一〇ページ)を参照。

知及之、仁能守之、不莊以涖之、則民不敬。［知之に及び、仁能く之を守れども、莊以て之に涖《のぞ》まざれば、則ち民敬せず。］

「涖」は臨むこと。民に臨むことを言う。理を知りしかも私欲がそれを隔てることが無ければ、知った内容は自分に具わって失われない。しかしそれでも荘重でない場合がある。それはやはり習い性となったものの偏りによって、内面は重厚であっても外には威厳が滲み出ないのである。それゆえ民は畏敬すべき存在とは見ず、その人を侮り軽んずる。次の語の意味もこれにならう。

涖、臨也。謂臨民也。知此理而無私欲以間之、則所知者在我而不失矣。然猶有不荘者。蓋気習之偏、或有厚於内而不厳於外者。是以民不見其可畏、而慢易之。下句放此。

涖、臨むなり。[1]民に臨むを謂うなり。此の理を知りて私欲以て之を間つる無ければ、則ち知る所の者我に在りて失わず。然れども猶お荘ならざる者有り。蓋し気習の偏、[2]或いは内に厚くして外に厳ならざる者有り。是を以て民其の畏る可きを見ずして、[3]之を慢《あなど》り易《かろ》んず。下句此に放《なら》う。

（1）『論語集解』に引く包咸の注に「厳以て之に臨まず」とある。　（2）「気習の偏」とは、身に染みついたアンバランスな気の状態が心に影響していること。朱子は、このアンバランスを学問と修養によって変化させ（「気質を変化す」）、バランスよくしていくことを求める。なお「習」は、先天的に賦与されている「性」に対して後天的に獲得するもの（陽貨第一七・第二章などを参照）。（3）「之を望むに人君に似ず、之に就《つ》くに畏る所を見ず」（『孟子』梁恵王上）。

知及之、仁能守之、荘以涖之、動之不以礼、未善也。［知之に及び、仁能く之を守り、荘以て之に涖めども、之を動かすに礼を以てせざれば、未だ善ならざるなり、と。］

「これを動かす」は、民を動かすこと。鼓舞して興起させるというようなことである。礼は、義理をもとにした秩序を言う。○私が思うに、学は仁にまで到達すれば、善は自分のものとなり、根本が確立する。民に望むのに荘重でなく、民を奮い立たせるのに礼によらないのは、気質と学問の上の小さな疵《きず》である。しかし疵は小さいといってもやはり善を尽くした道ではない。それゆえ孔子はこれらを並べて言うことで、徳が完成に近いほど完全無欠を求められるようになっていき、小さな節義だからといってゆるがせにすべきではないということを知らしめたのである。

動之、動民也。猶曰鼓舞而作興之云爾。礼、謂義理之節文。○

之[1]を動かすは、民を動かすなり。猶お鼓舞して之を作興《さくこう》[2]すと曰うがごとしと云うのみ。礼は、義理の節文を謂う。

愚謂、学至於仁、則善有諸己、而大本立矣。涖之不荘、動之不以礼、乃其気稟学問之小疵。然亦非尽善之道也。故夫子歴言之、使知徳愈全則責愈備、不可以為小節而忽之也。

○愚謂えらく、学は仁に至れば、則ち善は諸を己に有して、大本立つ。之に涖《のぞ》むこと荘ならず、之を動かすに礼を以てせざるは、乃ち其の気稟《きひん》(3)学問の小疵《し》なり。然れども亦た善を尽くすの道に非ざるなり。故に夫子之を歴言して、徳愈〻全ければ責愈〻備わり、以て小節と為して之を忽せにす可からざるを知らしむるなり。

(1) 興起させる（する）。「文王作興すと聞き、……」（『孟子』離婁上、尽心上）。朱子は「作、興は、皆な起なり」と注す（『孟子集注』離婁上）。 (2)「礼」を「節文」で説明することについては、学而第一・第一二章の注(1)（第1巻の一〇五ページ）を参照。 (3) 本来は「気の受け方」の意味。その人が受けた気のバランスの善し悪しが心に影響している状態。

【補説】

[仁斎] 本章は君主としての道を言っている。君主であることの困難を知っていても仁を維持しなければその位を必ず失う。また知と仁を尽くしていても威厳を身につけなければ民は驕って政令は行われなくなる。知と仁と威厳が具わっていても礼によって行為しなければ、よいとは言えない。このように知と仁と威厳と礼は全て必要なのであるが、知と仁がやはり根本であろう。

[徂徠]「知」についての仁斎の解釈は朱子よりも数段優れていて、前段を君子の修養のこととする朱

子のような解釈では後段と接続できない。ただ「知これに及ぶ」とは、仁斎が言うような君主であることの困難を知るとすることだけではなく、人の上に立つだけの知を持っていることである。また「仁」とは仁政であって、仁斎はこれを徳として解釈したのは誤りである。なお先王が天下を治める道では礼より優るものはないが、朱子が礼を「義理の節文」とするのは誤っている。ただ仁斎が「上下を弁別し民の志を定める」というのは「これを動かす」の「動」の字を理解していず、この「動」の解釈については朱子の方がよい。

第三十三章

子曰、君子不可小知、而可大受也。小人不可大受、而可小知也。［子曰わく、君子は小知す可からず、大受す可し。小人は大受す可からず、小知す可し、と。］

これは、人を観察する方法を言う。「知」は、自分が相手を知ること。「受」は、相手が受けとめること。君子は重要でない事にあっては必ずしも見るべきものは無いようであるが、その能力と徳は重要な仕事を任せるのに足る。小人は任せるには器量が浅く狭いが、必ずしも取るべき長所が一つも無いというわけではない。

此言觀人之法。知、我知之也。受、彼所受也。蓋君子於細事未必可觀、而材徳足以任重。小人雖器量浅狭、而未必無一長可取。

此れ人を観るの法を言う。知は、我之を知るなり。(1)受は、彼の受くる所なり。(2)蓋し君子細事に於ては未だ必ずしも観る可からざれども、材徳は以て重きに任ずるに足る。小人は器量浅狭なりと雖も、而れども未だ必ずしも一長(3)の取る可きこと無からず。

（1）本章の「知」とは、自分が相手を知ること。つまり「小知」とは重要ではない事によって相手を評価すること。（2）本章の「受」とは、相手が受け止めること。つまり「大受」とは、相手が重要な仕事を見事に受けとめられること。（3）一つの長所。

【補説】

［徂徠］「知」は自分が知ること、「受」は相手が受け止めることという朱子の解釈は正しい。しかしこの語は朱子の言うような人物観察法ではなく、人材の登用法である。「大受」は要職に任命し、相手の能力がそれを全面的に受け止めるに足ること、「小知」とは相手の小さな取り柄を知ってその狭い範囲だけで用いることである。

第三十四章

子曰、民之於仁也、甚於水火。水火吾見踏而死者矣。未見踏仁而死者也。[子曰わく、民の仁に於ける、水火よりも甚だし。水火は吾踏みて死する者を見る。未だ仁を踏みて死する者を見ず、と。]

民にとって水火とは生存するためのものであって、一日も無しではすませられない。仁もまたそうである。しかし水火は自分の外の物であるが、仁は自分に具わるものである。水火が無ければ、人の身に害があるのに過ぎない。しかし仁でなければ、本来の心を失ってしまう。これが仁は水火よりも重要であって、とりわけ一日も無くてはすまぬものということなのである。ましてや水火は時には人を殺すこともあるが、仁は人を殺したためしなど無い。行うのに何をはばかることがあろうか。李氏が言った。「これは孔子が人に仁を行うのを励ました語である」。次章もこれにならう。

民之於水火、所頼以生、不可一日無。其於仁也亦然。但水火外物而仁在己。無水火、不過害人之身、而不仁則失其心。是仁有

民の水火に於ける、頼りて以て生くる所、一日も無かる可からず。其の仁に於けるも亦た然り。但だ水火は外物なれども仁は己に在り。水火無ければ、人の身を害するに過ぎず、而れども仁ならざれば則ち其の心を失う。是

甚於水火、而尤不可以一日無也。況水火或有時而殺人、仁則未嘗殺人。亦何憚而不為哉。李氏曰、此夫子勉人為仁之語。下章放此。

れ仁は水火よりも甚だしきこと有りて、尤も以て一日も無かる可からざるなり。況んや水火は或いは時有りて人を殺すも、仁は則ち未だ嘗て人を殺さず。(1) 亦た何を憚りて為さざらんや。李氏曰わく、(2) 此れ夫子の人に仁を為すを勉めしむるの語なり、と。下章此に放う。

（1）『論語集解』に引く馬融の注。　（2）李郁の語。

【補説】

［仁斎］「仁を踏んで死ぬ」とは、道のためには死をも辞さないということ。仁は人が人である根拠であり一時も離れるべきではない。それなのに人々はやはり死ぬ危険のある水火よりも畏怖して行おうとする者がいないのを孔子は怪しんで歎じたのである。興奮して身を殺すのは簡単であるが、従容として自得し身を殺して仁を行うのは、心の底から至誠慈愛が発するのでなければ不可能である。

［徂徠］仁斎の解釈（人々は水火よりも仁を恐れる）は王弼をもとにしているが（邢昺『論語正義』に引く）誤りであって、『論語集解』に引く馬融の注の解釈（仁の方が水火よりも民が仰ぎ見るものであり、必須のものである）が正しい。また朱子は学ぶ者のこととするが、ここの「仁」は仁政のことである。

第三十五章

子曰、当仁不譲於師。「子曰わく、仁に当たりては師にも譲らず、と。」

「仁に当たる」とは、仁を自分の任務とすることである。師であっても遠慮しないとは、勇み進んで必ず行うべきであることを言う。仁は人が自分に所有しているものであって、自分がこれを行うのであるから、人と争うようなものではない。遠慮することなどあろうか。○程子が言われた。「仁を行うのは自分の問題であるから、遠慮することなど無い。外的な名声などは、いくら遠慮してもよい」。

当仁、以仁為己任也。雖師亦無所遜、言当勇往而必為也。蓋仁者人所自有、而自為之、非有争也。何遜之有。○程子曰、為仁在己、無所与遜。若善名在外、則不可不遜。

仁に当たるとは、仁を以て己が任と為すなり。師と雖も亦た遜《ゆず》る所無しとは、当に勇み往きて必ず為すべきを言うなり。蓋し仁は人の自ら有する所にして、自ら之を為せば、争うこと有るに非ざるなり。何の遜ることか之れ有らん。○程子曰わく(1)、仁を為すは己に在れば、与《ため》に遜る所無し。善名の外に在るが若きは、則ち遜らざる可からず、と。

（1）程顥か程頤の語。『程氏外書』八。なお「仁を為すは己に在れば、与に遜る所無し」は、程顥の語として、『程氏外書』六にも見える。

【補説】

［仁斎］仁は人道の根本であり、師は道を体現しそこから使命を受ける存在である。「師にも譲らず」と言うのは、それによって深く師に譲ることである。

［徂徠］『論語集解』に引く孔安国の注に、仁を急ぎ実現しようとするゆえに譲らないとするのが正しい。朱子の注に引く程子の語に仁を行うのは自分の問題とするのは誤り。そうであるならそれは仁に限ったことではなかろう。仁は民を安んずる事であるから、緩慢にできないのである。

第三十六章

子曰、君子貞而不諒。［子曰わく、君子貞にして諒《りょう》ならず、と。］

「貞」は、正しさを知って堅く守ること。「諒」は、是非をきちんと識別せずに信じようとだけしていること。

貞、正而固也。諒、則不択是非而必於信。
貞は、正しくして固なり。[1] 諒は、則ち是非を択ばずして信を必とす。[2]

（1）「貞固以て事を幹たるに足る」（『易経』乾卦・文言伝）。朱子はそこに注して「貞固とは、正の在る所を知りて固く之を守る」と言う（『周易本義』）。（2）『論語集解』に引く孔安国の注に「諒は、信なり」と言う。

【補説】

［徂徠］「貞」は、女の貞のように、内面に維持しているものが変わらないこと。朱子の解釈は誤り。「諒」は、信じられることを人に求めること。君子の信とは、心に維持するものを変えることが無く、他人に信じられることを求めないことである。

第三十七章

子曰、事君敬其事、而後其食。［子曰わく、君に事うるには其の事を敬して、其の食を後にす、と。］

「後」は、「獲ることを後にす」の「後にす」と同じである。「食」は俸禄。君子が仕える場合、官吏としての職責がある者はその職を勤め、諫言する責任のある者はその忠誠を尽くす。ともに自分の職務に対して敬虔なのである。先に俸禄を求める心を持つべきではない。

後、与後獲之後同。食、禄也。君子之仕也、有官守者修其職、有言責者尽其忠。皆以敬吾之事而已。不可先有求禄之心也。

後は、獲るを後にす[1]の後と同じ。食は、禄なり。[2]君子の仕うるや、官守有る者は其の職を修め、言責有る者は其の忠を尽くす。[3]皆な以て吾の事を敬するのみ。先に禄を求むるの心有る可からず。

(1) 雍也第六・第二〇章。　(2)「故に君子は其の食をして人より浮ならしむる与《よ》りは、寧《むし》ろ人をして食より浮ならしめん」(『礼記』坊記)の鄭玄の注に「食は、禄を謂うなり」とある。なお「浮」は上にあること。　(3)「君に事うるの義、言責有る者は其の忠を尽くし、官守有る者は其の職を修む」(『漢書』谷永伝)。また『孟子』公孫丑下に「官守有る者は、其の職を得ざれば則ち去り、言責有る者は、其の言を得ざれば則ち去る」とあり、朱子はその注で「官守は官を以て守と為す者、言責は言を以て責と為す者」と言う(『孟子集注』)。

【補説】
［徂徠］「其の食（俸禄のこと）を後にす」とは、古えの礼である。『礼記』王制に、成績審査結果が定まってから官に任じ、官に任じてから爵位をあたえ、爵位が定まってから禄をあたえる、とある。

第三十八章

子曰、有教無類。［子曰わく、教有りて類無し、と。］

人の性はみな善であるが、善と悪の類別が生ずるのは、気習に染まるからである。それゆえ君子の教化があれば、人々はみな善に復帰できて、悪である類をそれ以上論ずるには及ばなくなる。

人性皆善、而其類有善悪之殊者、気習之染也。故君子有教、則人皆可以復於善、而不当復論其類之悪矣。

人の性は皆な善なれども、其の類に善悪の殊有る者は、気習の染なり①。故に君子教有れば、則ち人皆な以て善に復す可くして②、当に復た其の類の悪を論ずべからず。

（1）人は理と気を持って生まれる。そのうち理は性であり善であり、万人に共通している。一方気は、その偏りが無い人間は善だが、偏りがあると悪のもととなる。「気習の染」とは、先天的な気の状態の差が増幅していってその人間に染みついていること。気習については、本篇第三二章の注（2）（本巻の一九八ページ）。（2）教化によって気の偏りが正され、善に復帰する。

【補説】

［仁斎］人の本性は善であるがその中には美悪の差がある。しかし学に励めばみな善に入ることができる。この考えによって孔子は万世のために学問の道を開いたのである。

［徂徠］「類」は、『論語集解』に引く馬融が「種類」とするのが正しい。古えはその都度適任者を登用したので、官職を世襲しなかった（『孟子』告子下）。刑罰を妻子にまで及ぼさなかったのは（『孟子』梁恵王下）このためである。

第三十九章
子曰、道不同、不相為謀。［子曰わく、道同じからざれば、相い為《ため》に謀らず、と。］
「為」は去声。◯「同じではない」とは、善悪邪正が異なっているようなことである。

為、去声。〇不同、如善悪邪正之異。

為は、去声。[1]〇同じからずとは、善悪邪正の異なれるが如し。[2]

（1）ここでは、「ために」。学而第一・第四章の注（2）（第1巻の七一ページ）を参照。（2）善と悪、邪と正のように道が同じでない場合には、とても共に謀ることなどできない、という意。

【補説】

［仁斎］「道」は、術業（技芸職掌）のこと。人にはそれぞれの術業があり、それを犯すことを孔子は戒めた。

［徂徠］「道」は、道術のことで、それが同じでないとは、弓射と乗馬とか、笙や笛（管楽器）と琴や瑟（弦楽器）とかの違いを言う。本章は、自分が素養を持っていないことについては、乱さないこと。朱子が善悪邪正のこととするのは誤りである。

第四十章

子曰、辞達而已矣。［子曰わく、辞は達せんのみ、と。］

言葉は意味が通ればそれでよい。文章の豊麗さを評価はしない。

辞取達意而止。不以富麗為工。　辞は達意を取りて止む。富麗を以て工と為さず。

【補説】

［徂徠］ここの「辞」は辞命（辞令）のこと。春秋時代はとかく辞命を飾り立てがちであったので、孔子はこのように言ったのである。後世は「辞」を言語のことと解釈しているが、言語には文飾を尊ぶ文も含めいくつもの種類がある。達意ということだけですむわけではない。孟子以後、言語で道を尽くそうとするようになり、過剰な議論を生み出し、その結果混乱を招いてしまった。それは本章の誤解による。

第四十一章

師冕見。及階。子曰、階也。及席。子曰、席也。皆坐。子告之曰、某在斯、某在斯。［師冕《べんまみ》見ゆ。階に及ぶ。子曰わく、階なり、と。席に及ぶ。子曰わく、席なり、と。皆な坐す。子之に告げて曰わく、某斯《ぼうここ》に在り、某斯に在り、と。］

「見」は賢遍の反。○「師」は楽師で、盲人。「冕」は名。二回「誰々はここにいます」と言うのは、坐にいならぶ人たちを列挙して師冕に教えたのである。

見、賢遍反。○師、楽師、瞽者。冕名。再言某在斯、歴挙在坐之人以詔之。

見は、賢遍の反[1]。○師は、楽師、瞽《こ》者。冕は名[2]。再び某斯に在りと言うは、坐に在る人を歴挙し以て之に詔ぐ。

（1）『経典釈文』二四。（2）「師は、楽師」からここまでは、『論語集解』に引く孔安国の注。

師冕出。子張問曰、与師言之道与。［師冕出づ。子張問いて曰わく、師と言うの道か、と。］

「与」は平声。○聖門の学ぶ者は、孔子の一言一動において、このように本来の心を維持し省察しないことが無かった。

与、平声。○聖門学者、於夫子

与は、平声[1]。○聖門の学者、夫子の一言一動に於る、心

之一言一動、無不存心省察如此。　を存し省察せざる無きこと此の如し。(2)

（1）ここでは、「……か」。学而第一・第二章の注（1）（第1巻の六四ページ）を参照。（2）「君子の人に異なる所以は、其の心を存するを以てなり。君子は仁を以て心を存し、礼を以て心を存す」（『孟子』離婁下）。

子曰、然、固相師之道也。［子曰わく、然り、固より師を相《たす》くるの道なり、と。］

「相」は去声。○「相」は助ける。古えは盲人には必ず補助者がいた。そのやり方はこのようであった。聖人はかかる場合はことさら無理してそうするわけではない。ただ本来すべきことをするだけなのである。○尹氏が言った。「聖人は自分に対しても人のためにするのも、心の持ち方は同じである。それは誠を尽くすがゆえである。学に志を持つ者は聖人の心を求めるが、それをここでも見ることができる」。范氏が言った。「聖人が身寄りの無い人を侮らず、窮乏者を虐げないことが、ここに見られる。これを天下に推していけば、あらゆる物が本来あるべき場所を得られる」。

相、去声。〇相、助也。古者瞽必有相。其道如此。蓋聖人於此非作意而為之。但尽其道而已。〇尹氏曰、聖人処己為人、其心一致。無不尽其誠故也。有志於学者、求聖人之心、於斯亦可見矣。范氏曰、聖人不侮鰥寡、不虐無告、可見於此。推之天下、無一物不得其所矣。

相は、去声。[1]〇相は、助くるなり。[2]古えは瞽に必ず相《しょう》有り。[3]其の道此の如し。蓋し聖人此に於て作意して之を為すに非ず。但だ其の道を尽くすのみ。〇尹氏曰わく、[4]聖人は己に処し人の為《ため》にするに、其の心、致を一にす。[5]其の誠を尽くさざる無きが故なり。学に志有る者、聖人の心を求むること、斯に於ても亦た見る可し、と。范氏曰わく、[6]聖人鰥寡《かんか》を侮《あなど》らず、無告を虐げざること、[7]此に見る可し。之を天下に推せば、一物として其の所を得ざること無し、と。

（1）「たすける」の意味の時は、去声。「たがいに」などの意味の時は、平声。　（2）「馬云う、相は、導くなり。鄭云う、相は扶くるなり」（『経典釈文』二四）。　（3）「故に礼に擯詔（取り次ぎ役）有り、楽（楽師）に相歩（歩行介添え役）有るは、歩温の至りなり」（『礼記』礼器）。そこの鄭玄の注に「相歩は、工を扶くるなり」とある。また、「国を治めて礼無きは、譬えば猶お瞽の相無きがごときか」（『礼記』仲尼燕居）。　（4）尹焞の語。『論語精義』八上に引く。　（5）「天下帰を同じくし途を殊にす、致を一にし慮を百にす」（『易経』繋辞下伝）。　（6）范祖禹の語。『論語精義』八上に引く。
（7）「矜寡を侮らず」（『詩経』大雅・烝民）、「無告を虐げず」（『書経』虞書・大禹謨）。「矜寡」は、「鰥寡」。なお「鰥」は、老いて妻がいない者。「寡」は、老いて夫がいない者。「無告」は、訴えるすべの無い者。「老いて妻無きを鰥と曰い、老いて夫無きを寡と曰い、老いて子無きを独と曰い、幼にして父無きを孤と曰う。此の四者は天下の窮民にして告ぐる無き者。文王政を発し仁を施すに、必ず斯の四者を先にす」（『孟子』梁恵王下）。


【補説】

［仁斎］孔子の盲人に接する礼は、至誠慈愛の心から自然に出たものである。盲人は人に欺かれやすい。それに対して誠を尽くすことは、全てについて誠によるということである。

［徂徠］「師を相するの道」とは、礼がそうである。

季氏第十六

洪氏が言った。「本篇についてある人は斉論だと見なした」。全十四章。

洪氏曰、此篇或以為斉論。凡十四章。

洪氏曰わく(1)、此の篇或ひと以為らく、斉論なり(2)、と。凡そ十四章。

（1）洪興祖の語。　（2）斉の地方で伝わった『論語』。なお『漢書』芸文志では「論語十二家」として「斉二十二篇」、「斉説二十九篇」をあげる。ここで斉論と言われている根拠として、元の金履祥は、『論語集解』序に「斉論語二十二篇、其の二十篇中の章句頗《や》や魯論より多し」とあるが、本篇の第一章も異例の長文でありその後の章もその傾向があることをあげる（『論語集注考証』八）。また元の詹《せん》道伝は、「胡氏曰わく」として、本篇では「子曰わく」が「孔子曰わく」となっていることや、「三友」、「三楽」、「九思」のように数字でまとめるのが多いことを、他篇に無い特徴としてあげる（『論語纂箋』八）。要するにこの篇の異質性から斉に伝わったものではないかと推測しているのである。

第一章

季氏将伐顓臾。［季氏将に顓臾《せんゆ》を伐たんとす。］

顓の音は専。臾の音は兪。○顓臾は国の名、魯の属国である。

顓、音専。臾、音兪。○顓臾、　　顓は、音専。[1]臾は、音兪。[2]○顓臾は、国の名、魯の附庸

国名、魯附庸也。　　なり。[3]

（1）『経典釈文』二四。　（2）『経典釈文』二四では「音は、瑜」とする。　（3）諸侯の大国に属する小国。

冉有季路見於孔子曰、季氏将有事於顓臾。［冉有、季路、孔子に見《まみ》えて曰わく、季氏将に顓臾に事有らんとす、と。］

「見」は賢遍の反。○『左伝』と『史記』を考えると、二人が季氏に仕えたのは同時期ではない。

ここでこのように言っているのは、たぶん子路が孔子に従って衛から魯に帰って再び季氏に仕え、それから久しからずしてまた衛に行ったのであろう。

見、賢遍反。〇按左伝史記、二子仕季氏不同時。此云爾者、疑子路嘗従孔子自衛反魯、再仕季氏、不久而復之衛也。

見は、賢遍の反。(1)〇左伝と史記を按ずるに、二子の季氏に仕うるは時を同じくせず。(2)此れ爾《し》か云うは、疑うらくは子路嘗て孔子に従いて衛より魯に反り、再び季氏に仕え、久しからずして復た衛に之《ゆ》く。(3)

(1)『経典釈文』二四。　(2)季路は、子路。子路が季氏に仕えたことについては、『春秋左氏伝』定公一二年では「仲由(子路)季氏の宰と為る」、『史記』孔子世家では定公一三年のこととして「仲由をして季氏の宰と為らしむ」とある。冉有が季氏に仕えたことについては、『春秋左氏伝』哀公一一年に「季孫其の宰の冉求に謂いて曰く」、『史記』孔子世家では「其の明年冉有、季氏の将師と為る」とある(裴駰『史記集解』では哀公一一年のこととする)。このように両者が季氏に仕えた時期がずれるのである。　(3)哀公一一年に孔子は衛から魯にもどったが(「論語序説」参照、第1巻の四〇ページ)、その時に孔子とともに衛にいた子路が同行し、同年に季氏に登用された冉有と、季氏のもとで一緒になった可能性を言っているのである。なお子路は結局衛で仕えて、その地で内紛に巻き込まれて死んでいる。

孔子曰、求、無乃爾是過与。［孔子曰わく、求、乃ち爾《なんじ》是れ過《あやま》てること無からんか。］

「与」は平声。〇冉求（冉有）は季氏のために苛斂誅求し、とりわけそれを主導した。それゆえ孔子は彼だけを責めた。

与、平声。〇冉求為季氏聚斂、尤用事。故夫子独責之。

与は、平声。[1]〇冉求、[2]季氏の為に聚斂し、[3]尤も事を用う。故に夫子独り之を責む。[4]

（1）ここでは、「……か」。学而第一・第二章の注（1）（第1巻の六四ページ）を参照。（2）冉有の名は求。（3）先進第一一・第一六章。（4）『論語集解』に引く孔安国の注。

夫顓臾、昔者先王以為東蒙主。且在邦域之中矣。是社稷之臣也。何以伐為。［夫れ顓臾は、昔者《むかし》先王以て東蒙の主と為す。且つ邦域の中に在り。是れ社稷の臣なり。何を以て伐たん。］

「夫」の音は扶。○「東蒙」は山の名。先王は顓臾をこの山の下に封じ、その祭りを主催させた。この山は魯の地の七百里の中にある。「社稷」は国君と言うこと。この時魯国の四分の二を季氏が領有し、孟孫と叔孫は、それぞれ四分の一を所有していた。ただ属国は、まだ魯公の臣であった。それなのに季氏はそれさえも取って自分のものとしようとした。それゆえ孔子はこのように言った、「顓臾は先王が封じた国であるから、伐ってはならない。魯の国内にあるから、伐つ必要も無い。また彼は魯公の臣であるから、季氏が伐つべき対象ではない」。これは当然の道理であり、不変のあり方であって、孔子はこのように一言でその曲折を言い尽くした。聖人でなければできることではない。

夫、音扶。○東蒙、山名。先王封顓臾於此山之下、使主其祭。在魯地七百里之中。社稷、猶云公家。是時四分魯国、季氏取其二、孟孫叔孫、各有其一。独附庸之国、尚為公臣。季氏又欲取以自益。故孔子言、顓臾乃先王

夫は、音扶。[1] ○東蒙は、山の名。先王は顓臾を此の山の下に封じ、其の祭りを主《つかさど》らしむ。[2] 魯の地七百里の中に在り。[3] 社稷は、猶お公家[4]と云うがごとし。是の時魯国を四分して、季氏其の二を取り、孟孫、叔孫、各〻其の一を有す。[5] 独《た》だ附庸の国は、尚お公の臣為り。季氏又た取りて以て自ら益さんと欲す。故に孔子言う、顓臾は乃ち先王の封国なれば、則ち伐つ可からず。邦域の中に在れば、

封国、則不可伐。在邦域之中、則不必伐。是社稷之臣、則非季氏所当伐也。此事理之至当、不易之定体、而一言尽其曲折如此。非聖人不能也。

則ち必ずしも伐たず。是れ社稷の臣なれば、則ち季氏当に伐つべき所に非ざるなり、と。此れ事理の至当、不易の定体にして、一言にて其の曲折を尽くすこと此の如し。聖人に非ざれば能わざるなり。

（1）ここでは「それ」。雍也第六・第八章の注（1）（第2巻の一四六ページ）を参照。（2）『論語集解』に引く孔安国の注。（3）『論語集解』に引く孔安国の注。（4）ここでは、諸侯の国。『春秋左氏伝』僖公九年に、「公家の利」と言う。（5）家老の季氏（季孫氏）と孟孫氏と叔孫氏の三桓氏が、魯公をさしおいて魯の全域を壟断していたこと。三桓氏については為政第二・第五章の注（1）（第1巻の一四八ページ）。

冉有曰、夫子欲之。吾二臣者、皆不欲也。［冉有曰わく、夫子之を欲す。吾が二臣の者は、皆な欲せざるなり、と。］

「夫子」は季孫を指す。冉有は実際にこの謀事に関与していたが、孔子がこれを否定したために、季氏のせいにしたのである。

夫子、指季孫。冉有実与謀、以孔子非之、故帰咎於季氏。　夫子は、季孫を指す。冉有実に謀に与《あずか》るも、孔子之を非とするを以て、故に咎《とが》を季氏に帰す。(1)

（1）『論語集解』に引く孔安国の注。

孔子曰、求、周任有言、曰、陳力就列、不能者止。危而不持、顚而不扶、則将焉用彼相矣。［孔子曰わく、求、周任《じん》言えること有り、曰わく、力を陳《し》きて列に就き、能わざれば止む、と。危くして持せず、顚《くつがえ》りて扶《たす》けざれば、則ち将《は》た焉《いずく》んぞ彼の相《しょう》を用いん。］

「任」は平声。「焉」は於虔の反。「相」は去声。以下も同じ。○「周任」は古えの優れた史官。「陳」は尽くしていくこと。「列」は臣下の位。「相」は盲人を補佐すること。この語の意味はこうである、二人が季氏の行為を受け入れられないのであれば諫めるべきである。諫めて聞かれなければ、そこを去るべきである。

任、平声。焉、於虔反。相、去声。下同。○周任、古之良史。陳、布也。列、位也。相、瞽者之相也。言二子不欲則当諫。諫而不聴、則当去也。

任は、平声。(1) 焉は、於虔の反。(2) 相は、去声。(3) 下同じ。○周任は、古えの良史。(4) 陳は、布くなり。(5) 列は、位なり。(6) 相は、瞽者の相なり。(7) 言うこころは、二子欲せざれば則ち当に諫むべし。諫めて聴かれざれば、則ち当に去るべきなり。

（1）普通は去声であるが、女性の官名、国、音楽、姓名などの固有名詞の時は平声。（2）『経典釈文』二四。（3）補助。衛霊公第一五・第四一章の注（1）（本巻の二一五ページ）を参照。（4）『論語集解』に引く馬融の注。（5）尽くす。「大雅に曰わく、陳《し》き錫《たま》いて周を載《はじ》む」（『国語』周語上）の韋昭の注に「陳は、布く」。（6）『論語集解』に引く孔安国の注。（7）衛霊公第一五・第四一章の朱子の注を参照。ここの意味は、盲人がふらついたりころんだりしているのに助けないのであれば、補助者など必要であろうか、ということ。

且爾言過矣。虎兕出於柙、亀玉毀於櫝中、是誰之過与。［且つ爾《なんじ》の言過《あやま》てり。虎兕《こじ》柙《おり》より出で、亀玉櫝《とく》中に毀《こわ》るるは、是れ誰の過ちぞや、と。］

「兕」は徐履の反。「柙」は戸甲の反。「櫝」の音は独。「与」は平声。○「兕」は野牛である。「柙」は檻《おり》である。「櫝」は匱《はこ》である。この語の意味はこうである。虎や兕が檻から逃げ出し、亀や玉が筐の中で壊れれば、見張りはその責任を回避できない。このことによって、二人が臣下の位にいたままでそこを去らなければ、季氏の悪の責任を彼ら自身が取らざるをえないことを明らかにしたのである。

兕、徐履反。柙、戸甲反。櫝、音独。与、平声。○兕、野牛也。柙、檻也。櫝、匱也。言在柙而逸、在櫝而毀、典守者不得辞其過。明二子居其位而不去、則季氏之悪、己不得不任其責也。

兕は、徐履の反。[1] 柙は、戸甲の反。[2] 櫝は、音独。[3] 与は、平声。○兕は、野牛なり。[4] 柙は、檻なり。[5] 櫝は、匱なり。[6] 言うこころは、柙に在りて逸し、櫝に在りて毀るれば、典守する者其の過を辞するを得ず。二子其の位に居て去らざれば、則ち季氏の悪、己其の責を任ぜざるを得ざるを明らかにするなり。

（1）『経典釈文』二四。（2）『経典釈文』二四。（3）『経典釈文』二四。（4）「兕は、野牛の如くにして青色、其の皮は堅厚、鎧を製す可し」（『説文解字』）。（5）『論語集解』に引く馬融の注。（6）『論語集解』に引く馬融の注。

冉有曰、今夫顓臾、固而近於費。今不取、後世必為子孫憂。［冉有曰わく、今夫れ顓臾、固くして費に近し。今取らざれば、後世必ず子孫の憂を為さん、と。］

「夫」の音は扶。〇「固」は城郭が堅固であるのを言う。「費」は季氏がみずから治める邑。この語は冉求が上辺を飾った言葉である。しかしここでも実際には季氏の謀事に荷担していたことがわかる。

夫、音扶。〇固、謂城郭完固。費、季氏之私邑。此則冉求之飾辞。然亦可見其実与季氏之謀矣。

夫は、音扶。〇固は、城郭の完固なるを謂う。(1)費は、季氏の私邑。(2)此れ則ち冉求の飾辞。(3)然れども亦た其の実に季氏の謀に与《あずか》るを見る可し。

(1)『論語集解』に引く馬融の注。　(2)『論語集解』に引く馬融の注。　(3)飾った言葉。

孔子曰、求、君子疾夫舍曰欲之、而必為之辞。［孔子曰わく、求、君子は夫の之を欲すと曰うことを舍《お》きて、必ず之が辞を為すことを疾《にく》む。］

「夫」の音は扶。「舎」は上声。○「これを欲す」とは、利を貪ることを言う。

夫、音扶。舎、上声。○欲之、謂貪其利。

夫は、音扶[1]。舎は、上声[2]。○之を欲すは、其の利を貪るを謂う[3]。

（1）ここでは「彼《か》の」。雍也第六・第八章の注（1）（第2巻の一四六ページ）を参照。（2）ここでは「棚上げにする」。雍也第六・第四章の注（3）（第2巻の一三二ページ）を参照。先の本文で「夫子（季氏）之を欲す」と言ったのを棚上げにすること。（3）『論語集解』に引く孔安国の注。孔子は、冉有（冉求）が季氏の顓臾討伐が利益を貪る心から出ていることを棚上げにして、季氏の子孫を守るためというような言い訳をしていることを、君子を引き合いに出して批判しているのである。

丘也聞、有国有家者、不患寡而患不均。不患貧而患不安。蓋均無貧。和無寡。安無傾。「丘や聞く、国を有《たも》ち家を有《たも》つ者は、寡なきことを患えずして均しからざることを患う。貧しきことを患えずして安からざることを患う、と。蓋し均しければ貧しきこと無し。和《やわら》げば寡なきこと無し。安ければ傾くこと無し。」

「寡」は、民が少ないことを言う。「貧」は、財産が乏しいことを言う。「均」は、それぞれが分を守ることを言う。「安」は、上も下も安らかであることを言う。季氏が顓臾を奪おうとしたのは、民の少なさと貧しさを憂慮したからである。しかしこの時季氏は国を壟断して、魯公には民がいなかったのであるから、分を犯していたのである。君が弱く臣が強く、互いに猜疑心を生じていたから、上も下も安らかではなかったのである。分を守っていれば貧しいことを気にかけなくなり上も下もやわらぐ。上も下もやわらげば民が少ないことを気にかけなくなり上も下も安らかになる。上も下も安らかになれば互いに猜疑心を生ずることも無く、傾き覆る危惧も無くなる。

寡、謂民少。貧、謂財乏。均、謂各得其分。安、謂上下相安。季氏之欲取顓臾、患寡与貧耳。然是時季氏拠国、而魯公無民、則不均矣。君弱臣強、互生嫌隙、則不安矣。均則不患於貧而和。和則不患於寡而安。安則不相疑

寡は、民の少なきを謂う。貧は、財の乏しきを謂う。均は、各〻其の分を得るを謂う[1]。安は、上下相い安んずるを謂う。季氏の顓臾を取らんと欲するは、寡と貧とを患うのみ。然るに是の時季氏国に拠りて、魯公民無ければ、則ち均しからず。君弱く臣強く、互いに嫌隙を生ずれば、則ち安からざるなり[2]。均しければ則ち貧しきを患えずして和す。和せば則ち寡なきを患えずして安んず。安けれ

忌、而無傾覆之患。　ば則ち相い疑忌せずして、傾覆の患無し。

（1）『論語集解』に引く孔安国の注。　（2）「君弱く臣強ければ、倡して和せざるなり」（『詩経』鄭風・蘀兮《たくけい》の詩序）。

夫如是。故遠人不服、則修文徳以来之。既来之、則安之。［夫れ是の如し。故に遠人服さざれば、則ち文徳を修めて以て之を来《きた》す。既に之を来せば、則ち之を安んず。］

「夫」の音は扶。○国内が治まり、その後で遠くにいる人も服すようになる。服さないことがあれば、徳を修めて彼らを来るようにさせる。軍隊を遠くに派遣すべきではない。

夫、音扶。○内治修、然後遠人服。有不服、則修徳以来之。亦不当勤兵於遠。　夫は、音扶。○内治修まり、然る後に遠人服す。服さざること有れば、則ち徳を修め以て之を来す。亦た当に兵を遠くに勤むべからず。

今由与求也、相夫子、遠人不服、而不能来也。邦分崩離析、而不能守也。［今由と求や、夫子を相《たす》け、遠人服さずして、来すこと能わざるなり。邦、分崩離析して、守ること能わざるなり。］

子路はこの謀事に荷担しなかったが、最初から義によって季氏を補佐することができなかった。これもまた罪が無いとするわけにはいかない。それゆえあわせて彼も責めたのである。「遠人」は顓臾のことを言う。「分崩離析」は、三家が国君の領地を四分の一を単位に分裂させ、家臣たちがしばしば離反したことを言う。

子路雖不与謀、而素不能輔之以義。亦不得為無罪。故幷責之。遠人、謂顓臾。分崩離析、謂四分公室、家臣屢叛。

子路は謀に与らずと雖も、而れども素《もと》より之を輔くるに義を以てすること能わず。亦た罪無しと為すを得ず。故に幷せて之を責む。遠人は顓臾を謂う。分崩離析は、公室を四分し、家臣屢〻《しばしば》叛《そむ》くを謂う。

而謀動干戈於邦内。吾恐季孫之憂、不在顓臾、而在蕭牆之内也。［而して干戈を邦内に動かさんことを謀る。吾恐らくは季孫の憂は、顓臾に在らずして、蕭牆《しょうしょう》の内に在らんこと、を。」

「干」は楯である。「戈」は戟である。「蕭牆」は屏である。この語の意味はこうである。上下の分を守らず、やわらぐことも無ければ、国内の動乱が勃発していく。この後、果たして哀公は越に魯を伐たせて季氏を排除しようとした。◯謝氏が言った。「この時にあたって、三家の権力が強く、魯の公室は弱かった。冉求はさらに顓臾を討伐して三家の領地をふやそうとした。孔子はこのことをもって深く彼の罪を咎めた。魯の国君を瘠せさせ三家を肥やさせたがためである」。洪氏が言った。「二人は季氏に仕えた。季氏がやろうとしたことは全て必ず孔子に告げたので、先生の言葉によって事態の悪化を食い止めたものは多かったはずである。顓臾を討伐する事は、経伝に見えない。孔子の言葉によってやめさせられたのであろう」。

干、楯也。戈、戟也。蕭牆、屏也。言不均不和、内変将作。其後哀公果欲以越伐魯而去季氏。◯謝氏曰、当是時、三家強、公室弱。冉求又欲伐顓臾以附益之。夫子所以深罪之。為其瘠魯以肥

干は、楯なり。戈は、戟なり(1)。蕭牆は、屏なり(2)。言うこころは、均しからず和せざれば、内変将に作《おこ》らんとす。其の後哀公果たして越を以て魯を伐ちて季氏を去らんと欲す(3)。◯謝氏曰わく(4)、是の時に当たりて、三家強く、公室弱し。冉求又た顓臾を伐ちて以て之を附益せんと欲す。夫子の深く之を罪する所以なり。其の魯を瘠せしめて以

三家也。洪氏曰、二子仕於季氏、凡季氏所欲為、必以告於夫子、則因夫子之言而救止者、宜亦多矣。伐顓臾之事、不見於経伝。其以夫子之言而止也与。

て三家を肥やしむるが為なり、と。洪氏曰わく、(5) 二子季氏に仕う、凡そ季氏の為さんと欲する所、必ず以て夫子に告げれば、則ち夫子の言に因りて救止せし者、宜しく亦た多かるべし。顓臾を伐つの事、経伝に見えず。其れ夫子の言を以て止むならんか、と。

(1) ここまでは、『論語集解』に引く孔安国の注。 (2) 門と堂の間の屏。八佾第三・第二二章の注 (3)（第1巻の二九三ページ）を参照。『論語集解』に引く鄭玄の注。屏は諸公以上にしか許されていないもので、管仲もそれを設けたことで孔子から非難されている（八佾第三・第二二章）。季氏についてこれが言われているのは、その含みもあるかもしれない。 (3)「公三桓の侈を患うるなり。諸侯を以て之を去らんと欲す。三桓も亦た公の妄を患うるなり。故に君臣間多し。……公、越を以て魯を伐ちて三桓を去らんと欲す」（『春秋左氏伝』哀公二七年）。 (4) 謝良佐の語。『論語精義』八下に引く。 (5) 洪興祖の語。

【補説】

[仁斎]「寡なきことを患えずして均しからざることを患う。貧しきことを患えずして安からざることを患う」は、「貧しきことを患えずして均しからざることを患う。寡なきことを患えずして和らがざることを患う。傾くを患えずして安からざるを患う」とすべきである。つまり第一句は、「貧しいこと

を憂えないで、それぞれの分を得ないことを憂える」ということである。

人はみな目前の小さい利を見て、後の大きい害に気づかない。後世の武を論ずる者は、このようなことがわかっていない。もし国内が、それぞれが分を全うせず、堅固でなくて危うく、上下和睦しなければ、敵が襲ってくる前に内部崩壊していく。

〔徂徠〕仁斎が安易に『論語』本文を改めたのは、古文辞を知らないからである。ここの意味は民が少ないことよりも、民が怨むような不平等を憂い、貧しいことよりも、富んでも必ず傾いてしまうような不安定を憂う、ということである。この語は土地が狭く民が少ないことに対するものであって、眼目は「均しい」というところにある。均しければ、自分が財産を持っていなくても、他人とあわせて考えれば貧しいことはなく、和して安定するのである。

また「文徳」は『書経』虞書・大禹謨に見えるように礼楽のことで、仁斎が「礼楽法度」と「法度」をつけているのは誤り。「法度」を徳と言えるはずがない。

第二章
孔子曰、天下有道、則礼楽征伐、自天子出。天下無道、則礼楽征伐、自諸侯出。自諸侯出、蓋十世希不失矣。自大夫出、五世希不失矣。陪臣執国命、三世希不失矣。〔孔子曰わく、天下道有れば、則ち礼楽征伐、天子自り出づ。天下道無ければ、則ち礼楽征伐、諸侯自り出づ。諸侯自り出づれば、蓋し十世失わざること希《まれ》なり。大夫自り出づれば、五世失わざること希なり。陪臣国命を執れば、三世失わざること希なり、と。」

先王の制によれば、諸侯が礼楽を変え、征討を勝手に行うことはできない。「陪臣」は、家臣である。理に逆らうのが甚だしくなればなるほど、政治が破綻することが速やかになる。ここに挙げてある世数は、だいたいの世代数がこのようであるという程度のことである。

先王之制、諸侯不得変礼楽、専征伐。陪臣、家臣也。逆理愈甚、則其失之愈速。大約世数不過如此。

先王の制、諸侯礼楽を変じ、征伐を専らにするを得ず。陪臣は、家臣なり(1)。理に逆らうこと愈〻甚だしければ、則ち其の失うこと愈〻速やかなり。大約の世数此の如くなるに過ぎず。

(1)『論語集解』に引く馬融の注。

天下有道、則政不在大夫。［天下道有れば、則ち政、大夫に在らず。］

大夫が政治を壟断することができないことを言う。

言不得専政。　　政を専にするを得ざるを言う。

天下有道、則庶人不議。［天下道有れば、則ち庶人議せず、と。］

上に失政が無ければ、下に勝手な議論が出てこない。おのずとそうなるのであって、口輪をはめて黙らせるということではない。○本章は天下の趨勢を概括している。

上無失政、則下無私議。非箝其口使不敢言也。○此章通論天下之勢。

上に失政無ければ、則ち下に私議無し。其の口に箝《かん》して敢えて言わざらしむるに非ざるなり(1)。○此の章通じて天下の勢を論ず。

【補説】

(1)「君自ら天下の口を閉箝《かん》して日〻益〻愚」(『漢書』爰盎伝)。「且つ臣恐る、天下の士口に拑し敢えて復た言わず」(『漢書』鼂錯《ちょうそ》伝)。

［仁斎］本章は孔子がなぜ『春秋』を著したかを示している。本文に「天下道有れば、則ち庶人議せず」とあるが、「徳があっても、位が無ければ、礼楽を製作すべきではない」（『中庸』第二八章）とあるように、本来庶人が天下の事を議すべきではないのである。天下に道が行われていれば学は上にあり、抑圧することが無くても庶人が天下の事を議することはないのである。しかし天下に道が無い場合には、学は下にあり、庶人が天下の事を議しても僭越な行為ということにはならない。孔子は「我を知る者は其れ惟れ春秋か。我を罪する者は其れ惟れ春秋か」（『孟子』滕文公下）と言ったが、当時にあってはやむをえなかったのである。

［徂徠］「十世」、「五世」、「三世」は過去の事実を言っているだけではない。これが自然の法則なのである。

仁斎は「天下道有れば、則ち庶人議せず」について庶人が政治を議論するのを罪としているが、それでは周の厲王や秦の始皇帝のやり方である。『春秋左氏伝』襄公一四年にも楽師の師曠《しこう》が人々が君を諫める意義を説く中に「庶人は謗《そし》る」の語がある。本章は、道が行われていれば庶人が議すべきことは無いと言っているまでであって、仁斎が引く『中庸』も天下の政治ではなく礼楽の話である。また「庶人」は民であって、君子を言うのではない。さらに君子はその地の大夫を譏らないということも言われるが（『荀子』子道、『孔子家語』子夏問）、それは礼である。法を犯す者は罪せられるが、礼を知らない者は罪せられない。仁斎は法と礼の区別を知らないのである。

第三章

孔子曰、禄之去公室五世矣。政逮於大夫四世矣。故夫三桓之子孫微矣。［孔子曰わく、禄の公室を去ること五世。政の大夫に逮ぶこと四世。故に夫《か》の三桓の子孫は微なり、と。］

「夫」の音は扶。○魯は、文公が崩御し、公子遂《すい》が文公の子の赤を殺して宣公を擁立してから、君が政権を失った状態が、成公、襄公、昭公、定公を歴て合計五公にわたった。「逮」は及ぶこと。季武子が始めて国政を壟断してから、そのような状態が、悼子、平子、桓子を歴て合計四世にわたった。しかしその季桓子も家臣の陽虎に拘束されることになった。「三桓」は三家で、みな桓公の子孫である。前章の議論から推せば、このようになるのが必然であることがわかる。○本章は専ら魯の事を論じている。たぶん前章とともにみな定公の時の語であろう。蘇氏が言った。「「礼楽と征討を諸侯が取り仕切るようになれば」、諸侯の力は当然強くなり、魯の政治は混乱する。「政権が大夫の手にわたれば」、大夫の力は当然強くなり、三桓氏の権力は弱くなる。これはどういうことなのか。国の強大さは安泰から生じ、安泰は上下の分が定まることから生ずる。もし諸侯や大夫がみな上位の者を凌駕すれば、下への命令が通らなくなる。それゆえみなまもなく破綻するのである」。

夫、音扶。○魯自文公薨、公子遂殺子赤、立宣公、而君失其政、歴成襄昭定、凡五公。逮、及也。自季武子始専国政、歴悼平桓子、凡四世。而為家臣陽虎所執。三桓、三家、皆桓公之後。此以前章之説推之、而知其当然也。○此章専論魯事。疑与前章皆定公時語。蘇氏曰、礼楽征伐自諸侯出、宜諸侯之強也、而魯以失政。政逮於大夫、宜大夫之強也、而三桓以微。何也。強生於安、安生於上下之分定。今諸侯大夫皆陵其上、則無以令其下矣。故皆不久而失之也。

夫は、音扶。[1] ○魯は文公薨《こう》じ、公子遂の子赤を殺し、宣公を立てし自り、君其の政を失い、成、襄、昭、定を歴て、凡そ五公なり。[2] 逮は、及ぶなり。季武子始めて国政を専らにして自り、悼、平、桓子を歴て、凡そ四世なり。而して家臣陽虎の執る所と為る。[3] 三桓は三家、皆な桓公の後なり。[4] 此れ前章の説を以て之を推せば、其の当に然るべきを知るなり。○此の章専ら魯の事を論ず。疑うらくは、前章と与に皆な定公の時の語ならん。[5] 蘇氏曰わく、[6] 礼楽征伐の諸侯自《よ》り出づれば、宜しく諸侯の強かるべくして、魯以て政を失う。政の大夫に逮べば、宜しく大夫の強かるべくして、三桓以て微なり。何ぞや。強は安に生じ、安は上下の分の定まるに生ず。今諸侯大夫皆な其の上を陵《しの》げば、則ち以て其の下に令すること無し。故に皆な久しからずして之を失うなり、と。

（1）ここでは「彼の」。雍也第六・第八章の注（1）（第2巻の一四六ページ）を参照。　（2）『論語集解』に引く鄭玄の注に「魯は東門襄仲、文公の子の赤を殺して宣公を立て、是に於て政は大夫に在り、爵禄君従り出でざる自り、定公に至るまで五世と為す」と言う。なお『史記』には「十八年二月文公卒す。……冬十月襄仲、子の悪及び視を殺して倓《たい》を立つ。是れ宣公と為す」(魯周公世家)とあり、裴駰の注には「服虔曰わく、襄仲は公子遂」(『史記集解』)と言う。また『春秋』宣公八年の「仲遂、垂に卒す」に対する范甯『春秋穀梁伝集解』に、仲遂について「遂に宣公と共に子赤を弑す」と言う。(3)「乙亥、陽虎、季桓子及び公父文伯を囚えて、仲梁懐を逐う」(『春秋左氏伝』定公五年)。(4)桓公から出た仲孫氏(後に孟孫氏と改める)、叔孫氏、季孫氏。家老の身でありながら魯の国政を壟断した。為政第二・第五章の注(1)(第1巻の一四八ページ)。(5)『論語集解』に引く鄭玄の注に「此を言うの時、魯の定公の初」と言う。(6)蘇軾の語。

【補説】

[仁斎] 本章も前章とともに門人が記録したもので、孔子が『春秋』を著した理由を示している。ただ当時の事を記しただけのものではない。ここでは、所有すべきでないのに所有すれば必ず失い、大きくあるべきではないのに大きければ必ず衰微するのが必然の理であることを言っている。

第四章

孔子曰、益者三友、損者三友。友直、友諒、友多聞、益矣。友便辟、友善柔、友

便佞、損矣。「孔子曰わく、益者三友、損者三友。直を友とし、諒を友とし、多聞を友とするは、益なり。便辟《へき》を友とし、善柔を友とし、便佞を友とするは、損なり、と。」

「便」は平声。「辟」は婢亦の反。〇率直な人を友とすれば、自分の過誤を指摘してくれる。まじめな人を友とすれば、誠実になっていく。博識な人を友とすれば、叡智がついていく。「便」は、習熟して狎れてしまっていること。「便辟」は、威儀をつくろうのに狎れてしまって率直でない者を言う。「善柔」は、追従に巧みでまじめでない者を言う。「便佞」は、口先ばかりがたけていて身についた叡智に乏しい者を言う。三者ずつの損と益は正反対である。〇尹氏が言った。「天子から庶民に至るまで、友を必要としないで自己完成を成し遂げた者はいない。しかしその友にはこのような善し悪しがある。謹まないでよいものであろうか」。

便、平声。辟、婢亦反。〇友直、則聞其過。友諒、則進於誠。友多聞、則進於明。便、習熟也。便辟、謂習於威儀而不直。善柔、謂工於媚説而不諒。便佞、謂習於口語而無聞見之実。三者損益

便は、平声。[1] 辟は、婢亦の反。[2] 〇直を友とすれば、則ち其の過を聞く。諒を友とすれば、則ち誠に進む。多聞を友とすれば、則ち明に進む。便は、習熟なり。[3] 便辟は、威儀に習いて直ならざるを謂う。善柔は、媚説《びえつ》に工にして諒ならざるを謂う。便佞は、口語に習いて聞見の実無きを謂う。三者損益は、正に相い反す。〇尹氏曰わく[4]、

正相反也。〇尹氏曰、自天子至於庶人、未有不須友以成者。而其損益有如是者。可不謹哉。

天子自り庶人に至るまで、未だ友を須《ま》ちて以て成らざる者有らず。而れども其の損益是《かく》の如き者有り。謹まざる可けんや、と。

（1）「便」には平声と去声がある。ここでは平声であるが、便利、便宜の意などの時は去声。（2）『経典釈文』二四。（3）習熟してそれに狎れてしまうこと。「惟だ行の名に浮《す》ぎることを欲するなり。故に自ら便人と謂う」（『礼記』表記）、その鄭玄の注に「仁聖の名を辟けて、吾此の事に便習する人と云うのみ」。（4）尹焞の語。『論語精義』八下に引く。

【補説】

［仁斎］益友は憚られるのが人情であるが、友にすれば益があり、損友は喜ばれるのが人情であるが、友とすれば損が生ず。

第五章

孔子曰、益者三楽、損者三楽。楽節礼楽、楽道人之善、楽多賢友、益矣。楽驕楽、楽佚遊、楽宴楽、損矣。「孔子曰わく、益者三楽、損者三楽。礼楽を節することを楽《ねが》い、人の善を道《い》うことを楽い、賢友多からんことを楽うは、益なり。驕楽を楽い、佚遊を楽い、宴楽を楽うは、損なり、と。」

「楽」は五教の反。「礼楽」の「楽」の音は岳。「驕楽」、「宴楽」の「楽」の音は洛。○「節」は、礼楽の制度と音声の節度をはっきりさせることを言う。驕傲に溺れれば、放恣であって節度をわきまえない。安逸に溺れれば、怠惰であって善言を聞くのをいやがる。快楽に溺れれば、淫楽にあけくれて小人と狎《な》れ親しむ。三者ずつの損と益もまた正反対である。○尹氏が言った。「君子は愛好するものに対して謹まないでよいであろうか」。

楽、五教反。礼楽之楽、音岳。驕楽宴楽之楽、音洛。○節、謂弁其制度声容之節。驕楽、則侈肆而不知節。佚遊、則惰慢而悪聞善。宴楽、則淫溺而狎小人。三者損益亦相反也。○尹氏曰、君子之於好楽、可不謹哉。

楽は、五教の反[1]。礼楽の楽は、音岳[2]。驕楽、宴楽の楽は、音洛[3]。○節は、其の制度声容[4]の節を弁ずるを謂う。驕楽なれば、則ち侈肆にして節を知らず。佚遊すれば、則ち惰慢にして善を聞くを悪む。宴楽すれば、則ち淫溺にして小人に狎る。三者の損益亦た相い反す。○尹氏曰わく[5]、君子の好楽に於ける、謹まざる可けんや、と。

（1）『経典釈文』二四。雍也第六・第二一章の注（2）（第2巻の一八二ページ）を参照。（2）『経典釈文』二四。（3）『経典釈文』二四。（4）礼と楽の具体的内容。（5）尹焞の語。『論語精義』八下に引く。

【補説】

［仁斎］人は好楽が無くてはすまない。ただ何を好楽するのかを慎むべきなのである。『大学』に「好楽する所有れば、則ち其の正を得ず」（伝七章）と言うのは誤りである。

［徂徠］陸徳明は「楽」を「五教の反」とし朱子もそれを使用するのは誤り。「楽」はラクであって、「楽しむ」。ゴウは古音ではない。「礼楽を節す」とは、礼楽には節があり、それで我が身を節すること。朱子は、「佚遊」を解釈するのに、「人の善を言うことを願う」ことに対応させて、佚遊であれば怠惰であって善言を聞くのをいやがると言うが、これは益者と損者の各項目を対にすることに泥《なず》んでいるのであって、原義を失っている。

第六章

孔子曰、侍於君子有三愆。言未及之而言、謂之躁。言及之而不言、謂之隠。未見顔色而言、謂之瞽。［孔子曰わく、君子に侍するに三愆《けん》有り。言未だ之に及ばずして言う、之を躁と謂う。言之に及びて言わざる、之を隠と謂う。未だ顔色を見ずして言う、之を瞽と謂う。」

「君子」は、徳と位を持つ者の通称。「愆」は過誤である。「瞽」は目が見えず、相手の言葉を察したり様子を見たりできないことである。○尹氏が言った。「状況を見計らって物言えば、この三つの過誤は無い」。

君子、有徳位之通称。愆、過也。瞽、無目、不能察言観色。○尹氏曰、時然後言、則無三者之過矣。

君子は、徳位有るの通称。愆は、過なり(1)。瞽は、目無く、言を察し色を観ること能わず。○尹氏曰わく(2)、時にして然る後に言えば(3)、則ち三者の過無し、と。

（1）『論語集解』に引く孔安国の注。（2）尹焞の語。『論語精義』八下に引く。（3）言うべきでないか、言うべき時か、相手の様子はどうかを見定めて物言うこと。

【補説】

［仁斎］これは卑幼の者が尊長の者に侍る時の節度である。

［徂徠］『礼記』など諸書を徴するに、これは師や父兄につかえる時の弟子の礼である。君につかえる

時のものではない。

第七章

孔子曰、君子有三戒。少之時血気未定。戒之在色。及其壮也、血気方剛。戒之在闘。及其老也、血気既衰。戒之在得。［孔子曰わく、君子に三戒有り。少き時は血気未だ定まらず。之を戒むること色に在り。其の壮なるに及びてや、血気方《まさ》に剛なり。之を戒むること闘うに在り。其の老に及びてや、血気既に衰う。之を戒むること得るに在り、と。］

「血気」は、それがあってこそ肉体が生ずるもので、「血」は陰であって「気」は陽である。「得」は、得ようと貪ること。それぞれの時期に応じて戒める内容を知り、理によってそれに打ち勝てば、血気に使役されることは無い。○范氏が言った。「聖人が人と同じなのは、血気である。人と異なるのは、志気である。血気は衰えることがあるが、志気は衰えることは無い。若い時はまだ不安定であり、壮年になって強くなり、老いて衰えるのは、血気である。女色を戒め、闘争心を戒め、所有欲を戒めるのは、志気である。君子は志気を養う。それゆえ血気によって動かされない。であるから年をとればとるほど、徳はいよいよ高くなるのである」。

血気、形之所待以生者、血陰而気陽也。得、貪得也。随時知戒、以理勝之、則不為血気所使也。○范氏曰、聖人同於人者、血気也。異於人者、志気也。血気有時而衰、志気則無時而衰也。少未定、壮而剛、老而衰者、血気也。戒於色、戒於闘、戒於得者、志気也。君子養其志気。故不為血気所動。是以年弥高而徳弥卲也。

血気は、形の待ちて以て生ずる所の者、血は陰にして気は陽なり(1)。得は、得るを貪るなり(2)。時に随いて戒むるを知り、理を以て之に勝てば、則ち血気の使う所と為らざるなり。○范氏曰わく(3)、聖人の人に同じき者は、血気なり。人に異なる者は、志気なり(4)。血気時として衰うること有れども、志気は則ち時として衰うること無し。少くして未だ定まらず、壮にして剛く、老いて衰うるは、血気なり。色を戒め、闘を戒め、得るを戒むる者は、志気なり。君子は其の志気を養う。故に血気の動かす所と為らず。是を以て年弥ゝ高くして徳弥ゝ卲《たか》きなり(5)、と。

(1) 肉体には気と血と水が流れているとされ、そのうち気と血は、陽と陰に割り当てられる。この場合の気は、体内を流れる生命力的エネルギーを意味する。　(2)『論語集解』に引く孔安国の注。

(3) 范祖禹の語。『論語精義』八下に引く。　(4) 血気が肉体的なエネルギーであるのに対し、志気は精神的エネルギーである。「夫れ志は気の帥なり」(『孟子』公孫丑上)。　(5) 卲は、高いこと。

【補説】

［仁斎］血気は身体のことであるが、血気にまかせないようにするのは心の問題である。

［徂徠］本章は聖人についても言えることである。聖人は達磨でも木石でもない。ここでなぜ「君子」と言うかというと、この戒めが上から下まであてはまるものだからである。朱子や范祖禹が理だの志気だのを持ち出すのは、先王の道を知らないからである。『書経』商書・仲虺之誥にあるように、礼によって心を制することこそ先王の教えである。

第八章

孔子曰、君子有三畏。畏天命、畏大人、畏聖人之言。［孔子曰わく、君子に三畏有り。天命を畏れ、大人を畏れ、聖人の言を畏る。］

「畏」は、畏怖の念の強いことである。「天命」は、天が賦与する正理である。畏怖すべきであることをわきまえれば、戒め慎み恐懼すべき姿勢がおのずと継続されることになり、自分に賦与されているものの重さを、疎略にしないですむ。「大人」も、「聖言」も、ともに畏怖すべき天命である。であるから天命を畏怖することがわかれば、これらを畏怖せざるをえなくなるのである。

畏者、厳憚之意也。天命者、天所賦之正理也。知其可畏、則其戒謹恐懼、自有不能已者、而付畀之重、可以不失矣。大人聖言、皆天命所当畏。知畏天命、則不得不畏之矣。

畏は、厳憚《たん》の意なり。天命は、天の賦する所の正理なり。其の畏る可きを知れば、則ち其の戒謹恐懼[1]、自ら已《や》むこと能わざる者有りて、付畀《ふひ》[2]の重き、以て失わざる可し。大人[3]、聖言も、皆な天命の当に畏るべき所なり。天命を畏ることを知れば、則ち之を畏れざるを得ず。

（1）「是の故に君子は其の睹《み》ざる所を戒慎し、其の聞かざる所を恐懼す」（『中庸』第一章）。（2）付与する。（3）志が高邁で徳と位が高い人。「其の小を養う者を小人と為し、其の大を養う者を大人と為す」（『孟子』告子上）の朱子の注に「賤しくして小なる者は口腹なり。貴くして大なる者は、心志なり」とある（『孟子集注』）。また『易経』には「大人」の語がいくつも見えるが、特に乾卦・文言伝の「夫れ大人とは天地と其の徳を合し、日月と其の明を合し、四時と其の序を合し、鬼神と其の吉凶を合す」に対する朱子の注では、「是の徳有りて是の位有れば、乃ち之に当たる可し。……大人は無私、道を以て体と為す」と言う（『周易本義』）。

小人不知天命而不畏也。狎大人、侮聖人之言。［小人は天命を知らずして畏れざるなり。大人に狎れ、聖人の言を侮る、と。］

「侮」は愚弄する。天命を理解せず、それゆえ義理を認識せず、かくも恐れ憚るところが無いのである。○尹氏が言った。「「三つの畏怖」は、自分を修めて誠を実現するにはかくあらねばならぬのである。小人は身を修め誠を実現することに努めないから、畏怖などするわけがない」。

侮、戯玩也。不知天命、故不識義理、而無所忌憚如此。○尹氏曰、三畏者、脩己之誠当然也。小人不務脩身誠己、則何畏之有。

侮は、戯玩するなり。天命を知らず、故に義理を識らずして、忌憚する所無きこと此の如し。○尹氏曰わく(1)、三畏は、己を脩むるの誠当に然るべきなり。小人身を脩め己を誠にするを務めざれば、則ち何の畏るることか之れ有らん、と。

（1）尹焞の語。『論語精義』八下に引く。

【補説】

［仁斎］善を行えば福が得られ、不善を行えば禍が及ぶ。この天命を知ればそれを畏怖するようになり、

その身を保つことができる。私智や私見を退け、ひたすら忠信であって、至正至直であってこそ、この天命を知ることができる。聡明さや学識によって及べるものではない。

[徂徠]「畏」とは、禍が来ることを恐れることではなく、「威」の転音であって、対象が畏怖すべきものであることを言う。

「天命を畏る」とは、仁斎が言うような吉凶禍福ということだけではなく、天命に従うか逆らうかということが大事なのである。また天が天子、諸侯、大夫、士とならせるのであるから天職に励むことも含む。これは仁斎や朱子が知らないことである。朱子は天が人に正理を付与するといった議論をするが、そもそも聖人は「天、我を知る」と言うものの、「天を知る」と言うことは無い。後儒は荘子や列子の書に泥んで傲然として、天に対する敬意が無いのである。後世の学者は人事を尽くすことと天命を知ることを並べて言うが、古えの人は天を敬っていたから人と並べることはなかった。このようになったのは子思、孟子からのことであって、それ以後、天を敬う義が廃れた。

「大人」は位と徳を兼ねる者、位が高い者を言うが、ここでは徳を中心に言う。「聖人」が開国の君であって過去の存在であるのに対し、「大人」は当代の存在である。

＊「天命を畏る」の解釈で、朱子、仁斎、徂徠の差が出ている。特に朱子が天を天理とするのに対し、徂徠はそのような合理的解釈は天に対する畏怖が足りないものとする。

第九章

孔子曰、生而知之者、上也。学而知之者、次也。困而学之、又其次也。困而不学、民斯為下矣。［孔子曰わく、生まれながらにして之を知る者は、上なり。学びて之を知る者は、次なり。困《くる》しみて之を学ぶは、又た其の次なり。困しみて学ばず、民斯れを下と為す、と。］

「困」は、行き詰まるところがあることを言う。この語の意味はこうである。人が受けた気の状態が同じでないのには、おおよそこの四段階がある。○楊氏が言った。「生まれつき知っていることや、学んで知るようになることから、行き詰まってから学ぶことに至るまで、それぞれの持ち前は同じではないが、最終的に知るようになるということでは同一である。それゆえ君子は学ぶことのみを尊ぶのである。行き詰まっているのに学ばないというのであれば、それが下等なのである」。

困、謂有所不通。言人之気質不同、大約有此四等。○楊氏曰、生知学知以至困学、雖其質不同、然及其知之一也。故君子惟学之　困は、通ぜざる所有るを謂う(1)。言うこころは、人の気質(2)同じからざること、大約此の四等有り。○楊氏曰わく(3)、生知、学知より以て困学に至るまで、其の質同じからず(4)と雖も、然れども其の之を知るに及びては一なり(5)。故に

為貴。困而不学、然後為下。

君子は惟だ学を之れ貴しと為すのみ。困しみて学ばず、然る後に下と為す、と。

(1)『論語集解』に引く孔安国の注。(2)人が素質として持つ気の状態。(3)楊時の語。『論語精義』八下に引く。(4)気質のこと。『論語精義』八下では「資」の字になっている。(5)最後は同じ境地に到達すること。「或いは生まれながらにして之を知り、或いは学びて之を知り、或いは困しみて之を知る。其の之を知るに及びては一なり」(『中庸』第二〇章)。

【補説】

[仁斎] 本章は、孔子が深く学問の功を称えた語である。学ぶことを知らない者は義理の心が無いのであって、それゆえ下とするのであって、「羞悪の心が無いのは人ではない」(『孟子』公孫丑上)のである。

[徂徠] 仁斎が「困」を『孟子』告子下とその箇所の朱子の注をもとに状況が切迫してから心に悩むようになることとするのは誤りで、自分の知力が行き詰まり学ばざるをえないことを言う。「民斯れを下と為す」とは、民が下愚である理由ということである。古えに学んで士となったのは、民から上昇したのである。民が学ばないのは普通のことである。しかし君子は、学ばないからといって民を見捨てない。それゆえ「之に由らしむ可し、之に知らしむ可からず」(泰伯第八・第九章)と言ったのである。孔子はここで上智と下愚以外はみな学ぶべきことを言っている。朱子は『中庸』第二〇章の三つ

の知の段階と一体のものとして解釈するが、本章が四段階であることからもわかるように誤りである。
＊万人は学問と修養によって聖人になれるという前提を朱子は持っており、本章もそれで解釈する。徂徠はそれを否定し、さらに『中庸』第二〇章が三段階であるのと異なり、ここでは四段階となっているこことをもとに、統治される民は学ばないものとする。

第十章

孔子曰、君子有九思。視思明、聴思聡、色思温、貌思恭、言思忠、事思敬、疑思問、忿思難、見得思義。

〔孔子曰わく、君子に九思有り。視るには明を思い、聴くには聡を思い、色には温を思い、貌には恭を思い、言には忠を思い、事には敬を思い、疑うには問を思い、忿《いか》るには難を思い、得るを見ては義を思う、と。〕

「難」は去声。○視て蔽われることが無ければ、明察であって何でも見える。聴いて塞がれることが無ければ、聡明であって何でも聞きとれる。「色」は顔つきに現れるもの。「貌」は身体全体を言う。「問うことを心掛ければ」、疑念が蓄積されない。「危難を引き起こすことを予想すれば」、憤怒の感情は必ず押し止める。「義を心掛ければ」、いい加減なやり方で利益を得ようとはしない。○程子が言われた。「「九の思い」は九つのそれぞれに対応する留意事項に専心するのである」。謝氏が言った。「「悠然と道に的中する境地に至って」いないのであれば、いかなる時も自分を省察する。そうすれば「本来の心を維持していない場合があってもその程度は少ない」。これを「誠を思う」と言うのである」。

難、去声。○視無所蔽、則明無不見。聴無所壅、則聡無不聞。色、見於面者。貌、挙身而言。思問、則疑不蓄。思難、則忿必懲。思義、則得不苟。○程子曰、九思各専其一。謝氏曰、未至於従容中道、無時而不自省察也。雖有不存焉者寡矣。此之謂思誠。

難は、去声[1]。○視て蔽う所無ければ、則ち明にして見ざること無し。聴きて壅《ふさ》ぐ所無ければ、則ち聡にして聞かざること無し。色は、面に見わるる者。貌は、身を挙げて言う。問うを思えば、則ち疑い蓄えられず。難を思えば、則ち忿り必ず懲らす。義を思えば、則ち得ることを苟《かりそめ》にせず[2]。○程子曰わく[3]、九思各ゝ其の一つを専らにす、と。謝氏曰わく[4]、未だ従容として道に中るに至らざれば[5]、時として自ら省察せざること無きなり。存せざる者有りと雖も寡なし[6]。此を之れ誠を思うと謂う[7]、と。

(1) ここでは危難の意で、去声。困難の意の時は、普通は平声。　(2)「財に臨みては苟《かりそめ》に得んとすること毋れ」(『礼記』曲礼上)。　(3) 程顥の語。『程氏外書』二。　(4) 謝良佐の語。『論語精義』八下に引く。　(5)「誠は、勉めずして中り、思わずして得。従容として道に中るは聖人なり」(『中庸』第二〇章)。(6)「心を養うは寡欲より善きは莫し。其の人と為りや寡欲、存せざること有りと雖も寡し。其の人と為りや多欲、存すること有りと雖も寡し」(『孟子』尽心下)。朱子はそこでこの「存」を「本心」を存することとし、欲望を少なくすることの意義を説いているとする(『孟子集注』)。寡欲であれば、本来の善心を維持できていない場合があっても、そのような状態は多くはないということ。(7)「是の故に誠は天の道なり。誠を思うは人の道なり」(『孟子』離婁上)。

【補説】

[仁斎]朱子の敬の修養法は九思の中の一つのやり方で全てに応対するものであるが、本章では九思というように種々の修養を行うことで徳を完成していくことを示している。

[徂徠]この「思う」とは、それがどうすれば実現するのかを考えることである。なお「忿には難を思う」とは、怒れば危難を招くことを考えること、「得るを見ては義を思う」は、得られる場合にそれが義を害することがあることに思いを致すことである。仁斎は朱子の敬の修養法を批判しているが、朱子とても天を敬するということはうかがい知っているのであって、問題は天にもとづくということの意味をわかっていないことである。

第十一章

孔子曰、見善如不及、見不善如探湯。吾見其人矣。吾聞其語矣。[孔子曰わく、善

を見て及ばざるが如くし、不善を見て湯を探るが如くす。吾其の人を見る。吾其の語を聞く。」

「探」は吐南の反。○本当に善悪を知り、心からこれらを好悪する。顔回、曾参《そうしん》、閔子騫《びんしけん》、冉伯《ぜんはく》牛《ぎゅう》の徒がやはりこれをできた。「語」は古語であろう。

探、吐南反。○真知善悪、而誠好悪之。顔曾閔冉之徒、蓋能之矣。語、蓋古語也。

探は、吐南の反。(1)○真に善悪を知りて、誠に之を好悪す。顔、曾、閔、冉の徒、(2)蓋し之を能くす。語は、蓋し古語ならん。(3)

(1)『経典釈文』二四。(2)顔回、曾参、閔子騫、冉伯牛で、孔子門下では徳の高い人々。「吾其の人を見る」からには、孔子と同時代人でそのような人がいることになるため、ここで弟子をあげている。(3)そのような人が存在したことを示す古語。つまり現在にいるが過去にもそのような人がいたということ。

隠居以求其志、行義以達其道。吾聞其語矣。未見其人也。「隠居して以て其の志を求め、義を行いて以て其の道を達す。吾其の語を聞く。未だ其の人を見ざるなり、と。」

「その志を求める」とは、自分が悟った道を守ることである。「その道を達す」とは、自分が求めた志を実践することである。ただ伊尹や太公望の類の人のみが、これに該当しうる。当時は顔子などもまたこれに近かったが、隠れて世間に現れず、そのうえ不幸にして夭折した。それゆえ孔子はこのように言ったのである。

求其志、守其所達之道也。達其道、行其所求之志也。蓋惟伊尹太公之流、可以当之。当時若顔子亦庶乎此、然隠而未見、又不幸而蚤死。故夫子云然。

其の志を求むは、其の達する所の道を守るなり。其の道を達するは、其の求むる所の志を行うなり。蓋し惟だ伊《い》尹《いん》(1)、太公(2)の流のみ、以て之に当る可し。当時顔子の若きも亦た此に庶《ちか》けれども、然れども隠れて未だ見《あら》われず(3)、又た不幸にして蚤《はや》く死す。故に夫子然か云《し》う(4)。

(1)伊尹は有莘《ゆうしん》の野で耕していたが、その後に殷の湯王を補佐した。(2)太公望呂尚は釣をしているところを見出され、周の武王を補佐した。(3)『易経』の乾卦の初九の「潜龍(潜める龍)」について、「文言伝」で「潜の言為《げんた》るや、隠れて未だ見われず」と言う。顔回は高徳の士であったが、伊尹や太公望のように用いられることが無く、しかも若くして没した。(4)「未だ其の人を見ざるなり」とあるからには、当時いなかったことになるため、顔回の夭死を持ち出している。つまりこのような人は過去にはいたが（「吾其の語を聞く」）、今はいないということ。

【補説】

［仁斎］聖人の学は経世を根本とする。それゆえ自分の身のみを善くすることを究極の事とはしない。なお朱子の注に、顔回は伊尹や太公望に近かったなどと、あたかも顔回よりも伊尹や太公望の方が上と言わんばかりなのは誤りである。孔子の聖は尭舜よりもはるかに賢であり、顔回はそれに次ぐ存在だったのであって、顔回の徳業は伊尹や太公望に遜色があろうか。

［徂徠］里仁第四・第六章には「我未だ仁を好む者、不仁を悪む者を見ず」というように「見ず」とあり、本章の「其の人を見る」と食い違っているようであるが、このように柔軟であるのが教導する術なのである。孔子が誰のために言った語かわからない以上、穿鑿しなくてもよい。

「志」は古えの志記のことで、「こころざし」ではない。「隠居しては以て其の志に求む」とは、農事をしながら先王の道を書物に求めるという意味である。「義を行う」とは仕えることを言う。

「未だ其の人を見ず」と言うが、顔回などはこれにあてはまっていた。ここではこのように言うことで他の人々を励ましたのであって、後儒は詩学に疎いものだから本当に見なかったというように解釈してしまうのである。仁斎などは、孔子は当時の人材一般を論じたので弟子の話ではないなどと言うが、自分の知見を軸に人を品評する性癖から孔子を見ているのである。また孔子の弟子たちは孔子の教えの内容に志したのであって、もし登用されれば、伊尹や太公望のようになりえた。はるかに古えの彼らの徳の優劣はわかるものではないのに、儒者たちは顔回だけが特別だの何だのと無益な穿鑿をして序列をつけている。

第十二章

斉景公有馬千駟。死之日、民無徳而称焉。伯夷叔斉餓於首陽之下。民到于今称之。［斉の景公馬千駟《せんし》有り。死するの日、民徳として称すること無し。伯夷、叔斉首陽の下に餓す。民今に到るまで之を称す。］

「駟」は四頭の馬である。「首陽」は山の名。

駟、四馬也。首陽、山名。　駟は、四馬なり(1)。首陽は、山の名(2)。

（1）『論語集解』に引く孔安国の注。（2）伯夷と叔斉は首陽山で餓死した。伯夷と叔斉については、公冶長第五・第二二章の朱子の注と注（1）（第2巻の八六ページ）を参照。

其斯之謂与。［其れ斯れを謂うか。］

「与」は平声。〇胡氏が言った。「程子は第十二篇の錯簡と見、「誠に富を以てせず、亦た祇《まさ》に異なれるを以てす」の語が、本章の最初にあるべきとした。しかし今文勢を子細に検討すると、やはりこの語の直前にあるのがよいようである。この語の意味はこうである。人が賞賛するのは富のためではなく、俗人と異なるところにある」。私が思うに、この説がほぼ正しい。また本章の冒頭に「孔子曰」の字がなくてはならない。やはり闕文である。だいたいにおいて本書の後半の十篇には闕誤が多い。

与、平声。〇胡氏曰、程子以為第十二篇錯簡、誠不以富、亦祇以異、当在此章之首。今詳文勢、似当在此句之上。言人之所称、不在於富而在於異也。愚謂、此説近是。而章首当有孔子曰字。蓋闕文耳。大抵此書後十篇多闕誤。

与は、平声。(1)〇胡氏曰わく、(2)程子以て第十二篇の錯簡、誠に富を以てせず、亦た祇《まさ》に異なれるを以てすの、(3)当に此の章の首に在るべしと為す。(4)今文勢を詳らかにするに、当に此の句の上に在るべきに似る。(5)言うこころは、人の称する所は、富に在らずして、異に在るなり。(6)愚謂えらく、此の説是《ぜ》に近し。而して章首当に孔子曰の字有るべし。蓋し闕文なるのみ。大抵此の書の後の十篇闕誤多し。

（1）ここでは、「……か」。学而第一・第二章の注（1）（第1巻の六四ページ）を参照。　（2）胡寅の語。（3）「誠不以富、亦祇以異」は顔淵第一二・第一〇章の語。この語の解釈の問題については顔淵第一二・第一〇章の注（5）（第3巻の三五〇ページ）を参照。（4）程頤の論。『程氏遺書』二二下。朱子は顔淵第一二・第一〇章の注では、この程子の説を採用している。（5）この胡氏の説に従うと、本文はもとは「民到于今称之」の後に「誠不以富、亦祇以異」が続くということになる。「誠に富を以てせず、亦た祇《まさ》に異なれるを以てす」は『詩経』小雅の「我行其野」の中の一句であるから、孔子はそれを引いたうえで「其れ斯れを謂うか」と言ったとしているのである。なお「誠」は『詩経』では「成」だが、朱子は「誠」が正しいとする（顔淵第一二・第一〇章の注（1）（第3巻の三四九ページ）を参照）。（6）「富」は「千駟」、「異」は「伯夷、叔斉」を指す（『朱子語類』四二）。


【補説】

［仁斎］大国の君主も賞賛できる徳が無ければ、匹夫にも及ばない。

［徂徠］「徳」は「得」の誤りで、「民得て称すること無し（民はとても賞賛できなかった）」ということである。

第十三章

陳亢問於伯魚曰、子亦有異聞乎。［陳亢《ちんこう》伯魚に問いて曰わく、子も亦た異聞有るか、と。］

「亢」の音は剛。〇亢は、勝手な憶測で聖人を邪推し、孔子は必ずや陰《かげ》ながら自分の子を特別扱いするはずだと疑ったのである。

亢、音剛。〇亢以私意窺聖人。疑必陰厚其子。
亢は、音剛。(1)〇亢は私意を以て聖人を窺《うかが》い、必ずや陰ながら其の子に厚くせんと疑う(2)。

(1)『経典釈文』二四。(2)伯魚は、孔子の子で、名は鯉《り》。孔子が自分の子供を特別扱いしているのではないかと疑ったのである。

対曰、未也。嘗独立。鯉趨而過庭。曰、学詩乎。対曰、未也。不学詩無以言。鯉退而学詩。［対えて曰わく、未《いま》だし。嘗て独り立てり。鯉趨《はし》りて庭を過ぐ。曰わく、詩を学びたるか、と。対えて曰わく、未だし、と。詩を学ばざれば以て言うこと無し、と。鯉退きて詩を学ぶ。］

詩を学べば物事の理に通達して、心の状態は安定する。それゆえ正しく物言うことができる。

事理通達、而心気和平。故能言。　事理通達して、心気和平。故に能く言う。

他日又独立。鯉趨而過庭。曰、学礼乎。対曰、未也。不学礼無以立。鯉退而学礼。［他日又た独り立つ。鯉趨りて庭を過ぐ。曰わく、礼を学びたるか、と。対えて曰わく、未だし、と。礼を学ばざれば以て立つこと無し、と。鯉退きて礼を学ぶ。］

礼を学べば隅々まで節度を持ち徳性は堅固になる。それゆえ自立できる。

品節詳明、而徳性堅定。故能立。　品節[1]詳明にして徳性堅定。故に能く立つ。

（1）段階をつけて制御する。「斯を品節する、斯を之れ礼と謂う」（『礼記』檀弓下）。その孔穎達の疏に「品は、階格なり。節は、制断なり」とある（『礼記正義』）。

聞斯二者矣。［斯の二者を聞く、と。］

孔子が一人でいる時に鯉が聞いたのは、このようなことだけであった。特別に聞いたことが無かったのがわかる。

当独立之時、所聞不過如此。其無異聞可知。

独り立つの時に当たり、聞く所此《かく》の如きに過ぎず。其の異聞無きこと知る可し。

陳亢退而喜曰、問一得三。聞詩聞礼、又聞君子之遠其子也。「陳亢退きて喜びて曰わく、一を問いて三を得たり。詩を聞き礼を聞き、又た君子の其の子を遠ざくるを聞けり、と。」

「遠」は去声。○尹氏が言った。「孔子が自分の子に教えた際には、門人と異なることは無かった。それゆえ陳亢は、「自分の子と距離をおく」と見なしたのである」。

遠、去声。○尹氏曰、孔子之教其子、無異於門人。故陳亢以為遠其子。

遠は、去声。[1]○尹氏曰わく、[2]孔子の其の子に教うるに、門人に異なること無し。故に陳亢以て其の子に遠ざくと為す、と。

（1）去声の時は、「遠ざく」。「遠い」の意の時は上声。　（2）尹焞の語。『論語精義』八下に引く。

【補説】

［仁斎］父子の間では善を求めあわないものであって、古えは子を取り替えて教えた（『孟子』離婁上）。なお孔門の教えは、詩と礼が第一であり、その内容は日常の言行を謹むというものである。人情は詩によって知り、人道は礼によって成る。聖人の道は万世通行の道であり、詩と礼は万世通行の典範である。人からかけ離れたものを教えとするのは、聖人の道ではない。

［徂徠］「未だし」とは本当に無いということではなく謙譲の辞。仁斎が古えは子を取り替えて教えたというのはあたっている。孔子は自分の子が詩や礼を学んだかどうかをわからなかったことからもそれは知られる。孔子は当然子を深く愛した。顔回などを子のように思ったのはあくまでも子への愛を推したのである。ただ教えについてはそれぞれの到達度に応ずるので、一律に施すわけではない。言語の道は詩が尽くし、先王の道は礼が尽くしている。朱子や仁斎の礼や詩の意義づけの語は意味が曖昧であったり不適切であったりしている。

第十四章

邦君之妻、君称之曰夫人。夫人自称曰小童。邦人称之、曰君夫人。称諸異邦、

曰寡小君。異邦人称之、亦曰君夫人。［邦君の妻、君之を称して夫人と曰う。夫人自ら称して小童と曰う。邦人之を称して、君夫人と曰う。諸を異邦に称して、寡《か》小君と曰う。異邦の人之を称して、亦た君夫人と曰う。］

「寡」は徳が少ないことで、謙譲の語である。○呉氏が言った。『論語』の中のかかる類の語は、全ていかなる意味かわからない。古えがこうだったのか、それとも孔子がこのように言ったことがあったのか、考えようが無い」。

寡、寡徳、謙辞。○呉氏曰、凡語中所載、如此類者、不知何謂。或古有之、或夫子嘗言之、不可考也。

寡は、寡徳、謙辞なり。○呉氏曰わく(1)、凡そ語中に載する所、此の類の如き者、何を謂えるかを知らず(2)。或いは古えに之れ有り、或いは夫子嘗て之を言う、考う可からざるなり、と。

（1）呉棫の語。　（2）ここの本文はただ諸侯の妻の呼び方を列挙しているだけなので、このような疑問が出る。

【補説】

〔徂徠〕朱子の注に載せる呉棫の議論は的外れである。周の礼で『礼記』などに載せるものは、孔子がこれを述べ、それによって門人が書くことができたものである。孔子以前は書物は無かった。孔子の道は先王の道であって、孔子は先王の道を隠すことは無かった。それゆえ当時の門人たちは、先王の礼と孔子の言行とを差別することは無かったのである。後世では誰々の語録などと言うが、そのような類のものではない。

論語集注巻九

陽貨第十七

全二十六章。

凡二十六章。　　凡そ二十六章。

第一章

陽貨欲見孔子。孔子不見。帰孔子豚。孔子時其亡也、而往拝之。遇諸塗。〔陽貨孔子を見んと欲す。孔子見ず。孔子に豚を帰《おく》る。孔子其の亡《な》きを時として、往きて之を拝す。諸《これ》に塗《みち》に遇えり。〕

「帰」は通常の意味である。「饋《き》」の字にしているテキストもある。○「陽貨」は季氏の家臣で、名は虎。以前季桓子を囚えて、国政を壟断した。陽貨は孔子に自分に会いに来させようとしたが、孔子は行かなかった。陽貨はそこで、礼の規定に大夫が士に贈り物を賜う場合には、家で受け取ることができなければ、その門にまでおもむき拝礼するとあることから、孔子の留守を窺って豚を贈り、孔子に拝礼に来させ会おうとしたのである。

帰、如字。一作饋。○陽貨、季氏家臣、名虎。嘗囚季桓子、而専国政。欲令孔子来見己、而孔子不往。貨以礼大夫有賜於士、不得受於其家、則往拝其門、故瞰孔子之亡、而帰之豚、欲令孔子来拝而見之也。

帰は、字の如し。(1)一に饋に作る。(2)○陽貨は、季氏の家臣、名は虎。(3)嘗て季桓子を囚えて、(4)国政を専らにす。(5)孔子をして来《きた》りて己に見せしめんことを欲すれども、孔子往かず。貨は礼に大夫、士に賜うこと有り、其の家に受くるを得ざれば、則ち往きて其の門を拝するを以て、(6)故に孔子の亡きを瞰《うかが》いて、之に豚を帰り、(7)孔子をして来り拝して之に見せしめんと欲するなり。

(1)『経典釈文』二四。「贈る」の意味で去声。「帰る」の場合は平声。　(2)『経典釈文』二四に「鄭本饋に作る。魯読みて帰と為す。今、古えに従う」とある。　(3)『論語集解』に引く孔安国の注。
(4) 季氏第一六・第三章の注(3)(二三九ページ)を参照。　(5)「七年春二月、周の儋翩《たんぺん》儀栗に入りて以て叛く。斉人鄆《うん》、陽関を帰す。陽虎之に居り以て政を為す」（『春秋左氏伝』定公七年）、「陽虎、政を為し、魯国服す」（『春秋左氏伝』定公八年）。（6）『孟子』滕文公下には、本章と同じく陽貨が孔子に会おうとした一件を述べるが、その中にこの語がある。なお「大夫親しく士に賜うに、士は拝して受け、又た其の室に拝す。衣服は服せず以て拝す。敵者（身分が同じ者）在らざれば、其の室に拝す」（『礼記』玉藻）。「敵者」以下の意味は、贈り先（敵者）が家にいなければ、贈られた側は、贈ってくれた人の家（室）に挨拶に行くということ。（7）子豚。

謂孔子曰、来、予与爾言。曰、懐其宝而迷其邦、可謂仁乎。曰、不可。好従事而亟失時、可謂知乎。曰、不可。日月逝矣、歳不我与。孔子曰、諾、吾将仕矣。

［孔子に謂いて曰わく、来《きた》れ、予爾《なんじ》と言わん、と。曰わく、其の宝を懐きて其の邦を迷わす、仁と謂う可きか、と。曰わく、不可なり、と。事に従うを好みて亟〻《しばしば》時を失う、知と謂う可きか、と。曰わく、不可なり、と。日月逝く、歳《とし》我と与《とも》ならず、と。孔子曰わく、諾《だく》、吾将に仕えんとす、と。］

「好」、「亟」、「知」はみな去声。◯「宝を懐きて邦を迷わす」とは、道徳を内にしまい込み、国の混乱を救わないことを言う。「亟」は、しばしば。「時を失う」は、機会を失うを言う。「将」

とは、そうしようとしながらも必ずそうするというわけでもないことを示す語。陽貨の語はみな孔子を非難しながら、速やかに出仕させようと婉曲に勧めたものである。孔子はもとよりそうしなかったのだが、出仕することを望んでいなかったわけでもなかった。ただ陽貨には仕えなかったのである。それゆえただ理によって答え、それ以上弁解もせず、彼の意を悟らないかのようであった。○陽貨が孔子に会おうとしたのは、善意であったものの、自分が乱を起こすのを助けさせようと望んだのに過ぎなかった。それゆえ孔子が会わなかったのは、義なのである。赴いて拝礼したのは、礼である。不在に違いない時をねらって赴いたのは、相手の行為に釣り合うようにしようとしたのである。陽貨と道で出会って避けなかったのは、見限って関係を絶とうとまではしなかったのである。質問されるままに応答したのは、理にすなおに従ったのである。応対して弁解しなかったのは、言葉が謙虚でありながら、身を屈することも無かったのである。楊氏が言った。「揚雄はこのように思った。「孔子が陽貨に対して、尊敬しないのに敬意を示したのは、身を屈して自己の道を維持しようとしたためである」。これは孔子をわかっている者の語ではない。道の外に身は無く、身の外に道は無い。身を屈することで道が発揚できるなど、私は信じられない」。

好亟知、並去声。○懐宝迷邦、謂懐蔵道徳、不救国之迷乱。亟、

好、亟、知は、並びに去声。[1] ○宝を懐きて邦を迷わすは、道徳を懐蔵して、[2] 国の迷乱を救わざるを謂う。亟は、数

数也。失時、謂不及事幾之会。将者、且然而未必之辞。貨語、皆譏孔子、而諷使速仕。孔子固未嘗如此、而亦非不欲仕也。但不仕於貨耳。故直拠理答之、不復与弁、若不諭其意者。○陽貨之欲見孔子、雖其善意、然不過欲使助己為乱耳。故孔子不見者、義也。其往拝者、礼也。必時其亡而往者、欲其称也。遇諸塗而不避者、不終絶也。随問而対者、理之直也。対而不弁者、言之孫而亦無所詘也。楊氏曰、揚雄謂、孔子於陽貨也、敬所不敬、為詘身以信道。非知孔子者。蓋道外無身、身外無道。身詘矣而可以信道、吾未之信也。

なり。時を失うは、事幾の会に及ばざるを謂う。将とは、且《まさ》に然らんとして未だ必せざるの辞(3)。貨の語、皆な孔子を譏りて、諷して速やかに仕えしめんとす。孔子固より未だ嘗て此の如くならずして、亦た仕えんことを欲せざるに非ざるなり。但だ貨に仕えざるのみ。故に直《ただ》に理に拠りて之に答え、復た与に弁ぜず、其の意を諭《さと》らざる者の若し。○陽貨の孔子を見んと欲するは、其れ善意なりと雖も、然れども己を助け乱を為さしめんと欲するに過ぎざるのみ。故に孔子の見ざるは、義なり。其の往きて拝するは、礼なり。必ず其の亡きを時として往くは、其の称《かな》わんことを欲するなり(4)。諸《これ》に塗に遇いて避けざるは、終に絶たざるなり(5)。問いに随いて対するは、理の直なり。対して弁ぜざるは、言の孫にして、亦た詘《くっ》する(6)所無きなり。楊氏曰わく(7)、揚雄謂えらく、孔子の陽貨に於けるや、敬せざる所を敬し、身を詘して以て道を信《の》ぶるを為す、と(8)。孔子を知る者に非ず。蓋し道の外に身無く、身の外に道無し。身を詘して以て道を信ぶ可きは、吾未だ之を信ぜず、と。

（1）ここで「好」は、「好む」、「亟」は日本漢字音では「キ」で「しばしば」、「知」は「智」の意。「好」については、学而第一・第二章の注（1）（第1巻の六一ページ）、「知」については、里仁第四・第一章の注（3）（第1巻の三一〇ページ）をそれぞれ参照。「亟」は入声の時は、日本漢字音は「キョク」で「すみやか」の意。　（2）「宝は以て道徳に喩う。孔子仕えざるは、是れ其の道徳を懐蔵するを言うなり」（邢昺『論語正義』）。　（3）「将とは、且なり」（『論衡』知実）。　（4）「称」とは、釣り合わせること。孔子が豚を贈ってきた陽貨の行為に対して、陽貨のもとへ赴くことで自分の行為を釣り合わせようとしたのである。　（5）陽貨を正せる可能性が皆無ではなかったので、関係を絶とうとはしなかったこと。　（6）詘は、かがめる。　（7）楊時の語。『論語精義』九上に引く。（8）揚雄は前漢から新の思想家。その斬新な思想と王莽に仕えた出処進退は、宋代の思想界では議論の対象になった。「或ひと問う、聖人詘すること有るか、と。曰わく、有り、と。曰わく、焉んぞ詘するか、と。曰わく、仲尼の南子に於けるや見んと欲せざる所なり。陽虎に於けるや敬せんと欲せざる所なり。敬せざる所、詘せずして如何。或ひと曰わく、衛の霊公陳を問うに、則ち何を以て詘せざるか、と。曰わく、身を詘するは、将に以て道を信ぶるなり。道を詘して身を信ぶるが如きは、天下と雖も為す可からざるなり、と」（『法言』五百）。

【補説】

［仁斎］極端なことをして面会を避けるのを孟子は「已甚《はなはだ》し（極端に過ぎる）」と言い、この箇所における孔子の態度はそれに該当しないとしている（『孟子』滕文公下）。つまり孔子は「已甚しきを為さず」（『孟子』離婁下）であったのであって、本章はこのことを記し、学ぶ者に世間に順応する「権（本筋のやり方ではないが道にはかなっていること）」を示したのである。志を持ち気力が横溢している者は性急で激高しやすい。聖人はそうではなく、その執る「権」は全て妥当なものなのである。朱子の注ではいろいろ議論しているが、穿鑿に過ぎる。

［徂徠］仁斎は『孟子』をもとにして、孔子は「已甚しきを為さず」であったとするが、これで孔子を尽くすことはできない。仁斎は朱子を穿鑿しすぎとするが、仁斎とても同じである。また朱子は、「身を屈して自己の道を維持しようとしたためである」という揚雄の語を批判した楊時の言葉を載せ、楊時に賛同している。しかし孔子は自分が伝える先王の道が滅びるのを恐れ、宋の桓魋《かんたい》が彼を殺そうとした時、「桓魋が自分をどうできようか」（述而第七・第二二章）と言う一方で、貧乏人に変装して秘かに宋を通過したのであって（『孟子』万章上）、「身を屈して自己の道を維持しようとしている」のである。

第二章

子曰、性相近也。習相遠也。［子曰わく、性は相い近きなり。習は相い遠きなり、と。］

ここで言われている「性」は、気質を兼ねて言ったものである。気質の性は、もとより美と悪の違いがある。しかし当初はみなあまりかけ離れてはいなかった。ただ善を習えば善となっていき、悪を習えば悪となっていく。そこで初めて大きな差が出てくるのである。○程子が言われた。「ここでは気質の性を言っているのであって、性の本を言っているのではない。もし本を言うならば、性は理であり、理は全て善である。孟子が性善を言ったのは、これである。等しく善なのであって、「たがいに近い」ことがあろうか」。

此所謂性、兼気質而言者也。気質之性、固有美悪之不同矣。然以其初而言、則皆不甚相遠也。但習於善則善、習於悪則悪。於是始相遠耳。○程子曰、此言気質之性、非言性之本也。若言其本、則性即是理、理無不善。孟子之言性善、是也。何相近之有哉。

此の所謂《いわゆる》性は、気質を兼ねて言う者なり。気質の性(1)は、固より美悪の同じからざる有り(2)。然れども其の初を以て言えば、則ち皆な甚だしくは相い遠からず(3)。但だ善を習えば則ち善、悪を習えば則ち悪。是に於て始めて相い遠きのみ(4)。○程子曰わく(5)、此れ気質の性を言い、性の本を言うに非ざるなり。若し其の本を言えば、則ち性は即ち是れ理、理は善ならざる無し。孟子の性善を言えるは、是れなり(6)。何の相い近きこと之れ有らん、と。

（1）朱子は、経書中の「性」の用例を、本来の性そのままの完全に善である「本然の性」と、気質を交えた「気質の性」に分けて説明する。（2）「気質の性」は肉体の気のバランスの影響を受けているために、美悪の差がある。（3）生まれたては美悪の差はあまり無いが、差があることには変わりないので「相い近し」と言うのである。（4）後天的に染みついていくものによって美悪の差が「相い遠く（開いていく）」なるのである。（5）程頤の語。『程氏遺書』一八では「気質の性」と「性は即ち是れ理」は別々の条に出てくるが、ここではそれらを合わせている。（6）孟子の性善説は有名である。例えば「孟子、性善を道う。言えば必ず尭舜を称す」（『孟子』滕文公上）。朱子は程頤の議論を継承して、本章の『論語』の「性」が「気質の性」を言ったのと異なり、孟子の性善は、理そのままの「本然の性」の方のことであるとする。このようにして両者の性概念の齟齬を調停しているのである。

【補説】

［仁斎］（次の第三章と合わせて一つの章とする）。

［徂徠］孔子は本章で、学を勧めることを言っているのである。ところが孔子が没して老子や荘子が現れ、専ら自然を唱え先王の道を偽りとしたのに対抗して、孟子が性善を言い、さらに荀子がそれに対抗して性悪を言うことになった。これらは宗門の争いである。朱子ら宋儒はそれに気づかず、「本然の性」と「気質の性」との両方を立てたが、古えの「性」が生まれつきの意味であることをわかっていないのである。仁斎がそれを批判したのは正しい。ただ仁斎は本章と孟子の性善説とを同内容としてしまった。本章の孔子の意は先天的な「性」にあるのではなく後天的な「習」の方にあるが、孟

子が議論したのは仁義が「性」に内在するか否かという問題であった。また孔子は「上知」と「下愚」は移らないと言うが（次章）、孟子は「人はみな尭舜になれる」と言った（『孟子』告子下）。孟子も理をあれこれ言っている点では朱子らと同類なのである。だいたい孟子の思想は他の思想家たちとの論争から出てきたもので、道の全体を説く孔子とは一致しないのである。

第三章

子曰、唯上知与下愚不移。［子曰わく、唯だ上知と下愚とは移らず、と。］

「知」は去声。○本章は前章を受けて言う。人の気質が接近している中、美と悪が一定してしまっていて、後天的に得られるものによって変えられない場合がある。○程子が言われた。「人の性は本より善である。それなのに変えることができないことがあるのはなぜか。性を語れば、みな善である。しかし才（素質）を語れば、下愚で変わらない場合がある。下愚なるものに二種類がある。「自暴」と「自棄」である。人がもし善を念頭に修養すれば、変われないことは無い。極めて昏愚であっても、みな徐々に錬磨しながら進歩することができる。ただ「自暴」である者は、これを拒んで信じようとしない。「自棄」である者は、これを絶って行おうとしない。聖人と一緒にいても、その感化を受けてこの道に入ることができない。仲尼が言う「下愚」である。しかし素質的には必ずしも暗く愚かであったのではない。しばしば凶暴で才力が人並すぐれている者がいる。商辛がこれである。聖人は、自分で善への道を絶っているがゆえに彼らを「下愚」と言った。帰着するところを考えてみると、誠に愚かなのである」。ある人が言った。「本章と前章とは、一章とすべきである。「子曰」の二字は、やはり衍文である」。

知、去声。○此承上章而言。人之気質相近之中、又有美悪一定、而非習之所能移者。○程子曰、人性本善。有不可移者、何也。語其性、則皆善也。語其才、則有下愚之不移。所謂下愚有二焉。自暴自棄也。人苟以善自治、則無不可移。雖昏愚之至、皆可漸磨而進也。惟自暴者、拒之以不信。自棄者、絶之以不為。雖聖人与居、不能化而入也。仲尼之所謂下愚也。然其質非必昏且愚

知は、去声。①○此れ上章を承けて言う。人の気質相い近きの中、又た美悪一定して、習の能く移す所に非ざる者有り。○程子曰わく、②人の性は本より善なり。移す可からざる者有るは、何ぞや。其の性を語れば、則ち皆な善なり。其の才を語れば、③則ち下愚の移らざること有り。所謂下愚に二有り。自暴自棄なり。④人苟《いやしく》も善を以て自ら治むれば、則ち移る可からざること無し。昏愚の至りと雖も、皆な漸磨して進む可し。惟だ自暴なる者は、之を拒みて以て信ぜず。自棄なる者は、之を絶ちて以て為さず。聖人与に居ると雖も、化して入ること能わざるなり。仲尼の所謂下愚なり。然れども其の質は必ずしも昏且つ愚に非ず。往往にして強戻《れい》にして才力の人に過ぐる

也。往往強戻而才力有過人者。商辛、是也。聖人以其自絶於善、謂之下愚。然考其帰、則誠愚也。或曰、此与上章当合為一。子曰二字、蓋衍文耳。

者有り。商辛、是れなり。(5) 聖人其の自ら善を絶つを以て、之を下愚と謂う。然れども其の帰を考うれば、則ち誠に愚なり、と。或ひと曰わく、此れ上章と当に合して一と為すべし。子曰の二字、蓋し衍文(6)なるのみ、と。

（1）ここでは「智」。里仁第四・第一章の注（3）（第1巻の三一〇ページ）を参照。（2）程頤の語。『易伝』革卦上六爻辞。（3）「才」については『孟子』では「夫の不善を為すが若きは、才の罪に非ざるなり」（告子上）と、善であると言う。しかし程頤は、性は善であるが「才」には善と不善があるとする（『程氏遺書』一九）。なお朱子は「才は、猶お材質のごとし。能なり」と言う（『孟子集注』告子上）。（4）「自暴なる者は与に言うこと有る可からざるなり。自棄なる者は与に為すこと有る可からざるなり。言、礼義を非《そし》る、之を自暴と謂うなり。吾が身、仁に居り義に由ること能わず、之を自棄と謂うなり」（『孟子』離婁上）。朱子は、「自暴」は「礼義の美為るを知らずして、之を非毀す」る者、「自棄」は「猶お仁義の美為るを知れども、但だ怠惰に溺れ、自ら必ず行うこと能わずと謂う」者とする（以上は、『孟子集注』）。（5）「商辛」は、殷の紂王。暴虐で周の武王に滅ぼされた。「帝紂は資弁捷疾、聞見甚だ敏。材力人に過ぎ、手もて猛獣を格す」（『史記』殷本紀）。（6）誤って入った語。

【補説】

［仁斎］朱子が言うように、本章の「子曰」は衍文であって、前章と本章は、一つの章である。

ここでは、聖人が人を教える場合、先天的な「性」を責めないで後天的な「習」を責めることを、明らかにしている。ただ教によって習えば善に入ることはできるが、上知と下愚は一定していて変わることはできない。

尭舜などの聖人と一般人とでは、性には大きな差がある。しかしここで「相い近し」と言うのは、生まれつきは様々であるが、四端を所有しているという点では同じだからである。いわば水には、甘苦清濁の差があるが、低きに流れるという点では同じであるようなものであって、孟子の性善説はこの低きに流れるという点について言ったのである。

［徂徠］仁斎は「子曰」を衍文とするが、後半の編者である原思が両方の語が互いに明らかにしあう内容なので連記したままで、同じ時の言葉であるわけでもない。（徂徠は、諱での表記がなされていることから、『論語』の前半は琴張、後半は原思の編集と見なしていた。）

「下愚」とは民を言う。下愚の人は士にはなれないので民のままなのである。当初から愚かさを憎んでいるのではなく、愚かでどうしても学ぶことができないということなのである。そもそもここでは善悪を問題にしているのではない。本章では「知」、「愚」とあるが、もし善悪の話なら「賢」、「不肖」と言うはずである。朱子は誰でも学ぶことによって聖人になれるのに、それができないのは気質（生まれつき）のせいではなく心の持ち方のせいであるとする。（朱子によれば、気質は変化できる。）しかし「性」には、移れるものも移れないものもある。「上知」と「下愚」は移れない「性」であり、その間の「中人」（雍也第六・第一九章）は上にも下にも移れる「性」を持つ。このように「性」は一律ではないのである。

＊本章と前章の注は、朱子の強烈な性善説の主張と、それに対する仁斎と徂徠の批判が最も直接的にぶつかりあっている箇所である。朱子は孟子の性善説を軸に誰でも聖人と同じ性を先天的に保有するとするが、仁斎と徂徠はそれを否定し、「性」は単なる「生まれつき」の意味とする。ただ仁斎が孔子とともに孟子をも尊崇して人々の善への性向を強調するのに対し（万人にそれを認めているわけではないが）、徂徠は孟子を否定し、個々の人間の素質はばらばらでそれを変えられないとする。

第四章

子之武城、聞弦歌之声。［子、武城に之《ゆ》き、弦歌の声を聞く。］

「弦」は琴瑟である。この時、子游は武城の宰となって、礼楽によって教えていた。それゆえ村人はみな弦歌を演奏した。

弦、琴瑟也。時子游為武城宰、以礼楽為教。故邑人皆弦歌也。

弦は、琴瑟なり(1)。時に子游武城(2)の宰と為り、礼楽を以て教を為す。故に邑人皆な弦歌す。

（1）「瑟」は大型で「琴」よりも弦が多い。　（2）魯の邑の名。

夫子莞爾而笑曰、割雞焉用牛刀。［夫子莞爾《かんじ》として笑いて曰わく、雞《にわとり》を割くに焉んぞ牛刀を用いん、と。］

「莞」は華版の反。「焉」は於虔の反。○莞爾は、ほほえむ様子。やはり喜んだのである。そこで小さな村を治めるのに、かかる大道を用いる必要があるのかねと言ったのである。

莞、華版反。焉、於虔反。○莞爾、小笑貌。蓋喜之也。因言其治小邑、何必用此大道也。

莞は、華版の反。(1)焉は、於虔の反。(2)○莞爾は、小しく笑う貌。(3)蓋し之を喜ぶなり。因りて其の小邑を治むるに、何ぞ必ずしも此の大道を用いんと言えるなり。(4)

（1）『経典釈文』二四。　（2）『経典釈文』二四。　（3）『論語集解』の何晏の注。　（4）『論語集解』に引く孔安国の注。

子游対曰、昔者偃也、聞諸夫子。曰、君子学道、則愛人、小人学道、則易使也。

［子游対えて曰わく、昔者《むかし》偃や諸《これ》を夫子に聞けり。曰わく、君子道を学べば、則ち人を愛す、小人道を学べば、則ち使い易《やす》し、と。］

「易」は去声。○「君子」と「小人」は位について言う。子游が唱えた内容は、孔子が常日頃言っていることであった。この語の内容はこうである。君子であっても小人であっても、みな学ばずにすむものではない。それゆえ武城は小さい村であるが、礼楽を教えることが必要なのである。

易、去声。○君子小人、以位言之。子游所称、蓋夫子之常言。言君子小人、皆不可以不学。故武城雖小、亦必教以礼楽。

易は、去声。(1) ○君子、小人は、位を以て之を言う。(2) 子游の称する所、蓋し夫子の常言なり。言うこころは、君子、小人は、皆な以て学ばざる可からず。故に武城小なりと雖も、亦た必ず教うるに礼楽を以てす。

（1）ここでは、「容易」の意。八佾第三・第四章の注（1）（第1巻の二二六ページ）を参照。（2）君子と小人の区別を、道徳の高下ではなく、身分の上下で言っていること。

子曰、二三子、偃之言是也。前言戯之耳。［子曰わく、二三子、偃の言是《ぜ》なり。前言は之に戯れしのみ、と。］

孔子は子游の篤実さを称え、さらに門人たちの迷いを解いたのである。○治める地域には大小の差がある。しかし統治する際に必ず礼楽を用いるということについては、道としての区別は無い。ただ人々の多くはこれを用いることができず、子游だけがこれを実践した。それゆえはからずも弦歌を耳にした孔子は深くこれを喜んだ。そこでその気持ちと逆に戯れの言葉を発してみたところ、子游は真正面から答えた。それゆえまた彼の言を肯定して、自ら戯れたことを認めたのである。

嘉子游之篤信、又以解門人之惑也。○治有大小。而其治之必用礼楽、則其為道一也。但衆人多不能用、而子游独行之。故夫子驟聞而深喜之。因反其言以戯之、而子游以正対。故復是其言、而

子游の篤信を嘉《よみ》し、又た以て門人の惑を解くなり。○治に大小有り。而して其の之を治むるに必ず礼楽を用うるは、則ち其の道為《た》るや一なり。但だ衆人多く用うること能わずして、子游独り之を行う。故に夫子驟《にわか》に聞きて深く之を喜ぶ。因りて其の言を反して以て之に戯るに、子游正を以て対《こた》う。故に復た其の言を是として、自ら其の

自実其戯也。　戯るを実にするなり。

【補説】

［徂徠］子游が武城の宰となったのは急務があったからだが、彼自身は知らなかった。礼楽による政治は、常法によったもので、迂遠とも言えるものである。それゆえ孔子は「鶏を割くのにどうして牛用の刀を用いようか」と微言（微妙な言葉で重要な内容を暗示する）したのであるが、子游は悟らなかったので、あえて前言を戯れとして、真意を言わなかったのである。当時の魯は公室が弱く三桓氏が専横していて、当時言うことのできないことがあり、今はその微言の内容はわからない。ただ呉に子游の祀堂があるからには、結局は子游も孔子の言葉の真意を悟り、魯を去ったのであろう。

後世、詩学が伝わらなくなったので、孔子に微言が多いことがわからなくなった。であるから朱子も仁斎もそれに気づかず、孔子が子游の返答を聞いて、「はからずも弦歌を耳にした孔子は深くこれを喜んだ」などと言うのである。

第五章

公山弗擾以費畔。召。子欲往。［公山弗擾《ふつじょう》費を以て畔《そむ》く。召す。子往かんと欲す。］

「弗擾」は季氏の宰、陽虎と共に桓子を捕らえ、邑に本拠をおいて謀叛を起こした。

弗擾、季氏宰、与陽貨共執桓子、拠邑以叛。

弗擾は、季氏の宰、陽貨と共に桓子を執《とら》え、邑に拠り以て叛く。(1)

(1)『論語集解』に引く孔安国の注。また、「定公八年、公山不狃《じゅう》、意を季氏に得ず。陽虎の乱を為すに因りて、三桓の適を廃せんと欲し、更に其の庶孼《しょげつ》を立つ。陽虎は素《もと》より善しとする所の者、遂に季桓子を執《とら》う。桓子之を詐りて脱するを得。定公九年、陽虎、犇《ほん》に斉に勝たず。是の時孔子年五十。公山不狃、費を以て季氏に畔き、人をして孔子を召さしむ」(『史記』孔子世家)。「適」は嫡子、「庶孼」は庶子。

子路不説、曰、末之也已。何必公山氏之之也。「子路説《よろこ》ばず、曰わく、之《ゆ》くこと末《な》きのみ。何ぞ必ずしも公山氏に之《こ》れ之《ゆ》かん、と。」

「説」の音は悦。○「末」は無いこと。この語の意味はこうである。道はもう行われていないのだから、赴くような所は無い。どうしてわざわざ公山氏のもとになど行くことがあろうか。

説、音悦。○末、無也。言道既不行、無所往矣。何必公山氏之往乎。

説は、音悦。(1) ○末は、無なり。(2) 言うこころは、道既に行われざれば、往く所無し。何ぞ必ずしも公山氏に往かん。

（1）『経典釈文』二四。ここでは、「喜ぶ」。学而第一・第一章の注（1）（第1巻の五四ページ）を参照。（2）『論語集解』に引く孔安国の注に「之く可きこと無ければ、則ち止むのみ」。

子曰、夫召我者、而豈徒哉。如有用我者、吾其為東周乎。［子曰わく、夫れ我を召す者にして、豈に徒《いたずら》ならんや。如し我を用うる者有れば、吾其れ東周を為さんか、と。］

「夫」の音は扶。○「無駄にそのようにするであろうか」とは、必ず自分を用いることを言う。「東周を作る」とは、周の道を東方に興そうとすることを言う。○程子が言われた。「聖人は、天下には何も為しえない人は無く、また過ちを改められない人はいないと思っていたので、赴こうとした。しかし結局行かなかったのは、必ずしも改められないことがわかったためである」。

夫、音扶。○豈徒哉、言必用我也。為東周、言興周道於東方。○程子曰、聖人以天下無不可有為之人、亦無不可改過之人、故欲往。然而終不往者、知其必不能改故也。

夫は、音扶。[1] ○豈に徒ならんやは、必ず我を用うるを言うなり。東周を為すは、周の道を東方に興さんことを言う。[2] ○程子曰わく、[3] 聖人天下に為すこと有る可からざるの人無く、亦た過を改むる可からざるの人無きを以て、故に往かんと欲す。然れども終に往かざるは、其の必ずしも改むること能わざるを知るが故なり、と。

（1）ここでは、「それ」。

雍也第六・第八章の注（1）（第2巻の一四六ページ）を参照。（2）『論語集解』何晏の注。（3）程頤の語。『程氏遺書』二二上。

【補説】

［仁斎］蘇軾が言うように、孔子を呼ぶからには、公山弗擾は謀反人とはいえ、善への志向があったのであろう（真徳秀『西山読書記』三四上に引く）。

［徂徠］何晏の言うように周の道を東方に興すとは、王室を尊び、天下に号令することで、斉の管仲の事業である。魯の三桓氏を抑えることになることは言うまでもない。

第六章

子張問仁於孔子。孔子曰、能行五者於天下為仁矣。請問之。曰、恭寛信敏恵。恭則不侮、寛則得衆、信則人任焉、敏則有功、恵則足以使人。〔子張仁を孔子に問う。孔子曰わく、能く五者を天下に行うを仁と為す、と。之を請い問う。曰わく、恭、寛、信、敏、恵。恭なれば則ち侮られず、寛なれば則ち衆を得、信なれば則ち人任じ、敏なれば則ち功有り、恵なれば則ち以て人を使うに足る、と。〕

この五項目を行えば、本来の心が維持されて理も全うされる。天下に対して、全てこのように対応することを言う。これは「夷狄に行っても、棄ててはならぬ」ことである。五項目は、子張に欠けている点をもとに言ったものである。「任」は、たよりにすることである。その効果がこのようであることを言う。○張敬夫が言った。「この五項目を天下に行えることができれば、その心が公平で行きわたっていることがわかる。その中でも恭が根本であろうか」。李氏が言った。「本章は、「六言六蔽」、「五美四悪」の類と同じように、前後の文体と非常に似ていない」。

行是五者、則心存而理得矣。於天下、言無適而不然。猶所謂雖之夷狄不可棄者。五者之目、蓋〔是の五者を行えば、則ち心存して理得。(1)天下に於ける、適《ゆ》くとして然らざる無きを言う。猶お所謂夷狄に之くと雖も棄つ可からざる者のごとし。(2)五者の目は、蓋し子張

因子張所不足而言耳。任、倚仗也。又言其効如此。〇張敬夫曰、能行此五者於天下、則其心公平而周徧可知矣。然恭其本与。李氏曰、此章与六言六蔽五美四悪之類、皆与前後文体大不相似。

の足らざる所に因りて言うのみ。任は、倚仗なり。[3] 又た其の効の此の如きを言う。〇張敬夫曰わく、[4] 能く此の五者を天下に行えば、則ち其の心公平にして周徧なること知る可し。然して恭は其の本か、と。李氏曰わく、[5] 此の章は、六言六蔽、[6] 五美四悪[7] の類と、皆な前後の文体と大に相い似ず、[8] と。

（1）この「心」は、本来の善なる心。「君子の人に異なる所以の者は、其の心を存するを以てなり」（『孟子』離婁下）。（2）子路第一三・第一九章。（3）「近臣已に杖するに足らず」（『漢書』李尋伝）の顔師古の注に「杖は、倚任を謂うなり」。（4）張栻の語。『癸巳論語解』。（5）李郁の語。（6）本篇第八章。（7）尭曰第二〇・第二章。（8）数字でまとめるこのような言い方が、『論語』の他の箇所の表現と似ていないこと。

【補説】

［徂徠］ここでは仁政を言っているのである。孔子の最初の語は、「この五者を行えることを仁と言う」ということではなく、「この五者を行ってこそ、その後で仁政が実施できる」ということである。孔子が天下の事を告げた者は顔回と子張だけであって、子張はやはり特別の才があったのである。孟子は天下の人と議論を張り合ったので、やたらに天下を言った。孔子が天下を持ち出すのは特別な意

味を持っていた。それなのに朱子は、「夷狄に行ってもなど」と言う始末である。

第七章

仏肸召。子欲往。［仏肸《ひつきつ》召す。子往かんと欲す。］

「仏」の音は弼。「肸」は許密の反。○「仏肸」は晋の大夫、趙氏の仲牟《ちゅうぼう》の宰である。

仏、音弼。肸、許密反。○仏肸、晋大夫、趙氏之中牟宰也。

仏は、音弼。(1) 肸は、許密の反。(2) ○仏肸は、晋の大夫、趙氏の中牟の宰なり。(3)

（1）『経典釈文』二四。（2）『経典釈文』二四。（3）仏肸は、『論語集解』に引く孔安国の注では「晋の大夫の趙簡子の邑宰」と言い、邢昺は「晋の大夫の趙簡子の中牟の邑宰なり」とする（『論語正義』）。

子路曰、昔者由也聞諸夫子。曰、親於其身為不善者、君子不入也。仏肸以中牟

畔。子之往也、如之何。「子路曰わく、昔者《むかし》由や諸《これ》を夫子に聞く。曰わく、親《みずか》ら其の身に於て不善を為す者は、君子は入らず、と。仏肸中牟を以て畔《そむ》く。子の往くや、之を如何、と。」

子路は、仏肸が孔子を汚すことを恐れた。それゆえこのことを問うて先生が赴くのを止めようとした。「親」は、自ら。「入らず」は、そのような人物の地元には入らないこと。

子路恐仏肸之浼夫子。故問此以止夫子之行。親、猶自也。不入、不入其党也。

子路仏肸の夫子を浼《けが》す(1)ことを恐る。故に此を問いて以て夫子の行くを止む。親は、猶お自らのごとし。入らずとは、其の党(2)に入らざるなり。

(1) 汚す。　(2) 五百家を一党とする。なおその一党の意味とも解釈できる。

子曰、然、有是言也。不曰堅乎、磨而不磷。不曰白乎、涅而不緇。「子曰わく、然り、是の言有るなり。堅きを曰わずや、磨《ま》すれども磷《うすら》がず。白きを曰わずや、涅《でっ》すれども緇《くろ》まず、と。」

「磷《りん》」は力刃の反。「涅」は乃結の反。「磷」は薄くする。「涅」は黒に染めるもの。この語の意味はこうである。他人の不善は自分を汚すことができない。楊氏が言った。「磨いても薄くならず、黒の染料で染めても黒くならないようであれば、よいともよくないとも決めつけることなく状況に応じて適切に行える。堅さや白さが足りないのに自分を磨いたり染めたりすることを試みようとすれば、薄くなったり黒くなったりしないことはほとんど無い」。

磷、力刃反。涅、乃結反。磷、薄也。涅、染皁物。言人之不善、不能浼己。楊氏曰、磨不磷、涅不緇、而後無可無不可。堅白不足、而欲自試於磨涅、其不磷緇也者幾希。

磷《りん》は、力刃の反。(1) 涅は、乃結の反。(2) 磷は、薄なり。(3) 涅は、皁《そう》に染むる物。(4) 言うこころは、人の不善、己を浼《けが》すこと能わず。楊氏曰わく、(5) 磨すれども磷かず、涅すれども緇まず、而る後可も無く不可も無し。(6) 堅白足らずして、自ら磨涅を試みんと欲すれば、其の磷緇《し》せざる者幾《ほと》ど希なり、と。

（1）『経典釈文』二四。　（2）『経典釈文』二四。　（3）『論語集解』に引く孔安国の注。「涅」は、黒く染める顔料。「皁」は、黒。　（4）『論語集解』に引く孔安国の注。　（5）楊時の語。『論語精義』九上に引く。　（6）微子第一八・第八章。

吾豈匏瓜也哉。焉能繫而不食。［吾豈に匏瓜《ほうか》ならんや。焉んぞ能く繫《か》かりて食《くら》わざらん、と。」

「焉」は於虔の反。〇「匏」はひさご。ひさごは一箇所にぶらさがって飲食することはできない。人はこのようなものではない。〇張敬夫が言った。「子路が昔孔子から聞いたのは、君子が身を清廉に守る常法、孔子が今日言ったのは、聖人が体得した道の融通無碍な実現である。しかし孔子が公山仏肸の招きに対して赴こうとしたのは、天下には変わることのできない人は無く、できない事は無いからである。結局は赴かなかったのは、この人物が結局は変わることができなく、きちんと成し遂げられないのを知ったからである。一つは物をはぐくみ育てる仁、一つは人を見抜く智である」。

焉、於虔反。〇匏、瓠也。匏瓜繫於一処、而不能飲食、人則不如是也。〇張敬夫曰、子路昔者之所聞、君子守身之常法、夫子今日之所言、聖人体道之大権也。

焉は、於虔の反①。〇匏は、瓠なり②。匏瓜一処に繫かりて、飲食すること能わず③。人は則ち是の如からざるなり。〇張敬夫曰わく④、子路昔者《むかし》聞ける所は、君子身を守るの常法、夫子今日の言う所は、聖人の道を体するの大権なり。然れども夫子公山仏肸の召すに於て、皆な往かんと欲す

然夫子於公山仏肸之召、皆欲往者、以天下無不可変之人、無不可為之事也。其卒不往者、知其人之終不可変、而事之終不可為耳。一則生物之仁、一則知人之智也。

るは、天下に変ず可からざるの人無く、為す可からざるの事無きを以てなり。其の卒《つい》に往かざるは、其の人の終に変ず可からず、事の終に為す可からざることを知ればなり。一は則ち物を生ずるの仁、一は則ち人を知るの智なり、と。

（1）『経典釈文』二四。（2）『論語集解』に引く孔安国の注。（3）本文の「不食」を朱子が「匏瓜自体が飲食する」と「匏瓜を飲食する」のどちらに解釈したのかは問題である。ただ『論語集解』の何晏の注には「言うこころは匏瓜の一処に繫かるを得るは、食わざるが故なり。吾自ら物を食う。当に東西南北なるべく、食わざる物の一処に繫滞するが如きを得ず」とあり、朱子は「古注是なり」（『朱子語類』四七）とこれを肯定しているので、それに合わせて「匏瓜自体が飲食する」に取り、「ひさごが一箇所にぶらさがり動かないですんでいるのは飲食しないからであるが、人間は飲食するのでそうしているわけにはいかない」と解釈しておく。（4）張栻の語。『癸巳論語解』九。

【補説】

［仁斎］昔孔子が言ったという内容は、君子が身を守る常法ではあるが、仁を尽くしているわけではない。聖人は天下を我が身のように親身に見るのであって、善意で召された場合は拒むことはない。

公山弗擾、仏肸の二章でともに孔子が赴こうとしたことのみを記して、結局は赴かなかったことを記さなかったのは、天下に仁を行おうとする孔子の心を示すのに急で、赴かなかったことなど論ずる暇が無かったからである。

［徂徠］「匏瓜」は、苦匏（にがうり）ではなく、焦竑《しょうこう》が言うように星のことである。だから「繫く」と言うのである。また苦匏の意味であったとしたら、卑俗に過ぎる。当時は児童や女子であっても星のことを知っていたので、このようなことわざがあったのである。なお上記の仁斎の議論は味わいがある。

第八章

子曰、由也、女聞六言六蔽矣乎。対曰、未也。［子曰わく、由、女《なんじ》六言六蔽を聞くや、と。対《こた》えて曰わく、未だし、と。］

「女」の音は汝。以下同じ。〇「蔽」は遮り掩うこと。

女、音汝。下同。〇蔽、遮掩也。　女は、音汝。(1) 下も同じ。〇蔽は、遮り掩うなり。(2)

（1）ここでは、「汝」。為政第二・第一七章の注（1）（第1巻の一八三ページ）を参照。（2）学を好まないと、六言（仁、知、信、直、勇、剛）のそれぞれにそれを遮り掩ってしまうものがあるということ。

居、吾語女。「居れ、吾女に語《つ》げん。」

「語」は去声。○礼に、君子が新たな質問を始めた場合には、起立してお答えするとある。それゆえ孔子は子路に諭して、元通り席に座らせてから告げたのである。

語、去声。○礼君子問更端、則起而対。故孔子諭子路、使還坐而告之。

語は、去声。(1)○礼に君子問うに端を更《あらた》むれば、則ち起ちて対《こた》う。(2)故に孔子子路に諭して、坐に還らしめて之に告ぐ。(3)

（1）ここでは、「告げる」。八佾第三・第一三章の注（1）（第1巻の二九七ページ）を参照。（2）『礼記』曲礼上。「端を更む」とは、前の話が終わり、別の質問に転じること。邢昺の疏に、「更端は、別事なり。嚮《さき》の語已に畢り、更に他事を問う」と言う（『礼記正義』）。（3）孔子は、礼に従って起立した子路を、また元通り座らせてから告げたのである。

好仁不好学、其蔽也愚。好知不好学、其蔽也蕩。好信不好学、其蔽也賊。好直不好学、其蔽也絞。好勇不好学、其蔽也乱。好剛不好学、其蔽也狂。「仁を好みて学を好まざれば、其の蔽や愚。知を好みて学を好まざれば、其の蔽や蕩。信を好みて学を好まざれば、其の蔽や賊。直を好みて学を好まざれば、其の蔽や絞。勇を好みて学を好まざれば、其の蔽や乱。剛を好みて学を好まざれば、其の蔽や狂、と。」

「好」と「知」はともに去声。○「六言」はみな美徳である。しかし好むばかりで学んで理を明らかにしなければ、それぞれ弊害が出てくる。「愚」は、陥《おとしい》れられごまかされたりするといった類である。「蕩」は、高きを窮め広きを極めようとして際限が無くなってしまうことを言う。「賊」は、他者に傷つけられてしまうことを言う。「勇」は、剛が発動したもの。「剛」は、勇の本体である。「狂」は、喧噪で軽率なことである。○范氏が言った。「子路は善を行うことに勇猛であった。しかしそれがうまくいかなかったのは、学を好んで道理を明らかにできなかったからである。それゆえ孔子はこのようなことを告げたのである。特にここで「勇」、「剛」、「信」、「直」を言っているのは、全て子路がこの方面に偏っているのを矯正するためである」。

好知、並去声。○六言皆美徳。然徒好之、而不学以明其理、則各有所蔽。愚、若可陥可罔之類。蕩、謂窮高極広而無所止。賊、謂傷害於物。勇者、剛之発。剛者、勇之体。狂、躁率也。○范氏曰、子路勇於為善。其失之者、未能好学以明之也。故告之以此。曰勇、曰剛、曰信、曰直、又皆所以救其偏也。

好、知は、並びに去声。[1] ○六言は皆な美徳なり。然れども徒《いたずら》に之を好みて、学びて以て其の理を明らかにせざれば、則ち各ゝ蔽わるる所有り。愚は、陥《おとしい》らる可く罔《し》いらる可きの類の若し。[2] 蕩は、高きを窮め広きを極めて止まる所無きを謂う。賊は、物に傷害せらるるを謂う。勇は、剛の発。剛は、勇の体。[3] 狂は、躁率なり。[4] ○范氏曰わく、[5] 子路善を為すに勇なり。其の之を失う者は、未だ学を好み以て之を明らかにすること能わざればなり。故に之に告ぐるに此を以てす。曰わく勇、曰わく剛、曰わく信、曰わく直、又た皆な其の偏を救う所以なり、[6] と。

（1）「好」は、ここでは「好む」。学而第一・第二章の注（1）（第1巻の六一ページ）を参照。「知」は、ここでは「智」。里仁第四・第一章の注（3）（第1巻の三一〇ページ）を参照。（2）「君子は逝かしむ可し。陥《おとしい》る可からざるなり。欺く可し。罔《し》う可からざるなり」（雍也第六・第二四章）。
（3）朱子は、この箇所を弟子に聞かれて、『春秋左氏伝』隠公九年の「公子突曰わく、勇にして剛無き者をして寇を嘗《こころ》みて速やかに之を去らしめん」をあげ、「勇とは外に発見《はつげん》する者なり」と言う（『朱子語類』四七)。 (4)騒がしく、軽率。 (5)范祖禹の語。『論語精義』九上に引く。 (6)子路は勇猛果敢、直情径行であったから、特にこれらを挙げてたしなめたというのである。

【補説】

[仁斎]この六項は天下の美徳である。しかし気質や好尚の偏りから、正しい状態を得られない場合がある。そこで学問によってその偏りを正すのである。仁とは「人を愛する」ことであって、もし学ばなければ、婦人の仁のような優柔不断となってしまうのである。

[徂徠]「六言六蔽」は古語である。古人の学は条目によって教え、また守る実学であった。後人が「一貫」を尊重した議論で割り切ろうとするのは、実を努めないからである。

仁の弊害については朱子の論が正しい。仁斎の解釈は仁を慈愛、学を知のこととするもので、仁や学をわかっていない。そもそも古えの学は詩書礼楽によって先王の道を学ぶことであり、徳を実現するのは専ら礼楽によるのである。また知の弊害についても朱子の論が正しい。後の儒者たちは礼楽や鬼神を廃して理に帰着させようとする。なお信の弊害は任俠の徒のようなことである。

朱子は勇と剛を一体化させるが、そもそも「六言」は六種の徳を言うのであって、勇と剛は別の徳である。徳は各人の性(生まれつき)によって異なるがゆえに多くの種類がある。人々は自分の生まれつきの性格に近い徳を好む。そこで学ぶことによって、先王陶冶の中に身を入れ、それぞれの徳を養い完成させていき、天下の役に立っていくのである。仁斎が偏りを正すなどと言うのは、後世流の議論で、真意を得ていない。

第九章

子曰、小子、何莫学夫詩。［子曰わく、小子、何ぞ夫《か》の詩を学ぶこと莫き。］

「夫」の音は扶。○「小子」は弟子である。

夫、音扶。○小子、弟子也。　夫は、音扶。(1)○小子は、弟子なり。(2)

（1）ここでは「彼《か》の」。雍也第六・第八章の注（1）（第2巻の一四六ページ）を参照。（2）『論語集解』に引く包咸の注では、「門人なり」。

詩可以興、［詩は以て興す可く、］

志と意識を触発して発動させる。

感発志意。　　　志意を感発す[1]。

（1）詩によって心が触発され、道徳的な心情が発動するようになる。「詩を読みて、其の美ならざる者を見ては人をして羞悪《しゅうお》せしめ、其の美なる者を見れば、人をして興起せしむ」（『朱子語類』四七）。

可以観、［以て観る可く、］

善し悪しの区別を省察する。

考見得失。　　　得失を考見す。

可以群、［以て群す可く、］

人々と調和するが流されない。

和而不流。　　　　　和して流れず(1)。

(1)『中庸』第一〇章。

可以怨。［以て怨む可し。］

君主に不満を持っても怒らない。

怨而不怒。　　　　　怨みて怒らず(1)。

(1)『史記』周本紀にのせる召公が厲《れい》王を諫めた言葉の中にある語。君に仕える姿勢としてこれを言う。『論語集解』に引く孔安国の注でも「怨」を政治に対する不満とする。

邇之事父、遠之事君、［之を邇《ちか》くしては父に事え、之を遠くしては君に事え、］

人倫の道は、詩に全て具わっている。この二者は特にそのうちの重いものを挙げて言う。

人倫之道、詩無不備。二者挙重而言。

人倫の道、詩に備わらざる無し。二者[1]は重きを挙げて言う。[2]

（1）父に仕えることと、君に仕えること。　（2）張載の語に同内容のものがあり、『論語精義』九上に引く。なお全く同じわけではないが、『正蒙』楽器篇第一五がそのもとかと思われる。

多識於鳥獣草木之名。［多く鳥獣草木の名を識る、と。］

その副産物は、博学多識に寄与することである。○詩を学ぶ方法は、この章に尽くしている。この経書を読む者は、心を尽くすべきである。

其緒余又足以資多識。○学詩之法、此章尽之。読是経者、所宜尽心也。

其の緒余[1]は又た以て多識に資するに足る。○詩を学ぶの法、此の章之を尽くす。是の経を読む者、宜しく心を尽くすべき所なり。

(1) 余りとして派生的に出てくるもの。

【補説】

［仁斎］学問は強制するものではなく、関心や興趣が起こらなければ善へと進んでいけない。それゆえ「以て興る可し」と言うのである。ただ同時に孔子は、子貢と子夏だけに「ともに詩を語れる」とした。学ぶ者は、『詩経』の詩の入りやすさと理解の困難の両方を知るべきである。

［徂徠］『詩経』の働きは、「興」と「観」にある。「興」は類推によって関心の対象が限り無く展開していくこと、「観」はそれらを目の当たりにするように心に受け止めることである。朱子が「興」について「志意を感発す」と解釈するのは、むしろ「観」のことである。それぞれの状況で知るべきものを知り、天下の事がみな自分に集まるのは「観」の効能である。『書経』は聖賢の大訓であり、礼楽は徳の準則であるが、詩が補佐しなければ、あまねく心に体することができない。また両者はその教法が変わらないので、「興」によって詩が補佐しなければ、事物に対応して縦横に変化していかない。「以て群す可く、以て怨む可し（集団で切磋し、政治を諫める）」も詩の用い方について言っているのであって、朱子のような解釈では詩と関係なくなる。父や君に仕えることも、「興」、「観」、「群」、「怨」によってするのであって、鳥獣草木の名を多く知るようになるのは、朱子が言うようにその派生的効果である。

第十章

子謂伯魚曰、女為周南召南矣乎。人而不為周南召南、其猶正牆面而立也与。「子、伯魚に謂いて曰わく、女、周南、召南を為《まな》びたるか。人にして周南、召南を為《まな》ばざれば、其れ猶お正しく牆《かき》に面して立つがごときか、と。」

「女」の音は汝。「与」は平声。◯「為」は、学ぶということ。「周南」、「召南」は、『詩経』の首篇の名。そこで言っている内容は、みな我が身を修め家を秩序あらしめる事である。「正しく牆に面して立つ」とは、至近の地であっても、一物も見えず、一歩も行けないのを言う。

女、音汝。与、平声。◯為、猶学也。周南召南、詩首篇名。所言皆修身斉家之事。正牆面而立、言即其至近之地、而一物無所見、一歩不可行。

女は、音汝。(1) 与は、平声。(2) ◯為は、猶お学のごとし。(3) 周南、召南は詩の首篇の名。(4) 言う所は皆な身を修め家を斉うるの事。(5) 正しく牆に面して立つは、其の至近の地に即きて、一物も見る所無く、一歩も行く可からざるを言う。

(1) ここでは、「汝」。為政第二・第一七章の注(1)(第1巻の一八三ページ)を参照。　(2) ここでは、「……か」。学而第一・第二章の注（1）（第1巻の六四ページ）を参照。（3）邢昺『論語正義』。（4）『詩経』の最初の篇名。（5）『大学』に見える「身を修む」と「家を斉《ととの》う」。「修身」は当然としても、ここで特に「斉家」も持ち出しているのは、「周南」の最初の五詩が后妃の徳を詠じているのをはじめ、この箇所にはかなりこの方面の詩が含まれているからである（朱子『詩集伝』）。


【補説】

［仁斎］もし「周南」、「召南」を学ばず、先王の教化の盛大さを知らなければ、目前の「小康（それなりに安定した社会）」に安んじて聖世の「大同（究極の理想社会）」を理解しないことになる。

［徂徠］「周南」と「召南」の中で家庭関係の詩は最初の「関雎《かんしょ》」だけで、朱子が「我が身を修め家を秩序あらしめる事」と概括するのは誤りである。また仁斎が「小康」と「大同」を持ち出すのも語の使用法がおかしい。「其れ猶お正しく牆に面して立つがごときか」とは、『書経』周書・周官に類似の語があるように、学ばないこと。古えの学は詩書礼楽であり、その中では詩と礼が先である。「周南」と「召南」はその詩（『詩経』）の中でも最初にあり、家から国、さらに天下へと伸びる周の先王の教化の最初に位置するものなのである。そもそも周の世に生まれれば、周の先王の道を学びその徳を完成させ、君子となろうとしたのである。後世の儒者は仏教や道家・道教の教説に泥んで聖人になることを目ざし、学んでその時代の士君子となることの意味を理解していない。

第十一章

子曰、礼云礼云。玉帛云乎哉。楽云楽云。鐘鼓云乎哉。［子曰わく、礼と云い礼と云う。玉帛を云わんや。楽と云い楽と云う。鐘鼓を云わんや、と。］

敬虔な気持ちで玉帛を献上すれば、礼と言える。調和の精神で鐘鼓を奏でれば、楽と言える。根本を忘れて末梢的な事に従事すれば、礼楽と言えようか。○程子が言われた。「礼は一つの序（秩序）にほかならない。楽は一つの和（調和）にほかならない。この両字は、多くの義理を含んでいる。天下には礼楽でないものは無い。例えば二脚の椅子を置く場合、一脚が正しくなければ、もう秩序が無くなってしまう。秩序が無くなれば逸脱し、逸脱すれば調和しなくなる。さらに盗賊などは、不道の限りを尽くすが、そこにはまた礼楽がある。上下秩序があるからこそ、部下が必ず恭順するのであって、そこで盗みができるのである。そうでなければすぐ謀叛が起こって統率が無くなり、一日とても集まって盗みを行うことができなくなるのである。礼楽はいたるところにある。学ぶ者はそれを認識せねばならない」。

敬而将之以玉帛、則為礼。和而発之以鐘鼓、則為楽。遺其本而専事其末、則豈礼楽之謂哉。○

敬して之を将《たてまつ》るに玉帛(1)を以てすれば、則ち礼と為す(2)。和して之を発するに鐘鼓を以てすれば、則ち楽と為る(3)。其の本を遺《わす》れて専ら其の末を事とすれば、則ち豈に礼楽の

程子曰、礼只是一箇序。楽只是一箇和。只此両字、含蓄多少義理。天下無一物無礼楽。且如置此両椅、一不正、便是無序。無序便乖、乖便不和。又如盗賊至為不道、然亦有礼楽。蓋必有総属、必相聴順、乃能為盗。不然則叛乱無統、不能一日相聚而為盗也。礼楽無処無之。学者要須識得。

謂ならんや。(4) ○程子曰わく、(5) 礼は只だ是れ一箇の序。楽は只だ是れ一箇の和。只だ此の両字、多少の(6)義理を含蓄す。天下一物として礼楽無きは無し。且如《たとえ》(7)ば此の両椅(8)を置くに、一も正しからざれば、便ち是れ序無し。序無ければ便ち乖《そむ》き、乖けば便ち和せず。又た盗賊の如きは、至りて不道を為せども、然れども亦た礼楽有り。蓋し必ず総属(9)有りて、必ず相い聴順して、乃ち能く盗を為す。然らざれば則ち叛乱して統無く、一日も相い聚まりて盗を為すこと能わざるなり。礼楽は処として之れ無きこと無し。学者須く識得すべきことを要す(10)、と。

（1）儀礼用の玉の工芸品と絹のたば。祭祀や外交や朝廷への参内などで用いた。（2）「恭敬とは、幣の未だ将《たてまつ》らざる者なり。恭敬にして実無ければ、君子は虚しく拘《とど》む可からず」（『孟子』尽心上）。朱子はここの注で「将は、奉なり」とする。またこの語の意味は、恭敬は幣（ささげもの）を奉る前から既に存在するものなのであって、恭敬の心が無ければ君子を引き留めておくことはできない、ということ（以上は、『孟子集注』）。（3）「和順中に積みて英華外に発す。唯だ楽以て偽を為す可からず」（『礼記』楽記）。（4）恭敬の心を忘れれば礼と言えず、調和の精神を忘れれば楽とは言えないということ。（5）程頤の語。『程氏遺書』一八。（6）「多少」は、多いこと。（7）「且如」は、例えばの意。（8）二脚の椅子。（9）統率者と服属者の上下秩序。（10）「要須」は、せねばならないということ。

【補説】

［徂徠］玉帛や鐘鼓は礼楽に使う器具の中では大きいものであって、このことからこの語が君主のために言われたものであることがわかる。先王の礼楽の道は、それを自分に施す時は自分の徳を成就し、他者に用いる時は風俗を醇化する。つまり楽は言葉によらぬ無為の教化を行うことに意味があるのに、世の君主は単なる娯楽と思ってしまっていたので、孔子はこう言ったのである。朱子たちが「敬」だの「和」だの「序」だのを持ち出しているのは、その理の重視のゆえであり、ましてや程子が盗賊の譬えをすることなどは論外である。これは礼楽からは片時も離れられないことを極言したものであるが、そもそも聖人を尊信しない者に対して言葉で教えようとしても無意味である。聖人とは及ぶことができない存在であり、聖人の道を尊信して奉ずる気持ちがあってこそ、聖人の教化は意味を持つのである。信じていない人に対して弁論で信じさせようとするのは孟子以後の弊害である。

第十二章

子曰、色厲而内荏、譬諸小人、其猶穿窬之盗也与。［子曰わく、色厲《れい》にして内荏《じん》なるは、諸《これ》を小人に譬うれば、其れ猶お穿窬《せんゆ》の盗のごときか。」

「荏」は而審の反。「与」は平声。◯「厲」は威厳。「荏」は柔弱。「小人」は貧しい庶民。「穿」は、壁に穴をあける。「窬」は屏を越える。実質が無いのに名声を盗み取り、いつも人に見抜かれるのを恐れることを言う。

荏、而審反。与、平声。◯厲、威厳也。荏、柔弱也。小人、細民也。穿、穿壁。窬、踰牆。言其無実盗名、而常畏人知也。

荏は、而審の反。(1) 与は、平声。(2) ◯厲は、威厳なり。荏は、柔弱なり。(3) 小人は、細民なり。(4) 穿は、壁を穿つ。(5) 窬は、牆を踰ゆ。(6) 其の実無く名を盗みて、常に人の知るを畏るるを言うなり。

（1）『経典釈文』二四。　（2）ここでは、「……か」。学而第一・第二章の注（1）（第1巻の六四ページ）を参照。　（3）『論語集解』に引く孔安国の注。　（4）平民。　（5）『論語集解』に引く孔安国の注。「穿窬の盗」とは、こそどろ。　（6）『論語集解』に引く孔安国の注。

【補説】

［仁斎］これは位にある者のために言った語である。外貌は温（温和）に、内心は剛（剛直）であるの

がよい。外貌ばかりいかめしくして下に臨むから、常に人に見抜かれないかと懸念するのである。
〔徂徠〕「色」に対して「心」ではなく「内」を持ち出しているように、この語は「色」を中心にして言っている。仁斎は外貌は温和で内心は剛であれと言うが、剛は美徳ではあるものの、学を好まなければ弊害が出るし（本篇第八章）、そもそも古えに心が剛であれという言葉は無い。

第十三章

子曰、郷原、徳之賊也。〔子曰わく、郷原は、徳の賊なり。〕

「郷」は田舎の意。「原」は「愿」と同じである。『荀子』の「原愨《げんかく》」について、その注で「愿」と同じ音義としているのがこれである。「郷原」は、田舎者で実直風な者である。時流に同化し汚濁に合わせて世間に媚びる。それゆえ田舎者の中では、「実直」と言われるのである。孔子は、徳に似ているが徳ではなく、逆に徳を乱すがゆえに、徳を損なう者として、深くこれを憎んだ。詳細は『孟子』の最後の篇に見られる。

郷者、鄙俗之意。原与愿同。荀子原愨、註読作愿、是也。郷原、

郷とは、鄙俗の意。原は、愿と同じ。[1] 荀子の原愨《げんかく》は、[2] 註に読みて愿に作る、[3] 是れなり。[4] 郷原は、郷人の愿なる者

郷人之愿者也。蓋其同流合汚以媚於世。故在郷人之中、独以愿称。夫子以其似徳非徳、而反乱乎徳、故以為徳之賊、而深悪之。詳見孟子末篇。

なり。蓋し其の流を同じくして汚に合して(5)以て世に媚ぶ。故に郷人の中に在りて、独り愿を以て称せらる。夫子其の徳に似て徳に非ずして、反て徳を乱るを以て、故に以て徳の賊と為して、深く之を悪む。詳らかに孟子の末篇に見ゆ(6)。

（1）実直。　（2）実直誠実。　（3）『荀子』の楊倞の注には見えない。　（4）『荀子』では「原愨」（栄辱）に作る場合と「愿愨」（君道、正論）に作る場合がある。　（5）次の注（6）の引用文を参照。　（6）「万章曰わく、一郷皆な原人と称す。往く所として原人為らざるは無し。孔子以て徳の賊と為すは、何ぞや、と。曰わく、之を非とせんに挙ぐる無きなり。之を刺《そし》らんに刺る無きなり。流俗に同じくし汚世に合す。之に居ること忠信に似、之を行うこと廉潔に似る。衆皆な之を悦び、自ら以て是と為せども、与に尭舜の道に入る可からず。故に徳の賊と曰うなり。孔子曰わく、似て非なる者を悪む。……郷原を悪むは、其の徳を乱るを恐るるなり、と」（『孟子』尽心下）。

【補説】

［徂徠］「徳の賊」とは、郷原が有徳者に紛らわしいので、有徳者を妨害することである。

第十四章

子曰、道聴而塗説、徳之棄也。［子曰わく、道に聴きて塗《みち》に説くは、徳を棄つるなり、と。］

善言を聞いてもそれが自分のものとならない。これは自分で徳を捨てることである。〇王氏が言った。「君子は先人の言行を多く頭に入れて、それで自分の徳を培う。道ばたで耳にしたことをそのまま路上で説くのは、捨てているようなものである」。

雖聞善言、不為己有。是自棄其徳也。〇王氏曰、君子多識前言往行、以畜其徳。道聴塗説、則棄之矣。

善言を聞くと雖も、己の有と為らず。是れ自ら其の徳を棄つるなり。〇王氏曰わく(1)、君子多く前言往行を識りて、以て其の徳を畜《やしな》う(2)。道に聴き塗に説くは、則ち之を棄つるなり、と。

（1）王安石の語。やや関係のある語としては、「故に大畜に於けるや、君子多く前言往行を識るを以て、以て其の徳を畜う。徳を畜うは養より大なるは莫し」（「易象論解」、『臨川先生文集』六五）。あるいは今は失われた『易解』の語か。　（2）『易経』大畜卦・大象。

【補説】

［仁斎］古えに道を篤く尊んでいた時は、自分が心で煮詰め実行できてから人に説いた。後世は道徳が衰え軽薄になり、安易に著作や作文をして文章の技巧を喜ぶようになった。

［徂徠］ここでは口耳の学の批判を言っている。古えは師から受けた内容を理解し実行して、それから他人に告げた。口耳の学は自分のものになっていないのに弁舌にまかせるから聞かれやすく、その分有徳の言は無視されてしまう。「徳を棄つるなり」とはこのように世間で徳言が棄てられることであって、朱子が「自分で徳を捨てる」などと言うのは誤りである。

第十五章

子曰、鄙夫可与事君也与哉。［子曰わく、鄙夫《ひふ》は与に君に事うる可けんや。］

「与」は平声。○「鄙夫」は俗悪偏狭の者を言う。

与、平声。○鄙夫、庸悪陋劣之称。

与は、平声。(1)○鄙夫は、庸悪陋劣の称。

（1）ここでは、「……か」。学而第一・第二章の注（1）（第1巻の六四ページ）を参照。

其未得之也、患得之、既得之、患失之。［其の未だ之を得ざるや、之を得んことを患う、既に之を得れば、之を失わんことを患う。］

何氏が言った。「得ようと心配する」とは、得られないことを心配することを言う。

何氏曰、患得之、謂患不能得之。何氏曰わく(1)、之を得んことを患うとは、之を得ること能わざるを患うるを謂う。

（1）『論語集解』の何晏の注。

苟患失之、無所不至矣。［苟《いやし》くも之を失わんことを患うれば、至らざる所無し、と。］

小さいことでは王者に取り入るため腫れ物の膿を吸い痔《じ》を舐め、大きいことでは父と君とを弑殺するのは、みな「失うのを心配する」心から生ずるのである。○胡氏が言った。「許昌の斬裁《きんさい》之《し》がこのように言っている。「士の品階に、おおよそ三段階が有る。道徳に志す者は功名によって心を累《わずら》わさず、功名に志す者は富貴によって心を累わさず、富貴に志す者は何でもやる」。この「富貴に志す」のが、孔子の言う「鄙夫」である」。

小則吮癰舐痔、大則弑父与君、皆生於患失而已。○胡氏曰、許昌斬裁之有言、曰、士之品、大概有三。志於道徳者、功名不足以累其心、志於功名者、富貴不足以累其心、志於富貴而已者、則亦無所不至矣。志於富貴、即孔子所謂鄙夫也。

小は則ち癰を吮《す》い(1)痔を舐《な》め(2)、大は則ち父と君とを弑するは、皆な失うを患うるより生ずるのみ。○胡氏曰わく(3)、許昌(4)の斬裁之(5)言える有り、曰わく、士の品(6)、大概三有り。道徳に志す者は、功名を以て其の心を累わすに足らず、功名に志す者は、富貴を以て其の心を累わすに足らず、富貴のみに志す者は、則ち亦た至らざる所無し、と。富貴に志すは、即ち孔子の所謂鄙夫なり、と。

(1) 腫れ物の膿を吸う。「文帝嘗て癰を病む。鄧通常に帝の為に之を唶吮《さくせん》す」(『史記』佞幸列伝)。
(2) 痔を舐める。「秦王病有り。医を召す。癰を破り痤を潰す者は車一乗を得、痔を舐める者は車五乗を得」(『荘子』列御寇)。
(3) 胡寅の語。
(4) 京北路潁《えい》昌府許昌郡。
(5) 北宋の人。若く

して二程の学を聞く。胡安国が師事した。　（6）ランク。

【補説】

［仁斎］「鄙夫」は、位にある不道徳者を指している。かかる者は失うことを恐れて何でも行う。聖人はかかる者を憎むが、凡君は良臣と見なして寵愛し、禍乱のもとになることを知らない。

［徂徠］「其の未だ之を得ざるや、之を得んことを患う」は、『論語集解』で何晏が言うように当時の俗言である。朱子の注に引く胡寅の語の中で靳裁之が言う道徳と功名が両立しないという議論は後世流の議論である。孔子は功名を否定してはいず、管仲も評価した。道は先王の道であって、その道を学び徳を自分に成就させたのが道徳であり、そうするのは、それを世に用いるためである。後世は自分の内的境地を聖人を目指して高めていくという考え方が人心に染み込み、かくて道徳と功名が分離した。

第十六章

子曰、古者民有三疾。今也或是之亡也。［子曰わく、古《いにしえ》者民に三疾有り。今や或いは是れ之れ亡きなり。］

気がそのバランスを失えば病気になる。それゆえ気の受け方が偏った者もまた「疾」と言うのである。昔疾病と言われてすんでいたものは、今はそう言えないものになってしまった。風俗がますます衰えたのを傷《いた》んだのである。

気失其平則為疾。故気稟之偏者、亦謂之疾。昔所謂疾、今亦無之。傷俗之益衰也。

気其の平を失えば則ち疾と為る。故に気稟の偏なる者も、亦た之を疾と謂う。(1) 昔の所謂疾は、今は亦た之れ無し。(2) 俗の益〻衰えたるを傷むなり。

（1）肉体のみならず精神的な欠陥も気のアンバランスと言う。（2）昔は気質の偏りによる性格の歪みの出方が疾病の範囲であったものが、今ではとても疾病とは言えないほどひどくなってしまっていること。

古之狂也肆。今之狂也蕩。古之矜也廉。今之矜也忿戾。古之愚也直。今之愚也詐而已矣。［古えの狂や肆。今の狂や蕩なり。古えの矜《きょう》や廉。今の矜や忿戾。古えの愚や直。今の愚や詐なるのみ、と。］

「狂」とは、志向願望があまりに高いこと。「肆」は、小節に囚われないことを言う。「蕩」であれば大原則を踏み越えてしまう。「矜」とは、自分を謹むことがあまりに厳格なこと。「廉」は、角が尖っていることを言う。「忿戻（無分別な憤激）」であれば、争いに至る。「愚」とは、暗愚であって聡明ではないこと。「直」は、直情径行にやりとげることを言う。「詐《いつわり》」であれば私心からでたらめを行う。○范氏が言った。「末世はますます虚偽に満ちるようになる。賢者だけが古えに及ばないのであろうか。民の本性の歪みもまた古人とは異なっている」。

狂者、志願太高。肆、謂不拘小節。蕩、則踰大閑矣。矜者、持守太厳。廉、謂稜角峭厲。忿戻、則至於争矣。愚者、暗昧不明。直、謂径行自遂。詐、則挟私妄作矣。○范氏曰、末世滋偽。豈惟賢者不如古哉。民性之蔽、亦与古人異矣。

狂とは、志願太だ高し。肆は、小節に拘わらざるを謂う。蕩なれば則ち大閑を踰《こ》ゆ(1)。矜とは、持守すること太だ厳。廉は、稜角峭《しょう》厲(2)なるを謂う。忿戻なれば、則ち争うに至る。愚とは、暗昧にして明らかならず。直は、径行して自ら遂ぐるを謂う。詐なれば、則ち私を挟み妄作す。○范氏曰わく(3)、末世は滋〻《ますます》偽る。豈に惟だ賢者の古えに如《し》かざるのみならんや。民性の蔽も、亦た古人と異なる、と。

（1）「閑」は囲いで、原則のこと。「子夏曰わく、大徳閑を踰えざれば、小徳は出入するも可なり」（子張第一九・第一一章）。　（2）「廉なれども劌《そこな》わず」（『荀子』不苟篇）の楊倞の注に「廉は、稜なり」。

（3）范祖禹の語。『論語精義』九上に引く。

【補説】
［仁斎］「肆」、「廉」、「直」は気質の偏りであるが、古えはこれを「疾」と言った。それに対して今の弊害の「蕩」、「忿戻」、「詐」は悪であって、「疾」ではないのである。古えの惇朴の様子と、後世の悪俗に染まり具合が知られるのである。
［徂徠］「今の狂や蕩なり」の「蕩」とは世が衰えて礼が廃れたことである。朱子の「大閑」を持ち出しての解釈を見ると、子夏が「狂者」を至上としていることになってしまう。朱子の理学は、このように名と物が一致していない。

第十七章
子曰、巧言令色、鮮矣仁。［子曰わく、巧言令色、鮮きかな仁、と。］

重出。

重出。（1）

（1）学而第一・第三章に同文がある。

【補説】

［徂徠］（注が無い）。

第十八章

子曰、悪紫之奪朱也。悪鄭声之乱雅楽也。悪利口之覆邦家者。［子曰わく、紫の朱を奪うことを悪む。鄭声の雅楽を乱すことを悪む。利口の邦家を覆《くつがえ》す者を悪む、と。］

「悪」は去声。「覆」は芳服の反。○「朱」は原色。「紫」は間色。「雅」は正。「利口」は、口がうまく如才ないこと。「覆」は、顚覆すること。○范氏が言った。「天下の道理として、正しくて勝つ者は常に少なく、正しくなくて勝つ者は常に多い。であるから聖人はこのようなことを嫌悪するのである。「目端が利く」人は、是《ぜ》を非とし、非を是とし、賢を不肖とし、不肖を賢とする。人君がもし喜んでこれを信ずれば、国家は簡単に顚覆してしまう」。

悪、去声。覆、芳服反。○朱、正色。紫、間色。雅、正也。利口、捷給。覆、傾敗也。○范氏曰、天下之理、正而勝者常少、不正而勝者常多。聖人所以悪之也。利口之人、以是為非、以非為是、以賢為不肖、以不肖為賢。人君苟悦而信之、則国家之覆也不難矣。

悪は、去声。[1] 覆は、芳服の反。[2] ○朱は、正色。[3] 紫は、間色。[4] 雅は、正なり。[5] 利口は、捷給。[6] 覆は、傾敗なり。[7] ○范氏曰わく、[8] 天下の理、正しくして勝つ者は常に少なく、正しからずして勝つ者は常に多し。聖人の之を悪む所以なり。利口の人は、是《ぜ》を以て非と為し、非を以て是と為し、賢を以て不肖と為し、不肖を以て賢と為す。人君苟《いやしく》も悦びて之を信ずれば、則ち国家の覆るや難からず、と。

（1）ここでは、「憎む」。里仁第四・第三章の注（1）（第1巻の三一七ページ）を参照。（2）『経典釈文』二四。（3）『論語集解』に引く孔安国の注。（4）『論語集解』に引く孔安国の注に、「紫は、間色の好《よ》き者」。（5）「天下の事を言い、四方の風を形す、之を雅と謂う。雅とは、正なり」（『詩大序』）。（6）応対がすばやく巧みなこと。「豈に此の嗇夫の諜諜、利口捷給を教《まな》ばんや」（『史記』張釈之伝）。（7）『論語集解』に引く孔安国の注では「傾覆」。（8）范祖禹の語。『論語精義』九上に引く。

【補説】

［仁斎］是に似て非、善に似て悪なるものは、両者の差が判然としているものよりも、真を乱す。

［徂徠］「紫の朱を奪うことを悪む」は比喩。以下の二句は、孔子が顔回に対して、「鄭声を放つ」（衛霊公第一五・第一〇章）と「佞人を遠ざく」（同上）とを教えたことと相応する。聖人の道は礼楽であるがゆえに、「鄭声（鄭の国の音楽）」と「利口」を憎むのである。「利口の邦家を覆す者を悪む」のは是非を混乱させるからだと解釈する者が多く、それは誤りではないが、ただ是非は礼に依拠しなければとりとめがなくなる。それゆえ後世の儒者たちは、是非を論ずれば論ずるほど定まらなくなってしまっているのである。また鄭声は雅楽よりも娯楽性が高い。それゆえ聖人はこれを憎み排したのである。

第十九章

子曰、予欲無言。［子曰わく、予《われ》言うこと無からんと欲す。］

学ぶ者は多く言語によって聖人を見て、天理が万物に行きわたっている実質的内容が、言語によらないで顕現することがあるのを察していない。そのために理解が聖人が口にした言葉の範囲にとどまり、その言葉が発せられる根本にまで至っていない。それゆえ孔子はこの語を発して戒めたのである。

学者多以言語観聖人、而不察其天理流行之実、有不待言而著者。是以徒得其言、而不得其所以言。故夫子発此以警之。

学者多く言語を以て聖人を観て、其の天理流行(1)の実の、言を待たずして著わるる者有るを察せず。是を以て徒《いたずら》に其の言を得て、其の言う所以を得ず。故に夫子此を発して以て之を警《いまし》む。

(1) 天理が万物にあまねく行きわたっていること。

子貢曰、子如不言、則小子何述焉。［子貢曰わく、子如し言わざれば、則ち小子何をか述べん。］

子貢はまさに言語によって聖人を見る者であった。それゆえ疑問に思って問うたのである。

子貢正以言語観聖人者。故疑而問之。

子貢正に言語を以て聖人を観る者なり。故に疑いて之を問う。

子曰、天何言哉。四時行焉、百物生焉。天何言哉。［子曰わく、天何をか言わんや。四時行《めぐ》り、百物生ず。天何をか言わんや、と。］

四季がめぐり、万物が生育するのは、天理が発現し万物に行きわたることの実質的内容であって、言葉によらないで見ることができる。聖人の一つ一つの動静の中に、霊妙精密な道義が発現しているのもまた天なのであって、これらはどうして言葉を待って顕在化するものであろうか。ここの孔子の言葉もまた子貢に対して懇切に示したものである。残念ながら結局は子貢は悟らなかった。◯程子が言われた。「孔子の道は、譬えれば日や星が明るいようなものであるのに、門人が悟りきれないことに憂慮された。それゆえ「私は言いたくない」と言われたのである。顔子などは言外に悟ったが、それ以外の者は疑念が起こるのを免れなかった。それゆえ「我々は何を伝えればよいのでしょう」と言ったのである」。また言われた。「「天は何を語っていようか。四季がめぐり、万物が生育する」のであるから、極めて明白と言える」。私が考えるに、本章は前篇の「隠すことが無い」の意と相互に照射しあっている。学ぶ者は詳細に理解せよ。

四時行、百物生、莫非天理発見流行之実、不待言而可見。聖人一動一静、莫非妙道精義之発、亦天而已、豈待言而顕哉。此亦開示子貢之切。惜乎、其終不喩也。○程子曰、孔子之道、譬如日星之明、猶患門人未能尽暁。故曰、予欲無言。若顔子則便黙識。其他則未免疑問。故曰、小子何述。又曰、天何言哉、四時行焉、百物生焉、則可謂至明白矣。愚按、此与前篇無隠之意相発。学者詳之。

四時行り、百物生ずるは、天理の発見《げん》流行の実に非ざる莫きこと、言を待たずして見る可し。聖人の一動一静、妙道精義の発するに非ざる莫きことも、亦た天なるのみ、豈に言を待ちて顕われんや。此れ亦た子貢に開示するの切なり。惜しいかな、其れ終に喩《さと》らざるや。○程子曰わく、(1)孔子の道は、譬えば日星の明らかなるが如きも、猶お門人未だ尽く暁ること能わざるを患う。故に曰わく、予言うこと無からんと欲す、と。顔子の若きは則ち便ち黙識す(2)。其の他は則ち未だ疑問を免れず。故に曰わく、小子何をか述べん、と。又た曰わく、天何をか言うや、四時行り、百物生ずれば、則ち至りて明白なりと謂う可し、と。愚按ずるに、此れ前篇隠すこと無しの意と相い発す(3)。学者之を詳らかにせよ。

（1）程顥の語。『程氏遺書』一。（2）「回や我を助くる者に非ざるなり。吾の言に於て、説《よろこ》ばざる所無し」（先進第一一・第三章）の注で、朱子は「顔子の聖人の言に於ける、黙識心通し、疑い問う所無し」と言う（『論語集注』）。なおこの場合の「黙識」は、言葉によらず沈黙のうちに悟ること。

（3）「二三子我を以て隠せりと為すか。吾爾《なんじ》に隠すこと無し」（述而第七・第二三章）。

【補説】

［仁斎］ここでは学ぶ者が言語に求めないで、日常での実徳に務めることを望んでいるのである。後世は著作をする者が増え続けたが、そのうちわずかしか残らない。このように言語はたよりにならない。

［徂徠］朱子は高遠霊妙に解釈しようとし、仁斎は平実に見ようとするが、両者とも本章が礼楽の教のために発したことを理解していない。学ぶ者は既に孔子を尊んでいるのだから朱子が「学ぶ者は多く言語によって聖人を見」るとするのは誤りだし、仁斎の解釈のようだとすると、孔子が言うのを望まないのではなく、学ぶ者に言わないことを望むことになってしまう。また実徳も言葉で教えるのでなければどう理解しどう成就するというのか。むしろ『論語集解』の何晏のように、言葉による益が少ないということで理解すべきである。先王の教は礼楽なのであって、孔子はその義を説いたのであるが、学ぶ者はそれを聞いて義を尽くしたと思ってしまった。そこで更に詳しく説明したところ、ますますそれで全てだと思ってしまった。そこで孔子は、礼楽は言葉で尽くすことができないことを明らかにしたのである。なお本文で天を引いているのは、孔子は先王を天のように敬っているからである。礼楽も天のように言葉によらず黙識すれば、その義は窮まりないのである。最も天や先王の道を尊崇していた孔子が、朱子の解釈のように天によって自分の境地を譬えることなどあろうか。

＊孔子が言葉にのみよらなかったことに対して、朱子は言語の限界を言い、仁斎は道が日常の実践であるからとし、徂徠は礼楽の実践が必要だからだとした。ここに三者の強調点の差がよく現れている。

第二十章

孺悲欲見孔子。孔子辞以疾。将命者出戸。取瑟而歌、使之聞之。［孺悲、孔子を見んと欲す。孔子辞するに疾を以てす。命を将《おこな》う者戸を出づ。瑟を取りて歌いて、之をして之を聞かしむ。］

「孺悲」は魯の人。以前士の喪礼を孔子から学んだ。この時になって必ずや孔子から咎められるようなことがあったのであろう。それゆえ孔子は病気を口実に会うのを断った。さらに本当は病気でないことをわからせるようにし、彼を戒め教えたのである。程子が言われた。「これは孟子が言う「その人を廉潔と見なさずに拒否することによって示す教誨」であって、結局は深く教え諭したのである」。

孺悲、魯人。嘗学士喪礼於孔子。当是時、必有以得罪者。故辞以疾、而又使知其非疾、以警教之也。程子曰、此孟子所謂不屑之教誨也。

孺悲は、魯人。嘗て士の喪礼を孔子に学ぶ。(1)是の時に当たり、必ず以て罪を得る者有らん。故に辞するに疾を以てして、又た其の疾に非ざるを知らしめ、以て之を警め教うるなり。程子曰わく、(2)此れ孟子の所謂屑《きよし》とせざるの

教誨、所以深教之也。　教誨にして、(3)深く之を教うる所以なり、と。

（1）「恤由の喪に、哀公、孺悲をして孔子に之きて、士の喪礼を学ばしむ。士喪礼是に於てか書せらる」（『礼記』雑記下）。（2）程顥の語。『程氏外書』六。（3）「教も亦た多術。予の屑《きよし》とせざるの教誨なる者は、是も亦た之を教誨するのみ」（『孟子』告子下）。その朱子の注に、「其の人を以て潔しと為さずして之を拒絶す。所謂屑とせざるの教誨なり」（『孟子集注』）。

【補説】

［徂徠］朱子が引く程子の注に『孟子』の「屑とせざるの教誨」を持ち出すのは正しい。孟子は孔門の義を伝えてこのように言ったのである。

第二十一章

宰我問、三年之喪、期已久矣。［宰我問う、三年の喪は、期も已に久し。］

「期」の音は基。以下同じ。○「期」は一年である。

期、音基。下同。○期、周年也。　期は、音基。(1) 下同じ。○期は、周年なり。(2)

(1)『経典釈文』二四。(2) 一年間。宰我は、三年(実際には二五あるいは二七箇月)は長すぎるので一年でも十分ではないかと質問したのである。なお宰我は名は予。孔子の弟子の中では問題発言が多かった。

君子三年不為礼、礼必壊。三年不為楽、楽必崩。［君子三年礼を為さざれば、礼必ず壊《やぶ》れん。三年楽を為さざれば、楽必ず崩れん。］

喪に服していると学習しないから、それゆえ礼楽が崩れてしまうことを宰我は危惧しているのである。

恐居喪不習而崩壊也。　喪に居りて習わずして崩壊するを恐るるなり。

旧穀既没、新穀既升、鑽燧改火。期可已矣。［旧穀既に没《つ》きて、新穀既に升《みの》り、燧《すい》を鑽《き》りて火を改む。期にして已む可し、と。」

「鑚」は祖官の反。「没」は尽きる。「升」は実る。「燧」は火を起こす木。「火を起こす木を改める」とは、春には楡《にれ》と柳から火を取り、夏には棗《なつめ》と杏《あんず》から火を取り、夏の末には桑《くわ》と柘《やまぐわ》から火を取り、秋には柞《ははそ》と楢《なら》から火を取り、冬には槐《えんじゅ》と檀《まゆみ》から火を取ること。これもまた一年で一周する。「已」は止むこと。この語の意味はこうである。一年たてば天の運行は一周し、時も物もみな変わる。喪もここで終わりにすべきである。尹氏が言った。「喪を短くする説は、道徳的に暗愚な者ですら口にすることを恥じる。宰我が直接聖人の門で学んでいながらかかる問いを発したのは、心に疑う気持ちがあったのを無理してでも我慢しようとはしなかったのである」。

鑚、祖官反。○没、尽也。升、登也。燧、取火之木也。改火、春取楡柳之火、夏取棗杏之火、夏季取桑柘之火、秋取柞楢之火、冬取槐檀之火。亦一年而周也。已、止也。言期年則天運一周、時物皆変。喪至此可止也。尹氏

鑚は、祖官の反。①○没は、尽きるなり。②升は、登《みの》るなり。③燧は、火を取るの木なり。④火を改むは、⑤春に楡柳⑥の火を取り、夏に棗杏《そう》⑦の火を取り、夏季⑧に桑柘《しゃ》⑨の火を取り、秋に柞楢《さくゆう》⑩の火を取り、冬に槐檀⑪の火を取る。⑫亦た一年にして周るなり。已は、止むなり。言うこころは期年なれば則ち天運一周し、時物皆な変ず。喪此に至りて止む可きなり。尹氏曰わく、⑬短喪⑭の説、下愚⑮すら且つ之を言うを

曰、短喪之説、下愚且恥言之。宰我親学聖人之門、而以是為問者、有所疑於心、而不敢強焉爾。

恥ず。宰我親しく聖人の門に学びて、是を以て問を為すは、心に疑う所有りて、敢えて強《つと》めざるのみ、と。

（1）『経典釈文』二四では、「子官の反」。（2）「階を没す」（郷党第一〇・第四節）の『論語集解』に引く孔安国の注に「没は、尽くすなり」。（3）実る。（4）「木燧（木の火打ち）」（『礼記』内則）についての鄭玄の注に「木燧は、鑽火なり」。（5）『論語集解』に引く馬融の注に「一年の中、鑽火各〻木を異にす。故に火を改むと曰う」とある。（6）「にれ」と「やなぎ」。（7）「なつめ」と「あんず」。（8）夏の末は独立させて四季に並べる。（9）「くわ」と「やまぐわ」。（10）「ははそ」と「なら」。（11）「えんじゅ」と「まゆみ」。（12）『論語集解』に引く馬融の注で「周書月令」の語として引く。なお『周礼』夏官司馬・司爟の鄭玄の注にも「鄭司農（鄭衆《しゅう》）説くに鄹子《すう》（鄹衍《すうえん》）を以て曰わく」として同文があり、賈公彦の疏には「鄹子書は周書より出づ。其の義是れ一」と言う（『周礼正義』）。（13）尹焞の語。『論語精義』九上に引く。（14）喪を短くすること。（15）道徳的に下等な者。本篇第三章。

子曰、食夫稲、衣夫錦、於女安乎。曰、安。「子曰わく、夫《か》の稲を食い、夫の錦を衣ること、女《なんじ》に於て安きか、と。曰わく、安し、と。」

「夫」の音は扶。以下同じ。「衣」は去声。「女」の音は汝。以下同じ。○礼に、父母の喪には、遺体を堂に安置してから、粥を食べ最も粗い麻布の喪服を着る。土に葬ってから、粗末な食事をし水を飲み、やや細かい目の布の服を着る。一年たってから小祥《しょう》の祭を行い、初めて菜果を食べる。練り絹の冠をかぶり薄赤い縁取りの衣を着、腰帯は除かない。稲を食べ錦を着る道理は無い。孔子は宰我がこのことを心から反省し、なぜ親の死に際して忍び難い気持ちになるのかを自分で悟らせようとした。それゆえ質問にこのように答えたのである。しかし宰我は察しなかった。

夫、音扶。下同。衣、去声。女、音汝。下同。○礼、父母之喪、既殯、食粥麤衰。既葬、疏食水飲、受以成布。期而小祥、始食菜果、練冠縓縁、要絰不除。無食稲衣錦之理。夫子欲宰我反求諸心、自得其所以不忍者。故問

夫は、音扶(1)。下同じ。衣は、去声(2)。女は、音汝(3)。下同じ。○礼に(4)、父母の喪には、既に殯《ひん》(5)すれば、粥を食し麤衰《そさい》(6)す。既に葬(7)すれば、疏食《そし》(8)水飲し、受くるに成布(9)を以てす。期にして小祥(10)し、始めて菜果を食す。練冠(11)縓縁《せんえん》(12)し、要絰《ようてつ》除(13)かず。稲を食《くら》い錦を衣《き》るの理無し。夫子は宰我の諸を心に反求(14)し、自ら其の忍びざる所以の者を得んことを欲す。故に之を問うに此を以てす。而れども宰我察せざるなり。

之以此。而宰我不察也。

（1）ここでは、「彼の」。雍也第六・第八章の注（1）（第2巻の一四六ページ）を参照。（2）ここでは、「着る」。公冶長第五・第二五章の注（1）（第2巻の九四ページ）を参照。（3）ここでは、「汝」。為政第二・第一七章の注（1）（第1巻の一八三ページ）を参照。（4）「故に父母の喪は、既に殯し粥を食う。……父母の喪は、既に虞して卒哭するに、疏食水飲、菜果を食わず。期にして小祥するに、菜果を食う。……斬衰《さい》は三升、既に虞し卒哭するに、受くるに成布六升を以てす。……期にして小祥、練冠縓縁し、要経除かず」（『礼記』間伝）。（5）かりもがり。死後棺に入れて部屋に安置すること。（6）目の粗い麻布で作った喪服。（7）土中に埋葬すること。（8）粗末な食事。（9）やや細かい目の布で作った服。（10）没してから一年たって行う祭。（11）練り絹の冠。（12）薄赤い縁取りの衣。（13）麻の腰帯。（14）自分の心に立ち返って反省すること。

女安則為之。夫君子之居喪、食旨不甘。聞楽不楽。居処不安。故不為也。今女安則為之。［女安ければ則ち之を為せ。夫れ君子の喪に居るに、旨を食らえども甘からず。楽《がく》を聞けども楽しまず。居処安からず。故に為さざるなり。今女安ければ則ち之を為せ。］

「楽」は、前の方は通常の意味。後の方の音は洛。〇これは孔子の語である。「旨」もまた甘いこと。初めに「汝が心安らかならばそうしろ」と言ったのは、拒絶の言葉である。そのうえで忍び難い気持ちが具体化する端緒を挙げ、彼が察しないのをまた戒めたのである。そして再び「汝が心安らかならばそうしろ」と言ったのは、深く彼を責めたのである。

楽、上如字。下音洛。〇此夫子之言也。旨、亦甘也。初言女安則為之、絶之之辞。又発其不忍之端、以警其不察。而再言女安則為之、以深責之。

楽は、上は字の如し。下は音洛[1]。〇此れ夫子の言なり。旨[2]も亦た甘きなり。初め女安ければ則ち之を為せと言うは、之を絶つの辞。又た其の忍びざるの端を発し、以て其の察せざるを警む。而して再び女安ければ則ち之を為せと言うは、以て深く之を責む。

（1）前の「楽」は、通常の意味、つまり音楽。後の「楽」は、楽しむ。学而第一・第一章の注（1）（第1巻の五六ページ）を参照。（2）美味。

宰我出。子曰、予之不仁也、子生三年、然後免於父母之懐。夫三年之喪、天下之通喪也。予也有三年之愛於其父母乎。

［宰我出づ。子曰わく、予が不仁なる、子生ま

れて三年、然る後に父母の懐を免る。夫れ三年の喪は、天下の通喪なり。予や其の父母に三年の愛有らんか、と。」

宰我が退出してから、孔子は、彼が自分が心安らかにさえすればよいと思って、その結果自分流に行ってしまうことを危惧した。それゆえ深くこの問題の根本に踏み込んで彼の考えを排斥したのである。この語の意味はこうである。不仁であるがゆえに、親をこのように薄くしか愛さないのである。「懐」は抱くこと。さらに、君子は親に対する思いを忘れられないので喪に服せば必ず三年になるわけを言って、このことを聞かせれば、彼に反省させられ、結局は本来の善心を実現できることもある。○范氏が言った。「喪は三年で終了するが、賢者の親への思いは窮まることが無い。ただ聖人がそのバランスを取って、過度になりすぎないようにしたために、気持ちを抑えて必ずそれに従わせたのである。三年の喪が親の恩に報いるのに十分であるとするわけではない。本文に「三年たって、その後で父母の懐から巣立つ」とあるのは、宰我が親の恩を軽視したのを責めることで、何とか彼に背伸びして追いついてほしいと望んだのである」。

宰我既出、夫子懼其真以為可安而遂行之。故深探其本而斥之。

宰我既に出で、夫子其の真に以て安んず可きと為して遂に之を行わんことを懼る。故に深く其の本を探りて之を

言由其不仁、故愛親之薄如此也。懐、抱也。又言君子所以不忍於親、而喪必三年之故、使之聞之、或能反求、而終得其本心也。○范氏曰、喪雖止於三年、然賢者之情則無窮也。特以聖人為之中制、而不敢過、故必俯而就之。非以三年之喪、為足以報其親也。所謂三年、然後免於父母之懐、特以責宰我之無恩、欲其有以跂而及之爾。

斥《しりぞ》く。言うこころは、其の不仁に由り、故に親を愛するの薄きこと此の如し。懐は、抱くなり。(1)又た君子親に忍びずして、喪は必ず三年なる所以の故を言い、之をして之に聞かせしむれば、或いは能く反求して、終に其の本心を得るなり。○范氏曰わく、(2)喪は三年に止まると雖も、然れども賢者の情は則ち窮まること無きなり。特《た》だ聖人之が中制を為して、敢えて過ぎざるを以て、(3)故に必ず俯して之に就かしむ。(4)三年の喪を以て、以て其の親に報いるに足ると為すに非ざるなり。所謂三年にして、然る後に父母の懐を免るるは、特だ宰我の恩を無《な》みするを責めるを以て、其の以て跂《き》して之に及ぶこと(5)有らんと欲するのみ、と。

（1）『論語集解』に引く馬融の注に「懐抱する所」と言う。（2）范祖禹の語。『論語精義』九上に引く。（3）「則ち三年の喪は、二十五月にして畢る。駟の隙《げき》を過ぐるが若し。然れども之を遂ぐれば、則ち是れ窮まり無きなり。故に先王之が為めに中制を立てて節し、壱に以て文理を成すに足らしむれば、則ち之を釈《お》く」（『礼記』三年問、『荀子』礼論）。（4）過度の感情を抑えて従わせること。

「子思曰わく、先王の礼を制するや、之に過ぐる者は俯して之に就き、至らざる者は、跂《き》して之に及ばしむ」（『礼記』檀弓上）。（5）「跂」はつま先立ちすること。背伸びをして追いつくという意味。注（4）の引用文を参照。

【補説】

［仁斎］「火を改む」とは、『周礼』などによらずあくまで『論語』本文によって四季ごとではなく一年に一回火を取る木を改めることと解釈すべきである。

これは宰我の両親が健在の時の事である。幼くして父母を失った者と父母が健在の者には、父母に対して三年の喪に服す心が無い。しかし実際に父母が逝去すれば尽きぬ哀惜の念が生ずるものである。聖人が設定した三年という期間は、懐に抱かれた恩に対して足るものであるが、親に報いる道はこれで尽きることは無いことは、孔子の言葉からも明らかである。礼学者が「中制（バランスを取ること、朱子の注にも引く）」を言うのは憶説であろう。

［徂徠］孔子の時代は革命の時であった。孔子の道が天下に行われれば、必ず礼楽を改変したはずである。宰我はそれを見抜き、それゆえ礼楽を改めるべきであるならば一年の喪にしたらどうかと言ったのであって、単に自分が喪を短縮したいと望んだわけではない。三年の喪は先王の制であり人々が遵守しているものであって、聖門にある宰我が故無くしてかかる問いを発するわけがないではないか。宋儒は軽々しく人を譏るがゆえに宰我を批判し、仁斎は孔子の高弟である宰我がわけもなくかかる問いをなすはずはないと考え、当時彼の父母が健在であったなどと弁護した。宰我が「君子が三年間礼を行わなければ礼楽は崩壊するであろう」と言ったところに、当時における礼楽の重さが現れている。

それゆえ宰我は特に礼楽を話題にしたのである。

「火を改む」に対する仁斎の解釈は、『論語』だけを取って他の経書を信じないことから来ているのであって、先王の道を軽んじている。また仁斎は「稲は糯《だ》である」としたが、これは後世の医家の説である（米には糯米（もち米）と粳米《こうまい》（うるち米）がある）。さらに仁斎が「中制」を否定した議論は、礼も「中」も知らないものである。「中」とは、聖人が民のために極を立てることで、それによって民を守るようにしたのである。宋儒も仁斎もそれを過不及が無いという意味にとってしまった。
＊宰我が出てくると、彼は孔子の門人の中の問題児であるという通念から朱子や仁斎は注をするが、徂徠は宰我の諸々の発言の中にそれなりの意義を求めようとする。

第二十二章

子曰、飽食終日、無所用心、難矣哉。不有博弈者乎。為之猶賢乎已。［子曰わく、飽食終日、心を用うる所無ければ、難きかな。博弈《えき》なる者有らずや。之を為すは猶お已むに賢《まさ》れり、と。］

「博」はすごろく。「弈」は囲碁。「已」は止むこと。季氏が言った。「聖人は人にゲームを教えたのではない。それによって、心を働かせないのがいかに悪であるかを強調したのである」。

博、局戯也。弈、囲棊也。已、止也。李氏曰、聖人非教人博弈也。所以甚言無所用心之不可爾。

博は、局戯なり[1]。弈は、囲棊《き》なり[2]。已は、止むなり。李氏曰わく[3]、聖人は人に博弈を教うるに非ざるなり。甚だしく心を用うる所無きことの不可なるを言う所以なるのみ、と。

（1）『説文解字』に「博」について、「局戯なり。六箸十二棊なり」と言う。（2）『説文解字』に「弈」について、「囲棊なり」と言い、『論語』のこの条を引く。（3）李郁の語。

【補説】

〔仁斎〕これは心を働かせないことを否定したので、ゲームを推奨しているのではない。

〔徂徠〕孔子は人情を知っていた。礼楽の教えにもそれがある。この語はためにするところがある。老いて隠退し、娯楽も無いと、淫欲が生ずる。そこで念仏やゲームをすることでも意味がある。いずれにしても何か特別のわけがあって発せられた言葉であろう。例えば尭と舜は、子の丹朱と商均が不肖だったのでそれぞれ閑職につけたが、彼らはすべき仕事も無いことから淫欲を生じかねず、そこでゲームを教えたというような類であろうか。後世は賭博が盛んに行われるようになったので、諸儒はこの語の解釈が困難になり、孔子は心を働かせ無いことを否定したなどと言うことになった。私から見れば、ゲームは、静坐だの持敬（朱子学の修養法）だのに優る。

第二十三章

子路曰、君子尚勇乎。子曰、君子義以為上。君子有勇而無義為乱。小人有勇而無義為盗。［子路曰わく、君子勇を尚《たっと》ぶか。子曰わく、君子は義以て上と為す。君子勇有りて義無ければ、乱を為す。小人勇有りて義無ければ、盗を為す、と。］

「尚」は、第一にして尊ぶこと。君子は「乱を起こし」、小人は「盗みを働く」とあるのは、ここでは身分について言っているのである。尹氏が言った。「義を尊べば、その人の勇は立派である。子路は勇を好んだ。それゆえ孔子はこう言ってその欠点を救ったのである」。胡氏が言った。「たぶんこれは子路が最初に孔子に会った時の問答であろう」。

尚、上之也。君子為乱、小人為盗、皆以位而言者也。尹氏曰、義以為尚、則其勇也大矣。子路好勇。故夫子以此救其失也。胡氏曰、疑此子路初見孔子時問答

尚は、之を上とするなり。(1)君子乱を為し、小人盗を為すは、皆な位を以てして言う者なり。(2)尹氏曰わく、(3)義以て尚ぶと為せば、則ち其の勇なるや大なり。子路勇を好む。(4)故に夫子此を以て其の失を救うなり、と。胡氏曰わく、疑うらくは此れ子路初めて孔子に見ゆる時の問答ならん、(5)

也。

と。

（1）第一のものとして尊ぶ。朱子は下文の「上と為す」と結びつけている。（2）ここでは「君子」が「乱を為す」ことがありうるとしている。つまり本章の「君子」と「小人」は徳の有無ではなく、身分の上下で分けているということ。（3）尹焞の語。『論語精義』九上に引く。（4）胡寅の語。（5）子路は孔子に初対面の時に、雄鶏の羽で作った冠をかぶり、牡豚の皮で作ったふくろを腰にぶらさげて威嚇したが、結局孔子の応対に感銘して門に入った。『史記』仲尼弟子列伝では、そのエピソードを述べた後、両者の問答をいくつか列記するが、その初めのやりとりの中に本章を入れている。

【補説】

［仁斎］義は聖人の大用である。大は死生存亡、小は出処取捨、みなこれによって決する。義を第一にすれば、志が確立し、気を統御できる。かかる義と勇は似てはいるが本質は大きく異なる。

［徂徠］仁斎の義の解説は孟子の浩然の気の議論（『孟子』公孫丑上）に拠るが、孟子は義が勇を生ずることを言っているのであって、義によって制御することを言うこの箇所とは意味が異なる。また仁斎は義と勇が似ていると言うが、義は道、勇は徳であって、似てなどいない。

第二十四章

子貢曰、君子亦有悪乎。子曰、有悪。悪称人之悪者。悪居下流而訕上者。悪勇而無礼者。悪果敢而窒者。［子貢曰わく、君子も亦た悪むこと有るか、と。子曰わく、悪むこと有り。人の悪を称する者を悪む。下流に居て上を訕《そし》る者を悪む。勇にして礼無き者を悪む。果敢にして窒《ふさ》がる者を悪む、と。］

「悪」は去声。以下同じ。ただ「悪者」の悪は通常の意味。「訕」は所諌の反。「訕《サン》」は譏ること。「窒」は通じないこと。人の悪を言いつのるのは、仁厚の気持ちが無い。下位が上位を譏るのは、忠敬の心が無い。勇であっても礼が無いのは、乱を起こす。果断であっても理に暗いのは、でたらめをする。それゆえ孔子はこれらを憎んだ。

悪、去声。下同。唯悪者之悪、如字。訕、所諌反。○訕、謗毀也。窒、不通也。称人悪、則無仁厚之意。下訕上、則無忠敬之心。勇無礼、則為乱。果而窒、則妄作。故夫子悪之。

悪は、去声[1]。下同じ。唯だ悪者の悪は字の如し[2]。訕は、所諌の反[3]。○訕は、謗毀なり[4]。窒《ちつ》は、通ぜざるなり[5]。人の悪を称するは、則ち仁厚の意無し。下の上を訕るは、則ち忠敬の心[6]無し。勇にして礼無きは、則ち乱を為す。果にして窒がるは、則ち妄作す[7]。故に夫子之を悪む。

（1）ここでは、「憎む」。里仁第四・第三章の注（1）（第1巻の三一七ページ）を参照。（2）通常の意味の悪事の「悪」。（3）『経典釈文』二四。（4）『論語集解』に引く孔安国の注。（5）朱子は「蓋し果敢にして窒がざれば、則ち為す所の事必ず理に当たる。……惟だ果敢にして窒がる者は、則ち是非を論ぜずして率然として妄作す」と言う（『朱子語類』四七）。なお「民《きゅうちつ》窒多し」（『呂氏春秋』季秋紀・九月紀）の高誘の注に、「𠃵窒は、鼻通ぜざるなり」とある。（6）忠誠を持ち敬仰する心。（7）自分の意にまかせてでたらめを行う。

曰、賜也亦有悪乎。悪徼以為知者。悪不孫以為勇者。悪訐以為直者。「曰わく、賜も亦た悪むこと有るか、と。徼《うかが》いて以て知と為す者を悪む。不孫にして以て勇と為す者を悪む。訐《あば》きて以て直と為す者を悪む、と。」

「徼」は古尭の反。「知」、「孫」はともに去声。「訐」は居謁の反。○「悪徼」以下は、子貢の言である。「徼」は、のぞき見ること。「訐」は、人の隠れた私心を攻撃暴露することを言う。○楊氏が言った。「仁者は愛さないことは無いから、君子はたぶん憎むことが無いはずである。子貢にはこの疑問があったので、それゆえ質問してその当否を孔子にただしたのである」。侯氏が言った。「聖賢が憎むのはこのようなことである。「ただ仁者だけが適正に人を憎める」ということである」。

徼、古尭反。知孫、並去声。訐、居謁反。○悪徼以下、子貢之言也。徼、伺察也。訐、謂攻発人之陰私。○楊氏曰、仁者無不愛、則君子疑若無悪矣。子貢之有是心也、故問焉以質其是非。侯氏曰、聖賢之所悪如此。所謂唯仁者能悪人也。

徼は、古尭の反[1]。知、孫は、並びに去声[2]。訐は、居謁の反[3]。○悪徼以下は、子貢の言なり。徼は、伺い察するなり。訐は、人の陰私を攻発するを謂う[4]。○楊氏曰わく[5]、仁者愛せざること無ければ、則ち君子疑うらくは悪むこと無きが若し。子貢の是の心有るや、故に問いて以て其の是非を質す、と。侯氏曰わく[6]、聖賢の悪む所此の如し。所謂唯だ仁者のみ能く人を悪むなり[7]、と。

（1）『経典釈文』二四。　（2）「知」は、ここでは「智」。里仁第四・第一章の注（3）（第1巻の三一〇ページ）を参照。「孫」は、ここでは「謙譲」。衛霊公第一五・第一七章の注（1）（本巻の一七五ページ）を参照。　（3）『経典釈文』二四。　（4）『論語集解』に引く包咸の注。　（5）楊時の語。『論語精義』九上に引く。　（6）侯仲良の語。『論語精義』九上に引く。ただそこでは、「七者は、特だ聖賢のみの悪む所に非ず。天下の通じて悪む所なり」とある。　（7）里仁第四・第三章。

【補説】

［仁斎］孔子が憎んだのは、不善を自覚していないことであって、その悪は知りやすく、憎むということに意が無い。それに対して子貢が憎んだのは、他人は善と見なすが実は不善の気持ちから出ているものであって、その悪はわかりづらく、憎むということに意がある。孔子の言葉は、天地のように知りやすく従いやすいのである。

［徂徠］「人の悪を称する者を悪む」の「称する」とは、あえて言挙げすることである。君子も人の悪を指摘するのであって、人の悪を言うのを「仁厚の意が無い」とする朱子や、「薄い」とする仁斎は、みな「称」の意味をわかっていない。君子はことさらに人の悪を言い立てる者を憎むのである。

「下流に居て上を訕る者を悪む」は、「下位」と言わずに「下流」と言っているように、単なる民間のことではなく悪人たちが集まってくるところに身を置く者のことである。下民が上を怨み譏るのは情の常であり、それ自体は聖人が憎むことではない。また上を譏る者は、諫言することによって君主の気持ちを正道にもどそうとしているのである。ところが「下流」に身を置く者は人々から卑しまれ、上を批判しても君主の気持ちをもどせるどころか、いたずらに民の怨みを扇動して禍乱を引き起こすだけである。であるから聖人はこれを憎んだのである。

朱子は「徼は、伺い察するなり」と注するが、あまねく字書を閲してもかかる訓詁は無く、朱子の臆断から出ている。『論語集解』の孔安国の注にあるように「徼」はかすめとるということで、本文の意味は「人のすぐれた知謀遠慮をかすめとって自分の知謀とする」ということである。朱子のような解釈が出てくるのは、後世は学問をそのまま道としたので、知らないことが無いのを「知」としているためである。孔子の時代はまだ政治を道としていて、すぐれた謀慮を出すのを「知」とした。
仁斎の孔子と子貢の比較論は、朱子学流の穿鑿である。子貢が憎んだのは徳を乱す是に似て非なるものであり、関係するところは小さいのに対して、孔子が憎んだのは政治や風俗に害をあたえるものであって、関係するところは大きい。これこそが両者の差である。またそもそも不善を行う気持ちが無い場合は、聖人がそれを憎むはずがない。

第二十五章

子曰、唯女子与小人、為難養也。近之則不孫。遠之則怨。［子曰わく、唯だ女子と小人とを、養い難しと為すなり。之を近づくれば則ち不孫。之を遠ざくれば則ち怨む、と。］

「近」、「孫」、「遠」はみな去声。〇この小人は、奴僕や下人を言う。君子が臣妾に対して威厳をもって臨み、慈愛で養えば、この二つの憂患は無い。

近孫遠、並去声。〇此小人、亦謂僕隷下人也。君子之於臣妾、荘以涖之、慈以畜之、則無二者

近、孫、遠は、並びに去声(1)。〇此の小人は、亦た僕隷下人を謂うなり。君子の臣妾に於ける、荘以て之に涖《のぞ》(2)み、慈以て之を畜えば、則ち二者の患無し。

之患矣。

（1）「近」は、ここでは「近づける」。学而第一・第一三章の注（1）（第1巻の一一一ページ）を参照。「孫」はここでは「謙譲」。衛霊公第一五・第一七章の注（1）を参照。「遠」は、ここでは、「遠ざける」。学而第一・第一三章の注（1）（第1巻の一一一ページ）を参照。（2）衛霊公第一五・第三二章。

【補説】

［仁斎］女子は陰質、小人は陰類であって、近づけるべきでも遠ざけるべきでもない。御する方法を誤ると、家道が乱れる。

［徂徠］小人は貧民であり、肉体労働で仕える者である。女子は外貌で仕える者である。ともに志が義に無い。

第二十六章

子曰、年四十而見悪焉、其終也已。［子曰わく、年四十にして悪《にく》まる。其れ終わるのみ、と。］

「悪」は去声。◯「四十」は徳が完成する時。それなのに人に憎まれているようでは、進歩は見込まれない。人にしかるべき時に善に向かい過誤を改めるよう努めさせようとしたのである。蘇氏が言った。「これもまた特定の人を意識することがあって言ったのである。それが誰かはわからない」。

悪、去声。◯四十、成徳之時。見悪於人、則止於此而已。勉人及時遷善改過也。蘇氏曰、此亦有為而言。不知其為誰也。

悪は、去声。(1)◯四十は、成徳の時。(2)人に悪まるれば、則ち此に止むのみ。人に時に及びて(3)善に遷《うつ》り過を改むるを(4)勉めしむるなり。蘇氏曰わく、(5)此れ亦た為《ため》にすること有りて言う。其の誰の為なるかを知らず、と。

(1) ここでは、「憎む」。里仁第四・第三章の注(1)(第1巻の三一七ページ)を参照。　(2)「四十にして惑わず」(為政第二・第四章)。　(3)「君子徳に進み業を修むれば、時に及ばんと欲するなり」(『易経』乾卦・文言伝)。これは九四の爻辞の解説箇所で、意味は、九三で徳に進み業を修めたから、この九四というまさに進むべき時にあたって進もうとするということ(朱子『周易本義』)。
(4)「善に遷り過を改む」(『易経』益卦・大象)。　(5) 蘇軾の語。

【補説】

［仁斎］土地の皆なから憎まれる場合はそれでもまだ弁護できる余地もあるが、あらゆる場所で憎まれるようなのは明らかに不善である。

［徂徠］（注が無い）。

微子第十八

本篇は聖賢の出処進退を記しているものが多い。合計十一章。

此篇多記聖賢之出処。凡十一章。　　此の篇聖賢の出処を多く記す。凡そ十一章。

第一章

微子去之。箕子為之奴。比干諫而死。［微子之を去り、箕子之が奴と為り、比干《ひかん》諫めて死す。］

「微」、「箕」は二国の名。「子」は爵位である。「微子」は紂の庶兄。「箕子」、「比干」は紂の諸父。「微子」は紂の無道ぶりを見て、そこを去って王家の宗祀を維持した。箕子と比干はともに紂を諫めた。紂は比干を殺し、箕子を囚えて奴隷とした。箕子は狂人のふりをして辱めを受けた。

微箕、二国名。子、爵也。微子、紂庶兄。箕子比干、紂諸父。微子見紂無道、去之以存宗祀。箕子比干皆諫。紂殺比干、囚箕子以為奴。箕子因佯狂而受辱。

微、箕は、二国の名。子は、爵なり(1)。微子(2)は、紂の庶兄(3)。箕子(4)、比干(5)は、紂の諸父(6)。微子は紂の無道を見て、之を去りて以て宗祀を存す(7)。箕子、比干は皆な諫む。紂は比干を殺し(8)、箕子を囚えて以て奴と為す。箕子因りて佯《よう》狂して辱めを受く(9)。

（1）子爵。　（2）賢者で、周の世でも生き、殷の後裔として宋の国の祖となる。　（3）腹違いの兄。
（4）賢者で、朝鮮にわたり統治したという伝説がある。　（5）非業の死を遂げた賢者として名高い。
（6）伯父と叔父。ここでは叔父。　（7）微子は殷の王族なので、王家の祭祀を残そうとした。
（8）紂は賢者の心臓には七つの穴があるはずだと言い、比干の心臓を取り出して殺した（『史記』殷本紀）。　（9）箕子は狂人のふりをして紂の奴隷となり、さらに囚えられた（『史記』殷本紀）。なおこの箇所の注の全文とほぼ同文が、『論語集解』に引く馬融の注に見える。

孔子曰、殷有三仁焉。［孔子曰わく、殷に三仁有り、と。］

三人の行為は同じではなかったが、同じく至誠と悲哀の気持ちから出たものであった。それゆえ「愛の理」に悖《もと》らず、「心の徳」を全うしたのである。楊氏が言った。「この三人は、それぞれ本来の善心を全うできた。それゆえ同じく「仁」と言ったのである」。

三人之行不同、而同出於至誠惻怛之意。故不咈乎愛之理、而有以全其心之徳也。楊氏曰、此三人者、各得其本心。故同謂之仁。

三人の行同じからざれども、同じく至誠惻怛《そくだつ》(1)の意より出づ(2)。故に愛の理に咈《もと》らず(3)して、以て其の心の徳を全くすること有り(4)。楊氏曰わく(5)、此の三人の者、各〻其の本心(6)を得。故に同じく之を仁と謂う(7)、と。

（1）究極の誠実さと悲しみの感情。「惻怛」については、「惻怛の心、痛疾の意、悲哀して志懣《もだ》え気盛んなり」（『礼記』問喪）。（2）朱子は、三者が精神は同じでありながら行動に差が出たことの必然性を次のように説明する。微子は殷の元子（嫡子の意、実際には紂の庶兄）であり殷はまもなく滅びそうであったから、去って宗祀を存続させなければならなかった。それに対して箕子と比干は当然紂を諫めるべきであって、死んだのと奴隷になったのとの違いが出たのは巡り合わせである（『朱子語類』四八）。（3）背馳しない。（4）ここで「愛の理」と「心の徳」が出てくるが、この両者は朱子が「仁」の定義として使用する語。つまりこの三人が「仁」であったことを説明しているのである。この二語の意味については、学而第一・第二章の注（3）（第1巻の六五ページ）を参照。（5）

楊時の語。『論語精義』九下に引く。（6）人が本来具えている善心。（7）孔子が彼らを「三仁」と言った理由を述べている。

【補説】

［仁斎］「仁」とは、実徳であって、至誠で偽り無く、至正で偏らず、慈愛、憂慮の心から出ているものである。微子が君主のもとを去ったのは君主を忘れているようであるし、箕子が奴僕に身を落としたのは身を辱めるようであるが、孔子は彼らの心を推し測って「仁」と断じたのである。仁の実践は一概に括ることができない。

［徂徠］孔子の時には微子、箕子、比干についての伝承がまだあったので、孔子は「仁」としたのであるが、今ではその詳細はわからない。朱子や仁斎は自分流の仁の解釈を勝手にあてはめているだけである。この三人の事跡の詳細が明らかでないので、人々は朱熹や仁斎の誤りを指摘できない。しかし管仲に対する孔子の評価もあわせて見ると、『論語集解』で何晏が、乱を憂え民を安んずることを持ち出すのが当たっている。仁斎の仁の解釈などは、むしろ「忠」と言うべきものである。

仁の字の意義に『論語』の内容をまじえて考えると、比干の死は、微子が去り箕子が奴隷となった後のことであり、比干は宗社を保ち天下を安んずる微子と箕子の言葉を用いて紂を諫めたのであろう。天下を安んずる心があって天下を安んずる功績があるのが仁であって、管仲がこれにあたる。微子、箕子、比干は天下を安んずる心があったが天下を安んずる功績は無かったので仁とは言えないが、もし紂がその言葉に従ったのならば十分に天下を安んずることができた。それゆえ仁と言ったのである。本章の内容について今言えることはこれくらいである。

第二章

柳下恵為士師、三黜。人曰、子未可以去乎。曰、直道而事人、焉往而不三黜。枉道而事人、何必去父母之邦。［柳下恵、士師と為りて、三たび黜《しりぞ》けらる。人曰わく、子未だ以て去る可からざるか、と。曰わく、道を直くして人に事《つか》うれば、焉《いずく》に往くとして三たび黜けられざらん。道を枉《ま》げて人に事うれば、何ぞ必ずしも父母の邦を去らん、と。］

「三」は去声。「焉」は於虔の反。〇「士師」は獄官。「黜」は、退けられること。「柳下恵」はしばしば退けられたが国を去らず、その話し方はこのように従容としていたので、「和」と言うことができる。しかし道を曲げることはできないという気持ちは、確固としていて動揺しなかった。これが、彼が「必ず道によって行い、正しさを失わない」と言われたものである。〇胡氏が言った。「ここには必ず孔子の批評があったはずだが、失われたのであろう」。

三、去声。焉、於虔反。〇士師、獄官。黜、退也。柳下恵三黜不去、而其辞気雍容如此、可謂和

三は、去声[1]。焉は、於虔の反[2]。〇士師は、獄官[3]。黜《ちゅつ》は、退くなり。柳下恵[4]は三たび黜けらるるも去らずして、其の辞気雍容[5]たること此の如ければ、和と謂う可し[6]。然れ

矣。然其不能枉道之意、則有確乎其不可抜者。是則所謂必以其道而不自失焉者也。○胡氏曰、此必有孔子断之之言、而亡之矣。

ども其の道を枉《ま》ぐること能わざるの意は、則ち確乎として其れ抜く可からざる者有り。(7)是れ則ち所謂必ず其の道を以てして自ら失わざる者なり。(8)○胡氏曰わく、(9)此に必ず孔子之を断ずるの言(10)有れども、之を亡《うしな》えるならん、(11)と。

（1）去声の時は「しばしば」。普通は平声。（2）『経典釈文』二四。（3）監獄の刑務官。（4）衛霊公第一五・第一三章の朱子の注を参照。（5）従容として迫らない様子。（6）「柳下恵は、聖の和なる者なり」（『孟子』万章下）。（7）「確乎として其れ抜く可からず」（『易経』乾卦・文言伝）。（8）「柳下恵は汙君を羞じず、小官を卑しとせず、進みて賢を隠さず、必ず其の道を以てす。……故に由由然として之と偕にして自ら失わず」（『孟子』公孫丑上）。その朱子の注に「自ら失わずとは、其の正を失わざるなり」と言う（『孟子集注』）。（9）胡寅の語。（10）孔子の柳下恵に対する批評の語。（11）本章は柳下恵とある人の問答のみを記していて、孔子のコメントが無い。なお本文中の「子」は、「あなた（柳下恵を指す）」の意。柳下恵は、「あなたは他国へ去った方がよいのではないか」との質問に、「道に従って人に仕えたならば祖国に限らずどこへいっても何回も失脚させられるものだ。道を曲げて人に仕えたならば、失脚させられることも無いのだから、いずれにしても祖国を去る必要はないわけだ」と答えたのである。

【補説】

〔仁斎〕ここで孔子は柳下恵の仁を称えているのである。

〔徂徠〕孔子は柳下恵を仁としたことはないのであって、仁斎は仁をわかっていないのである。柳下恵は、強いて言えば知者である。

第三章

斉景公待孔子曰、若季氏、則吾不能。以季孟之間待之。曰、吾老矣。不能用也。孔子行。〔斉の景公孔子を待ちて曰わく、季氏の若くするは、則ち吾能わず。季孟の間を以て之を待たん、と。曰わく、吾老いたり。用うること能わざるなり、と。孔子行《さ》る。〕

魯の三卿の中では季氏が最も貴く、孟氏は下卿であった。孔子は斉を去ったが、その件は「孔子世家」に見られる。しかし本章のこの言葉はきっとじかに対面して孔子に語《つ》げたのではない。自分は臣下に告げて、孔子はそこから聞いただけであろう。〇程子が言われた。「魯の季氏は権臣であり、魯の君は極めて手厚く礼遇した。しかし景公はこのように孔子を遇するわけにはいかなかった。そこで季氏と孟氏の中間の待遇にしようとしたが、それでも十分の礼遇であった。しかし景公はさらに、「私は老いた。孔子を用いることはできない」と言ったのである。それゆえ孔子は斉を去った。待遇の軽重とは関係無く、ただ用いられなかったので斉を去ったのである」。

魯三卿、季氏最貴、孟氏為下卿。孔子去之、事見世家。然此言必非面語孔子。蓋自以告其臣、而孔子聞之爾。○程子曰、季氏強臣、君待之之礼極隆。然非所以待孔子也。以季孟之間待之、則礼亦至矣。然復曰、吾老矣。不能用也。故孔子去之。蓋不繫待之軽重、特以不用而去爾。

魯の三卿(1)は、季氏(2)最も貴く、孟氏下卿(3)為り(4)。孔子之を去る(5)、事は世家に見ゆ(6)。然れども此の言は必ず面のあたりに孔子に語《つ》ぐるに非ず。蓋し自ら以て其の臣に告げて、孔子之を聞くのみ。○程子曰わく(7)、季氏は強臣、君之《これ》を待つの礼極めて隆なり(8)。然れども孔子を待つ所以に非ざるなり。季孟の間を以て之を待てば(9)、則ち礼も亦た至れり。然れども復た曰わく、吾老いたり。用うること能わず、と(10)。故に孔子之を去る。蓋し待つの軽重に繫《かか》らず(11)、特《た》だ用いられざるを以て去るのみ、と。

（1）三桓氏。為政第二・第五章の注（1）（第1巻の一四八ページ）を参照。　（2）季孫氏。　（3）孟孫氏。　（4）ここまでは、『論語集解』に引く孔安国の注。　（5）孔子が斉を去り魯に帰国したこと。　（6）『史記』孔子世家。斉の景公が孔子を登用しようとしたが結局は中止した件。　（7）程顥か程頤の語。『程氏遺書』二上。　（8）手厚い。　（9）季氏よりも下で孟氏よりも上の待遇をすること。　（10）景公は孔子を登用しようとしたが、斉の大夫が孔子に害を加えようとした。そこで景公はこのように言って、孔子の登用を諦めた。　（11）関係しない。

【補説】

［仁斎］「我老たり、用うること能わず」は孔子の語である。『史記』孔子世家に拠ると孔子が三十五歳の時のことになってしまうが、景公が申し出た待遇からしても若すぎるので、もっと後の事であろう。

［徂徠］仁斎は「我老たり」以下を孔子の語とするが、その後に「孔子行る」とあることからして景公の語であることは明らかである。言辞に暗く奇説を好み、お笑い草である。

第四章

斉人帰女楽。季桓子受之。三日不朝。孔子行。［斉人《ひと》、女楽を帰《おく》る。季桓子之を受く。三日朝せず。孔子行《さ》る。］

「帰」は通常の意味。「饋」とするテキストもある。「朝」の音は潮。〇季桓子は魯の大夫で名は斯《し》。『史記』によると、魯の定公の十四年、孔子は魯の法務大臣となって、宰相を代行した。斉の人々は恐れ、女性の歌舞隊を送りそれを阻《はば》んだ。尹氏は言った。「女性の歌舞隊を受け入れてこのように政務を怠った。賢人を軽視し礼を捨てたのであって、事業をともにするにはとても足りないことがわかる。それが孔子が魯を去った理由である。これは「徴候を看取して行動し始め、日が暮れるのを待たない」ということであろうか」。○范氏が言った。「本篇は仁者や賢人の出処を記して、聖人の行動を標準に裁断している。それで中庸の道を明らかにしているのである」。

帰、如字。或作饋。朝、音潮。○季桓子、魯大夫、名斯。按史記、定公十四年、孔子為魯司寇、摂行相事。斉人懼、帰女楽以沮之。尹氏曰、受女楽而怠於政事如此。其簡賢棄礼、不足与有為可知矣。夫子所以行也。所謂見幾而作、不俟終日者与。○范氏曰、此篇記仁賢之出処、而折衷以聖人之行。所以明中庸之道也。

帰は、字の如し(1)。或いは饋《き》に作る(2)。朝は、音潮(3)。○季桓子は、魯の大夫、名は斯。史記を按ずるに(4)、定公の十四年、孔子魯の司寇(5)と為りて、相《しょう》事を摂行す。斉人懼れ、女楽を帰り以て之を沮む。尹氏曰わく(6)、女楽を受けて政事を怠ること此の如し。其の賢を簡《あなど》り(7)礼を棄つる、与《とも》に為す有るに足らざること(8)知る可し。夫子行《さ》る所以なり。所謂幾を見て作《た》ち、日の終うるを俟《ま》たざる者か(9)、と。○范氏曰わく(10)、此の篇仁賢の出処を記して、折衷するに(11)聖人の行を以てす。中庸の道を明らかにする所以なり、と。

(1)『経典釈文』二四。ここでは、「贈る」。陽貨第一七・第一章の注(1)(本巻の二七〇ページ)を参照。（2）「鄭に饋に作る」（『経典釈文』二四）。（3）ここでは、「参内する」。『経典釈文』二四や『広韻』では「直遥の反」。「あさ」の意味の時は「陟遥の切」（『広韻』）。（4）『史記』孔子世家。（5）『史記』孔子世家では「大司寇」。（6）尹焞の語。『論語精義』九下に引く。（7）「賢を簡り勢に附す」（『書経』商書・仲虺之誥）。孔伝及び蔡沈『書集伝』には、「簡は、略すなり」。（8）「是の如くならざれば与に為す有るに足らざるなり」（『孟子』公孫丑下）。（9）「君子幾を見て作ち、日を終うるを俟たず」（『易経』繫辞下伝）。（10）范祖禹の語。『論語精義』九下の第三章の箇所に引くが、そこでは本篇全篇ではなく、「此の篇微子自り逸民に至るまで、皆な賢人の出処を記し、……」と、第一章から第八章までとする。（11）『楚辞』九章・惜誦の「五帝をして以て折中せしむ」の朱子の注に「折中は、事理同じからざること有る者、其の両端を執りて其の中を折《わか》つを謂う」とある（『楚辞集注』）。


【補説】

[仁斎]『史記』孔子世家に、この女楽の件と、大夫に供え物の肉のお下がりを送ってこなかった件をともに定公一四年のこととする。しかし『孟子』告子下には供え物の件だけで女楽の方は出ていず、『荘子』山木、譲王、盗跖《せき》、漁父に孔子は再び魯を追われたとあることからすると、同じ時のことではない。

[徂徠]仁斎の『史記』孔子世家の記載に対する疑義は一つの説としてありうる。

第五章

楚狂接輿歌而過孔子。曰、鳳兮鳳兮、何徳之衰。往者不可諫、来者猶可追。已而已而。今之従政者殆而。［楚の狂接輿《よ》歌いて孔子を過ぐ。曰わく、鳳や鳳や、何ぞ徳の衰えたる。往く者は諫む可からず、来る者は猶お追う可し。已《や》みなん已みなん。今の政に従う者は殆《あやう》し、と。］

「接輿」は、楚の人。狂人のふりをして世間を避けていた。孔子はその時楚に赴こうとしていた。それゆえ接輿は歌って孔子の車の前を通り過ぎた。鳳は道が行われていれば現れ、道が行われていなければ隠れる。接輿はそれを孔子になぞらえて、孔子が隠逸できないでいることを誹り、徳が衰えたとした。「来るものはまだ追える」とは、今でもまだ隠逸にまにあうことを言う。「已」は止むこと。「而」は語助の辞。「殆」は危《あやう》いこと。「接輿」は孔子を尊ぶことはわかっていたが、目指すものが同じではなかった者である。

接輿、楚人。佯狂辟世。夫子時将適楚。故接輿歌而過其車前也。鳳有道則見、無道則隠。接輿以

接輿は、楚の人。佯狂して世を辟く。(1)夫子時に将に楚に適《ゆ》かんとす。故に接輿歌いて其の車前を過ぐるなり。鳳は道有れば則ち見われ、道無ければ則ち隠る。(2)接輿以て

比孔子、而譏其不能隠、為徳衰也。来者可追、言及今尚可隠去。已、止也。而、語助辞。殆、危也。接輿蓋知尊孔子、而趨不同者也。

孔子に比して、其の隠るること能わざるを譏り、徳衰えたりと為す。来る者は追う可しとは、今に及びても尚お隠れ去る可きを言う。已は、止むなり[3]。而は、語助の辞[4]。殆は、危なり。接輿蓋し孔子を尊ぶことを知りて、趨同じからざる者なり。

（1）『論語集解』に引く孔安国の注。（2）「天下道有れば則ち見《あら》われ、道無ければ則ち隠る」（泰伯第八・第一三章）。「鳳鳥至らず」（子罕第九・第八章）。（3）本文の「已みなん」とは、「やめよ」ということ。（4）「而は、皆な語辞なり」（邢昺『論語正義』）。

孔子下、欲与之言。趨而辟之。不得与之言。［孔子下《お》りて、之と言わんと欲す。趨《はし》りて之を辟《さ》く。之と言うことを得ず。］

「辟」は去声。○孔子が車を下りたのは、彼に出処進退の考え方を告げようとしたのである。接輿は自分を正しいと思っていた。それゆえ孔子の話を聞くのを望まず避けたのである。

辟、去声。○孔子下車、蓋欲告之以出処之意。接輿自以為是。故不欲聞而辟之也。

辟は、去声。(1) ○孔子の車を下りるは、蓋し之に告ぐるに出処の意を以てせんと欲す。接輿自ら以て是《ぜ》と為す。故に聞くを欲せずして之を辟くなり。

(1) 通常は、入声。去声の時は、「避ける」。

【補説】

［徂徠］孔子は楚の君主に会おうとしたがこれは過誤であって、接輿はそれを諭したのである。門人はそれを記録し、孔子を援助する者が多いのを示した。後世は詩学が伝わらず、孔子を譏った語と見なすようになった。孔子を鳳に比していることからしても、譏っているわけがない。孔子が接輿と話そうとしたのは、朱子が言うような出処進退の説教をしようとしたのではなく、接輿が狂人のふりをしているのを見抜いたからであって、接輿が逃げ去ったのはそれを悟られたくなかったからである。

第六章

長沮桀溺耦而耕。孔子過之。使子路問津焉。「長沮《そ》、桀《けつ》溺《でき》耦《ぐう》して耕す。孔子之を過ぐ。子路をして津《しん》を問わしむ。」

「沮」は七余の反。「溺」は乃歴の反。〇この二人は隠者である。「耦」は並んで耕作すること。この時に孔子は楚から蔡にもどった。「津」は渡し場。

沮、七余反。溺、乃歴反。〇二人、隠者。耦、並耕也。時孔子自楚反乎蔡。津、済渡処。

沮は、七余の反。[1] 溺は、乃歴の反。[2] 〇二人は、隠者なり。耦は、並びて耕すなり。[3] 時に孔子楚自《よ》り蔡に反る。[4] 津は、済渡の処。[5]

（1）『経典釈文』二四。　（2）『経典釈文』二四。　（3）『論語集解』に引く鄭玄の注に、「耜《し》は広さ五寸。二耜を耦と為す」とある。耜は、鋤。　（4）『史記』孔子世家では、孔子が蔡から葉（楚の大夫の領地）へ行き、さらに葉から蔡にもどった時のこととする。　（5）渡し場。『論語集解』に引く鄭玄の注。

長沮曰、夫執輿者為誰。子路曰、為孔丘。曰、是魯孔丘与。曰、是也。曰、是知津矣。「長沮曰わく、夫《か》の輿を執る者誰と為す、と。子路曰わく、孔丘と為す、と。曰わく、是れ魯の孔丘か、と。曰わく、是なり、と。曰わく、是れ津を知らん、と。」

「夫」の音は扶。「与」は平声。〇「馬車を操る」とは、手綱を取って車に乗っていること。元来は子路が馬を御して手綱を取っていた。それが今馬車から降りて渡し場の場所を問うた。それゆえ孔子が子路に替わったのである。「渡し場を知っているだろう」とは、あちこち巡っていれば、当然渡し場を知っているはずだということを言う。

夫、音扶。与、平声。〇執輿、執轡在車也。蓋本子路御而執轡。今下問津。故夫子代之也。知津、言数周流、自知津処。

夫は、音扶[1]。与は、平声[2]。〇輿[3]を執るは、轡[4]を執りて車に在るなり。蓋し本は子路御して轡を執る。今下りて津を問う。故に夫子之に代わるなり。津を知らんとは、数〻《しばしば》周流すれば、自ら津処を知るを言う[5]。

（1）ここでは、「彼の」。雍也第六・第八章の注（1）（第2巻の一四六ページ）を参照。（2）ここでは、「……か」。学而第一・第二章の注（1）（第1巻の六四ページ）を参照。（3）馬車。（4）手綱。（5）『論語集解』に引く孔安国の注。

問於桀溺。桀溺曰、子為誰。曰、為仲由。曰、是魯孔丘之徒与。対曰、然。曰、

滔滔者、天下皆是也。而誰以易之。且而与其従辟人之士也、豈若従辟世之士哉。耰而不輟。［桀溺に問う。桀溺曰わく、子は誰と為す、と。曰わく、仲由と為す、と。曰わく、是れ魯の孔丘の徒か、と。対えて曰わく、然り、と。曰わく、滔滔たる者は、天下皆な是れなり。而して誰と以《とも》にか之を易《か》えん。且つ而《なんじ》其の人を辟《さ》くるの士に従う与《よ》りは、豈に世を辟くるの士に従うに若《し》かんや、と。耰《ゆう》して輟《や》めず。］

「徒与」の「与」は平声。「滔」は吐刀の反。「辟」は去声。「耰」の音は憂。○「滔滔」とは流れてもどらないという意。「以」は「ともに」ということ。この語の意味はこうである。天下はみな乱れている。誰とともにこの状況を変えるというのか。「而」は汝。「人を避ける」は孔子を言う。「世を避ける」は桀溺が自分のことを言う。「耰」は種に土をかけること。また渡し場も教えなかった。

徒与之与、平声。滔、吐刀反。辟、去声。耰、音憂。○滔滔、流而不反之意。以、猶与也。言天下皆乱。将誰与変易之。而、汝也。辟人、謂孔子。辟世、桀

徒与の与は、平声。滔は、吐刀の反。(1)辟は、去声。(2)耰は、音憂。(3)○滔滔は、流れて反らざるの意。以は、猶お与のごとし。言うこころは、天下皆な乱る。将に誰と与にか之を変易せん。而は、汝なり。人を辟くるは、(4)孔子を謂う。世を辟くるは、(5)桀溺自らを謂う。耰は、種を覆うな

溺自謂。耰、覆種也。亦不告以津処。　り。[6] 亦た告ぐるに津処を以てせず。[7]

(1)『経典釈文』二四。(2) この場合は、「避ける」。前章の注 (1)（本巻の三六六ページ）を参照。(3)『経典釈文』二四。(4) 人を選り好んで、気に入らない者を避ける。(5) 個人単位ではなく、世間全体を避ける。(6)『論語集解』に引く鄭玄の注。(7) 種まきに専心するとともに、渡し場の場所を教えなかった。

子路行以告。夫子憮然曰、鳥獣不可与同群。吾非斯人之徒与而誰与。天下有道、丘不与易也。［子路行きて以て告ぐ。夫子憮然として曰わく、鳥獣には与《とも》に群を同じくす可からず。吾斯の人の徒と与にするに非ずして誰と与にせん。天下道有れば、丘与に易えざるなり、と。］

「憮」の音は武。「与」は通常の意味。○「憮然」は落胆すること。彼らが自分の気持ちを悟らないことを惜しんだのである。この語の意味はこうである。ともに社会を形成すべきものは、人間なのである。どうして人を絶ち世を逃れて自分だけを高潔としてよいものであろうか。天下がもし平治しているのであれば、私はこれを変える必要は無い。まさに天下に道が行われていないために、道によって変えようと望んでいるだけである。○程子が言われた。「聖人は天下を忘れようとする心は無い。それゆえこのように言ったのである」。張子が言われた。「聖人の仁は、無道が天下につきものだからといって見捨てることはないのである」。

憮は、音武(1)。与は、字の如し(2)。○憮然は、猶お悵然のごとし(3)。其の己の意を喩《さと》らざるを惜しむなり。言うこころは、当に与に群《むれ》を同じくすべき所の者は、斯の人のみ。豈に人を絶ち世を逃れて以て潔しと為す可けんや。天下若し已に平治すれば、則ち我之を変易するを用うること無し。正に天下道無きが為めに、故に道を以て之を易えんと欲するのみ。○程子曰わく(4)、聖人敢えて天下を忘るるの心有らず。故に其の言此の如きなり、と。張子曰わく(5)、聖人の仁は、無道の天下に必するを以て之を棄てざるなり、と。

憮、音武。与、如字。○憮然、猶悵然。惜其不喩己意也。言所当与同群者、斯人而已。豈可絶人逃世以為潔哉。天下若已平治、則我無用変易之。正為天下無道、故欲以道易之耳。○程子曰、聖人不敢有忘天下之心。故其言如此也。張子曰、聖人之仁、不以無道必天下而棄之也。

(1)「音は呼、又た音は武」(『経典釈文』二四)。　(2)『経典釈文』二四。　(3)「夷子憮然として間を為して曰く、之に命ぜり」（『孟子』滕文公上）の張岐の注の「夷子憮然とは、猶お悵然のごときなり」。「悵然」は落胆する様。（4）程顥か程頤の語。『程氏外書』三。（5）張載の語。『正蒙』三十篇第十一。

【補説】
［仁斎］桀溺は天下を変えようとしたが、それは自分の道を天下に押しつけるものである。聖人はそうではなく、天下を以て天下を治めようとしたのである。天下はあくまでも人があってのものであって、人倫こそがその中核である。
［徂徠］「天下皆な是れなり」は、人君のことを指している。その後の「人を辟《さ》く」というのも、もともと人君のことである。つまり、「天下の人君で事業をともにできる者はいない、どの人君を補佐して天下の風俗を改めようと言うのか」という意味。「吾斯の人の徒」、「天下道有れば」も、ともに人君のこと。後者は、「もし天下の人君が道を得たのであれば、私はその君を補佐して風俗を改める必要があろうか」ということ。

仁斎は、道は不変の人倫であって改めることなどありえないと言うが、道とは先王の道であり、聖人は風俗を改めることを説いている。仁斎は言辞に暗くそのことがわかっていない。

第七章

子路従而後。遇丈人以杖荷蓧。子路問曰、子見夫子乎。丈人曰、四体不勤、五穀不分。孰為夫子。植其杖而芸。［子路従いて後る。丈人の杖を以て蓧《あじか》を荷うに遇う。子路問いて曰わく、子、夫子を見ざるや、と。丈人曰わく、四体勤めず、五穀分たず。孰《たれ》をか夫子と為す、と。其の杖を植《た》てて芸《くさぎ》る。］

「蓧」は徒弔の反。「植」の音は値。○丈人もまた隠者である。「蓧」は竹製品。「分」は弁別すること。「五穀を区別しない」とは、「菽《まめ》と麦の区別ができない」というようなことを言う。子路が農業に従事しないで、師に従って遠方まで遊歴することを非難したのである。「植」は立てること。「芸」は草を除去すること。

蓧、徒弔反。植、音値。○丈人亦隠者。蓧、竹器。分、弁也。五穀不分、猶言不弁菽麦爾。責其不事農業、而従師遠遊也。植、立之也。芸、去草也。

蓧は、徒弔の反(1)。植は、音値(2)。○丈人(3)も亦た隠者なり。蓧は、竹器(4)。分は、弁なり。五穀分たずとは、猶お菽《しゆく》麦(5)を弁ぜず(6)と言うがごときのみ。其の農業を事とせずして、師に従いて遠く遊ぶを責む。植は、之を立つるなり。芸は、草を去るなり(7)。

（1）『経典釈文』二四。　（2）『経典釈文』二四。　（3）老人。　（4）竹の籠。老人が杖にかけてかついでいた。『論語集解』に引く包咸の注。　（5）蓧は大豆。　（6）「周子兄有れども慧無し。菽麦を弁ずること能わず」（『春秋左氏伝』成公一八年）。　（7）『論語集解』に引く孔安国の注。

子路拱而立。［子路拱《きょう》して立つ。］

隠者なのを知って敬意を表した。

知其隠者敬之也。　其の隠者なるを知り之を敬すなり。

止子路宿。殺雞為黍而食之、見其二子焉。［子路を止めて宿せしむ。雞《にわとり》を殺し黍《きび》を為《つく》りて之に食《くら》わしめ、其の二子に見《まみ》えしむ。］

「食」の音は飼。「見」は賢遍の反。

食、音嗣。見、賢遍反。　食は、音嗣(1)。見は、賢遍の反(2)。

（1）『経典釈文』二四。ここでは、「食べさせる」。為政第二・第八章の注（1）（第1巻の一六〇ページ）を参照。隠者が子路を自分の家に泊めて食事をさせたのである。（2）『経典釈文』二四。ここでは、「会わせる」。八佾第三・第二四章の注（1）（第1巻の三〇二ページ）を参照。自分の二人の子を子路に挨拶させた。

明日子路行以告。子曰、隠者也。使子路反見之。至則行矣。［明日子路行きて以て告ぐ。子曰わく、隠者なり、と。子路をして反りて之を見せしむ。至れば則ち行《さ》る。］

孔子は子路にもどらせて老人に会わせようとした。やはり君臣の義を告げようとしたのである。しかし老人の方も子路が必ずもどってくると思っていた。それゆえ先手を打ってそこを去って跡をくらませた。これもまた接輿と同じ考え方によるのである。

孔子使子路反見之。蓋欲告之以君臣之義。而丈人意子路必将復　孔子、子路をして反りて之を見せしむ。蓋し之に告ぐるに君臣の義を以てせんと欲す。而して丈人は子路の必ず来。故先去之以滅其跡。亦接輿之意也。　将に復た来《きた》らんことを意う。故に先に之を去りて以て其の跡を滅す。亦た接輿の意なり。(1)

（1）本篇第五章。

子路曰、不仕無義。長幼之節、不可廃也。君臣之義、如之何其廃之。欲潔其身、而乱大倫。君子之仕也、行其義也。道之不行、已知之矣。［子路曰わく、仕えざれば義無し。長幼の節、廃す可からず。君臣の義、之を如何ぞ其れ之を廃せん。其の身を潔くせんと欲して、大倫を乱す。君子の仕うるや、其の義を行うなり。道の行われざるは、已に之を知る、と。］

「長」は上声。○子路が孔子の考えをこのように述べたのである。老人の子路に接した態度は非常に倨傲であった。しかし子路の方はますます恭敬であった。ただ老人が二人の子を子路に挨拶させたことからすると、老人は長幼の分は捨ててはならないことをわきまえていた。そこで子路は、わきまえていることを本にして諭そうとしたのである。「倫」は秩序である。人の大倫には五項目がある。「父子の間には親愛があり、君臣の間には義があり、夫婦の間には分があり、長幼の間には序列があり、朋友の間には信義がある」というのがこれである。出仕するのは、君臣の間の義を実践するためである。それゆえ道が行われていないのを知っていても、出仕を拒否すべきではない。しかし「義」と言うからには、事の可否、身の去就の方も、当然いいかげんにすべきではない。それゆえ「身を潔くしようとして大倫を乱す」という具合でなかったとしても、さりとて義を忘れて俸禄に汲々としてよいわけではないのである。福州に国初の時の写本がある。そこには「路」の下に「反子」の二字がある。これは、「子路がもどってきて、それから孔子がこのように言った」としているのである。当否は不明である。○范氏が言った。「隠者は我が身を高尚に保つことを旨とする。それゆえ公務から退いて社会復帰しない。一方官途につこうとする者となると世間で伸《の》していこうとする。それゆえ溺れて限りなくはまっていく。人を避けて鳥獣と共にいるのでなければ、今度は生まれつきの本性を破り富貴を貪るのである。この両者はともに惑っている。それゆえ中庸に依拠するのが困難な状況である。ただ聖人だけが君臣の間の義を棄てず、必ず正道に従うようにする。それゆえ出仕してもしていなくても、終始道を離れないでいられるのである」。

長、上声。○子路述夫子之意如此。蓋丈人之接子路甚倨。而子路益恭。丈人因見其二子焉、則

長は、上声(1)。○子路夫子の意を述ぶること此の如し。蓋し丈人の子路に接すること甚だ倨《おご》る。而して子路は益〻恭し。丈人因りて其の二子を見えしむれば、則ち長幼の

於長幼之節、固知其不可廃矣。故因其所明以暁之。倫、序也。人之大倫有五。父子有親、君臣有義、夫婦有別、長幼有序、朋友有信、是也。仕所以行君臣之義。故雖知道之不行、而不可廃。然謂之義、則事之可否、身之去就、亦自有不可苟者。是以雖不潔身以乱倫、亦非忘義以徇禄也。福州有国初時写本。路下有反子二字。以此為子路反、而夫子言之也。未知是否。○范氏曰、隠者為高。故往而不反。仕者為通。故溺而不止。不与鳥獣同群、則決性命之情、以饕富貴。此二者皆惑也。是以依乎中庸者為難。惟聖人不廃君臣之義、而必以其

節に於て、固より其の廃す可からざるを知る。(2) 故に其の明なる所に因りて以て之を暁す。倫は、序なり。(3) 人の大倫五有り。父子親有り、君臣義有り、夫婦別有り、長幼序有り、朋友信有るは、(4) 是《これ》なり。仕うるは君臣の義を行う所以なり。(5) 故に道の行われざるを知ると雖も、而れども廃す可からず。然れども之を義と謂えば、則ち事の可否、身の去就も、亦た自ら苟もす可からざる者有り。是を以て身を潔くして以て倫を乱さずと雖も、亦た義を忘れて以て禄を徇《もと》むる(6)に非ざるなり。福州(7)に国初の時の写本有り。路の下に反子の二字有り。此を以て子路反りて夫子之を言うと為すなり。(8) 未だ是否を知らず。○范氏曰わく、(9) 隠者は高きを為す。故に往きて反らず。仕うる者は通ずるを為す。故に溺れて止まず。(10) 鳥獣と群を同じくせざれば、則ち性命の情を決して、以て富貴を饕《むさぼ》る。(11) 此の二者(12)は皆な惑えり。是を以て中庸に依るを(13)難きと為す。惟だ聖人のみ君臣の義を廃せずして、必ず其の正しきを以てす。或いは出で或いは処りて、終に道を離れざる所

正。所以或出或処、而終不離於　以なり、と。
道也。

（1）ここでは、「目上」。先進第一一・第二四章の注（1）（第3巻の二七六ページ）を参照。（2）ここの「長幼」は、子路と老人の子たちの長幼。老人は自分の子よりも年長者の子路に自分の子を挨拶させる礼をわきまえていた。（3）「舜は庶物を明らかにし、人倫を察し、……」（『孟子』離婁下）の張岐の注に「倫は、序なり」。（4）「聖人之を憂うること有り。契《せつ》をして司徒為らしめ、教うるに人倫を以てす。父子親有り、君臣義有り、夫婦別有り、長幼序有り、朋友信有り」（『孟子』滕文公上）。（5）『論語集解』に引く包咸の注。（6）出仕して俸禄をもらうことを希求する。「禄を徇《もと》めて窮海（永嘉郡のこと）に反り、痾に臥して空林に対す」（謝霊運「登池上楼」、『文選』二二）。六臣注の中の張銑の注に「徇は、求むるなり」。（7）福建路の海港都市。（8）「子路反る。子曰」となり、この箇所が孔子の言葉となる。（9）范祖禹の語。『論語精義』九下に引く。（10）『礼記』楽記。（11）「今世の仁人、蒿目《こうもく》して世の患を憂う。不仁の人、性命の情を決して富貴を饕《むさぼ》る」（『荘子』駢拇）。「性命の情」は、自然に具わっている本性の実質。「決」は、破る。「饕」は、貪る。（12）出仕し利欲を貪る者と、隠者。（13）「君子は中庸に依る。世を遯れて知られずして悔いず。唯だ聖者のみ之を能くす」（『中庸』第一一章）。

【補説】

［仁斎］子路が丈人の家にもどった時に丈人は不在だったので、その二人の子に孔子の考えを告げ、丈人に伝えさせた（『論語集解』に引く鄭玄の注）。二人の子の間に長幼の序列があるのを見て、そこから君臣の義の重要さを説いたのである。聖人は出仕するのが義であり、それは俸禄のためではなく、道を実現させるためである。
［徂徠］「四体勤めず、五穀分かたず。孰をか夫子と為す」を朱子が子路のこととするのは誤りで、「四体勤めず、五穀分かたず」は孔子のことである。丈人はそのうえで子路にそのような人物を「夫子」と称するのかと言ったのである。「子路曰わく」の部分に関しては、朱子の注に言う福州写本が正しいようである。

第八章
逸民、伯夷叔斉虞仲夷逸朱張柳下恵少連。［逸民は、伯夷、叔斉、虞仲、夷逸、朱張、柳下恵、少連。］
「少」は去声。以下同じ。○「逸」は遺逸。「民」は位が無い者を呼ぶ。「虞仲」は仲雍。大伯と同じく荊蛮に出奔した。「夷逸」、「朱張」は経伝に見えない。「少連」は東夷の人である。

少、去声。下同。〇逸、遺逸。民者、無位之称。虞仲、即仲雍。与大伯同竄荊蛮者。夷逸、朱張、不見経伝。少連、東夷人。

少は、去声(1)。下同じ。〇逸は、遺逸(2)。民は、位無きの称(3)。虞仲は、即ち仲雍。大伯と同じく荊蛮(4)に竄《のが》るる者なり(5)。夷逸、朱張は、経伝に見えず。少連は、東夷の人なり(6)。

（1）「少」には上声と去声があるが、ここの「少」については、『経典釈文』二四では「詩照の反」、つまり去声とする。　（2）見捨てる。「此の七人は皆な逸民の賢なる者」（『論語集解』に引く包咸の注）。なお『孟子』公孫丑上、万章下に、柳下恵について「遺佚せられて怨みず」と言われている。　（3）君に見捨てられて民になっているということだが、むしろ自分の生き方に忠実であるゆえにこのような状況に身を置いている人。　（4）中原から見て、南方の蛮地。楚、越、呉などの地。　（5）仲雍は、周の太王の子で、太伯（大伯）の弟。太王が弟の季歴を跡継ぎに望んでいたので、その気持ちを実現させるために、兄の太伯とともに荊蛮へと出奔した。この太伯が呉の太伯であり、太伯には子が無かったので、弟の仲雍が跡を継いで呉の仲雍となった（以上は、『史記』呉太伯世家）。なお『史記』周本紀では、仲雍は「虞仲」になっている。　（6）『礼記』雑記下で、少連を「東夷の子なり」と言う。「東夷」は、東方の夷狄。なお伯夷と叔斉については、例えば述而第七・第一四章の朱子の注。

子曰、不降其志、不辱其身、伯夷叔斉与。［子曰わく、其の志を降さず、其の身を辱めざるは、伯夷、叔斉か。］

「与」は平声。

与、平声。　　　　　　　与は、平声。(1)

(1) ここでは、「……か」。学而第一・第二章の注(1)(第1巻の六四ページ)を参照。

謂柳下恵少連、降志辱身矣、言中倫、行中慮。其斯而已矣。［柳下恵、少連を謂う。志を降し身を辱むるも、言は倫に中《あた》り、行は慮に中る。其れ斯れのみ。］

「中」は去声。以下も同じ。○柳下恵の事は前に見える。「倫」は義理の筋道である。「慮」は思慮である。「慮にあたる」は、その志向が人々の心にも合致することがあることを言う。少連の事跡は考証のしようが無い。しかしきちんと喪に服し、三日間は怠らず、三箇月間はだれず、一年たっても悲哀の念を持ち、三年間憂悶の気持ちを維持したことを評価していたのであって、その行動が人々の考え方と一致していたことがわかる。

中、去声。下同。○柳下恵事見上。倫、義理之次第也。慮、思慮也。中慮、言有意義合人心。少連事不可考。然記称其善居喪、三日不怠、三月不解、期悲哀、三年憂、則行之中慮、亦可見矣。

中は、去声。(1)下同じ。○柳下恵の事上に見ゆ。(2)倫は、義理の次第なり。慮は、思慮なり。(3)慮に中るは、意義の人心に合すること有るを言う。(4)少連の事考う可からず。然れども記に其の善く喪に居り、三日怠らず、三月解《おこた》らず、(5)期に悲哀し、三年憂うを称せば、(6)則ち行の慮に中ること、亦た見る可し。

(1)「なか」は平声、「あたる」は去声。ここでは「あたる」。(2)衛霊公第一五・第一三章。本篇第二章。(3)「行、思慮に応ず」(『論語集解』に引く孔安国の注)。(4)柳下恵は伯夷や叔斉に比べれば、一般の人たちと融和する融通をきかせた姿勢を持っていて、『孟子』万章下で「聖の和なる者」とされている。(5)「解」は、「懈」。(6)「孔子曰わく、少連、大連善く喪に居る。三日怠らず。三月解《おこた》らず。期にして悲哀し、三年憂う。東夷の子なり」(『礼記』雑記下)。「期」は一年。

謂虞仲夷逸、隠居放言。身中清、廃中権。［虞仲、夷逸を謂う。隠居して言を放《ほしいまま》にす。

身は清に中り、廃は権に中る。」

仲雍は呉に住み、髪を切って体に入れ墨をし、裸体を服とした。隠居して自分の身を清廉に保ったのは、「清」の道に合致し、意のままに語り自分を捨てたのは、状況対応の「権」の道に合致している。

仲雍居呉、断髪文身、裸以為飾。隠居独善、合乎道之清、放言自廃、合乎道之権。

仲雍呉に居り、髪を断ち身を文し、裸以て飾と為す。(1) 隠居して独り善くするは、(2) 道の清に合し、言を放《ほしいまま》にして(3) 自ら廃するは、道の権(4) に合す。

（1）「太伯、端委し、以て周の礼を治む。仲雍之を嗣ぎ、髪を断ち身を文し、贏《ら》以て飾と為す」（『春秋左氏伝』哀公七年）。太伯は呉でも玄端の服、委貌の冠という周の礼服を着たが、その跡を継いだ仲雍は、呉の風俗にならった。「贏」は、「裸」。（2）「窮すれば則ち独り其の身を善くし、達すれば則ち兼ねて天下を善くす」（『孟子』尽心上）。（3）ここでは「放言」を意のままに語る意味にとった。それは本章の後に引用されている謝良佐の注に、「放言」を受けて「則ち言は先王の法に合せざる者多し」とあるからである。ただ「放は、置くなり。復た政務を言わざるなり」（『論語集解』に引く馬融の注）をもとにして、「言を放《お》く」、つまり物言わぬという意味にとることも可能である。（4）

「権」は状況に適切に応じた行動を取ることで、本筋の道徳行為である「経」に対する概念。溺れた嫂の手を取って救出するのを「権」とする『孟子』離婁上の用例が有名（この場合は「権」を「礼」と対置する）。朱子は、この「権」を肯定するが、同時に適用に慎重な態度も見せる。なお朱子は、程頤の「能く権を用うれば乃ち道を知るも、亦た権は便ち是れ道と言う可からざるなり」（『程氏遺書』二二上）と、漢儒の「権とは経に反し、然る後に善有る者なり」（実際には『春秋公羊伝』桓公一一年）の両者を調整した議論を展開している。「権」は「経」との対立で意識され、そのまま道とは言えないが、結局は道につながっていくのである。

我則異於是、無可無不可。［我則ち是に異なり、可も無く不可も無し、と。］

孟子は言う。「孔子は仕えるべきであれば仕え、止まるべきであれば止まり、ゆっくりすべきであればゆっくりし、速くすべきであれば速くした」。これが「それがよいとも決めつけず、それがよくないとも決めつけない」ということの意味である。○謝氏が言った。「七人は隠遯して、汚されなかった点は同じである。その動機と品行は異なる。伯夷と叔斉は、天子も臣とすることができず、諸侯も友とすることができなかった。既に世を逃れ社会を離れていたのである。聖人よりも一段階劣ってはいるが、その中では最高であろう。柳下恵と少連は、志を低くしたが自分を曲げず、身を辱めたが世と妥協することを求めなかった。心に潔しとしないところがあったのである。それゆえ言葉は道理の筋道と合致し、行動は人々の考え方と合致することがあった。虞仲と夷逸は、隠居して意のままに語ったので、言葉は先王の法に合致しないことが多かった。しかし清廉であり汚れず、状況に適切に応じた。隠者たちが義を害し教を傷つけ大倫を乱すのとは種類が異なる。それゆえこれらをひとしく「逸民」と言うのである」。尹氏が言った。「七人はそれぞれ一つの節義を守った。しかし孔子は一つだけをよいともせず、よくないともしなかった。これは常にしかるべきあり方にかなっていたということであって、この点が逸民の徒とは異なっていた。揚雄が言った。「聖人に即して見れば、賢人がわかる」。それゆえ孟子は、伯夷と柳下恵を語る際に、必ず孔子を基準に裁断したのである」。

孟子曰、孔子可以仕則仕、可以止則止、可以久則久、可以速則速。所謂無可無不可也。○謝氏曰、七人隠遯、不汚則同。其立心造行則異。伯夷叔斉、天子不得臣、諸侯不得友。蓋已遯世離群矣。下聖人一等、此其最高与。

孟子曰わく(1)、孔子は以て仕う可ければ則ち仕え、以て止まる可ければ則ち止まり、以て久しかる可ければ則ち久しく、以て速やかにす可ければ則ち速やかにするなり、と。所謂可も無く不可も無きなり。○謝氏曰わく(2)、七人隠遯して、汚れざるは則ち同じ。其の心を立て行を造《いた》す(3)は則ち異なり。伯夷、叔斉は、天子も臣とすることを得ず、諸侯も友とすることを得ず(4)。蓋し已に世を遯れ群を

柳下恵少連、雖降志而不枉己、雖辱身而不求合。其心有不屑也。故言能中倫、行能中慮。虞仲夷逸、隠居放言、則言不合先王之法者多矣。然清而不汚也、権而適宜也。与方外之士、害義傷教、而乱大倫者殊科。是以均謂之逸民。尹氏曰、七人各守其一節。而孔子則無可無不可。此所以常適其可、而異於逸民之徒也。揚雄曰、観乎聖人、則見賢人。是以孟子語夷恵、亦必以孔子断之。

離る。聖人に下ること一等なれども、此れ其の最高なるか。柳下恵、少連は、志を降すと雖も而れども己を枉げず、身を辱むと雖も而れども合するを求めず。其の心に屑しとせざること有り。故に言は能く倫に中り、行は能く慮に中る。虞仲、夷逸は、隠居して言を放《ほしいまま》にすれば、則ち言は先王の法に合せざる者多し。然れども清くして汚れず、権にして宜に適う。方外の士の⑤、義を害し教を傷りて、大倫を乱す者と科《しな》を殊にす⑥。是を以て均しく之を逸民と謂う、と。尹氏曰わく⑦、七人は各〻其の一節を守る。而して孔子は則ち可も無く不可も無し。此れ常に其の可に適《かな》いて、逸民の徒に異なる所以なり⑧。揚雄曰わく⑨、聖人に観れば、則ち賢人を見る、と。是を以て孟子、夷、恵を語るに、亦た必ず孔子を以て之を断ず⑩、と。

（1）『孟子』公孫丑上では、伯夷と伊尹を対比しながら、孔子の姿勢としてこの語を言う。また万章下にも孔子のこととして載せるが、語順が異なる。　（2）謝良佐の語。『論語精義』九下に引く。
（3）「行を造す」は、品行を正そうとする。「寡人行を造すに、惰無きこと能わず」（『漢書』王吉伝）。

（4）『荘子』譲王では曾子について、『後漢書』郭太伝では郭林宗についてこの語がある。（5）世俗の外に出る型の隠者。道家的立場とも言える。（6）種類が異なること。（7）尹焞の語。『論語精義』九下に引く。（8）逸民たちがそれぞれ一つの節義で固まっていたのに対し、孔子は状況に応じて自由かつ適切に対応したということ。（9）『法言』修身篇。（10）『孟子』万章下で、伯夷、伊尹、柳下恵、孔子を、「聖の清なる者」、「聖の任なる者」、「聖の和なる者」、「聖の時なる者」とし、そのうえで孔子を「集めて大成す」としたが、朱子はそこの注で、孔子について「愚謂えらく、孔子は仕、止、久、速、各〻其の可に当たる。蓋し三子（伯夷、伊尹、柳下恵）の聖なる所以の者を兼ねて、時に之を出せば、三子の一徳を以て名づく可きに非ざるなり」と言う（『孟子集注』）。

【補説】

［仁斎］虞仲を泰伯の弟の仲雍とすることについては、仲雍は泰伯の位を継いだのであるから逸民とは言えず、また伯夷よりも前の人であるから叔斉の下にあるのはおかしい。たぶん別人であろう。

［徂徠］虞仲についての仁斎の推測は正しい。

「言は倫に中り、行は慮に中り」とは、言行が聖人の倫慮に暗合すること。朱子のように「倫は、義理の次第」という調子で根拠無く解釈すれば、何でも解釈できてしまう。「倫」はそれぞれ条理があって乱れないことであって、父子、君臣、夫婦それぞれの道があるといったこと。柳下恵の言は全てに通じるものではなかったが、道の一筋には通じていた。また「慮」は、孔子の陽貨に対する応対のように（陽貨第一七・第一章）、直接的ではなく委曲を尽くした行い。その次の虞仲、夷逸は身を潔く保ち古聖人の一徳を持っていたが、言行は見るべきものは無いから、「身は清に中り」と言っているのである。

「可も無く不可も無し」について朱子が孟子を引くのは誤りで、孟子の場合は義の可否で言っているのに対して、ここの意味は「道が行えるとか行えないとかいうことで出処進退を決めない」ということである。伯夷以下の七人はみな道が行えないから隠逸したのであるが、孔子にとっては道を行えぬ世は無いのである。

第九章

大師摯適斉。［大師《たいし》の摯《し》は斉に適《ゆ》く。］

「大」の音は泰。〇「大師」は魯の楽官の長。「摯」はその名である。

大、音泰。〇大師、魯楽官之長。大は、音泰。(1) 〇大師は、魯の楽官の長。(2) 摯は、其の名なり。(3)

摯、其名也。

（1）『経典釈文』二四では「音は太」とする。日本漢字音は「タイ」。（2）「淫声を禁じ、時を以て順脩し、夷俗邪音をして敢えて雅を乱さざらしむるは、大師の事なり」（『荀子』王制）。その楊倞の注に、「大師は、楽官の長。大は読みて太と為す」。また大師については、「大師は六律六同を掌り、以て陰陽の声を合す」（『周礼』春官・大師）。（3）泰伯第八・第一五章に摯の名演奏のことが見える。

亜飯干適楚。三飯繚適蔡。四飯欠適秦。［亜飯の干は楚に適《ゆ》く。三飯の繚《りょう》は蔡に適く。四飯の欠《けつ》は秦に適く。］

「飯」は扶晩の反。「繚」の音は了。○「亜飯」以下は、食事の時に音楽を演奏する官。「干」、「繚」、「欠」はみな名である。

飯、扶晩反。繚、音了。○亜飯以下、以楽侑食之官。干繚欠、皆名也。

飯は、扶晩の反。(1) 繚は、音了。(2) ○亜飯(3)以下は、楽を以て食を侑《すす》むる(4)の官。干、繚、欠は皆な名なり。

（1）『経典釈文』二四。（2）『経典釈文』二四。（3）「亜」は、「次」。「亜飯」は、次席食時演奏係。朱子は『論語或問』の本章の部分で、『白虎通』礼楽の「王は中央に平居し、四方を制御す。平旦の食は、少陽の始なり。昼食は、太陽の始なり。晡食は、少陰の始なり。暮食は、太陰の始なり。……

諸侯は三飯、卿大夫は再飯、尊卑の差なり」という箇所を引いたうえで、「故に魯の楽官、亜飯自り以下、蓋し凡そ三飯なり」と言う。つまり魯は諸侯であるから、亜飯以下が三食の時に順次奏楽するのであろう。

（4）食事中に音楽を奏でる。「楽を以て食を侑む」（『周礼』天官・膳夫）。その鄭玄の注に、「侑は、猶お勧むがごときなり」。

鼓方叔入於河。［鼓の方叔は河に入る。］

「鼓」は太鼓を叩く者。方叔は名。河は河内。

鼓、撃鼓者。方叔、名。河、河内。　鼓は、鼓を撃つ者。[1]方叔は、名。河は、河内。[2]

（1）「鼓」は太鼓。『論語集解』に引く包咸の注。　（2）古代の魏（今の山西省）の地。朱子は、「河内、河東は、皆な魏の地」と言う（『孟子集注』梁恵王上）。『論語集解』に引く包咸の注。

播鼗武入於漢。［播《は》鼗《とう》の武は漢に入る。］

「鼗」は徒刀の反。○「播」は揺らすこと。「鼗」は、小鼓である。両脇に耳がついている。その柄を持って揺らせば、脇の耳がそれに従いおのずと太鼓を撃つ。「武」は名である。「漢」は漢中。

鼗、徒刀反。○播、揺也。鼗、小鼓。両旁有耳。持其柄而揺之、則旁耳還自撃。武、名也。漢、漢中。

鼗は、徒刀の反。(1)○播は、揺なり。(2)鼗は、小鼓。(3)両旁に耳有り。其の柄を持ちて之を揺らせば、則ち旁耳還《めぐ》りて自ら撃つ。(4)武は、名なり。漢は、漢中。(5)

（1）『経典釈文』二四。（2）『論語集解』に引く孔安国の注。（3）ふりつづみ。（4）「小師は鼓鼗を教うるを掌る」。その鄭玄の注に、「鼗は、鼓の如くして小、其の柄を持ちて之を揺らせば、旁耳還りて自ら撃つ」。（5）漢水の上流。今の陝西省南部から湖北省北部にかかる。

少師陽撃磬襄入於海。［少師の陽、撃磬《けい》の襄《じょう》は海に入る。］

「少」は去声。○「少師」は楽官の補佐。「陽」と「襄」は二人の名。襄は孔子が琴を学んだ者である。「海」は海の中の島である。○これは賢人の隠遁を記し、前章に附したものである。しかし必ずしも孔子の言葉ではない。最終章もこれに準ずる。張子が言われた。「周が衰え音楽が廃れた。孔子は衛から魯にもどり、音楽を整備したところ、それ以後楽師楽人たちは、音楽の正しいあり方を知るようになった。魯がますます衰え、三桓が専横の振舞をするに及び、大師以下はみな四方に散ってはるか黄河を越え海島にまでわたり、そこでやっと乱れた国を去ったという気になった。聖人のわずかの間の助力によって、教化はかくも及んだのである。「もし私を登用する者がいれば、一年で十分である」とは、虚言だったであろうか」。

少、去声。○少師、楽官之佐。陽襄、二人名。襄、即孔子所従学琴者。海、海島也。○此記賢人之隠遁、以附前章。然未必夫子之言也。末章放此。張子曰、周衰楽廃。夫子自衛反魯、一嘗治之、其後伶人賤工、識楽之正。

少は、去声①。○少師は、楽官の佐②。陽、襄は、二人の名。襄は即ち孔子従いて琴を学ぶ所の者なり③。海は、海島なり。○此れ賢人の隠遁を記し、以て前章に附す。然れども未だ必ずしも夫子の言ならざるなり。末章も④此に放《なら》う。張子曰わく⑤、周衰え楽廃す。夫子衛自り魯に反り、一たび嘗て之を治むるに⑥、其の後伶人賤工⑦、楽の正しきを識る。魯の益〻衰え、三桓⑧僭妄するに及びて、大師自り以

及魯益衰、三桓僭妄、自大師以下、皆知散之四方、逾河蹈海、以去乱。聖人俄頃之助、功化如此。如有用我、期月而可、豈虚語哉。

下、皆な散じて四方に之き、河を逾《こ》え海を蹈《ふ》み、以て乱を去るを知る(9)。聖人の俄頃(10)の助、功化(11)此の如し。如し我を用うること有れば、期月にして可なり(12)とは、豈に虚語ならんや、と。

(1)「少」が副の職務を指す時は去声。「少」に上声と去声があることは、本篇第八章の注(1)(三八一ページ)を参照。　(2)「大師」の補佐。　(3)「孔子、鼓琴を師襄子に学ぶ」(『史記』孔子世家)。　(4)本篇最終章。　(5)張載の語。『正蒙』三十篇第十一。　(6)「子曰わく、吾衛自り魯に反りて、然る後に楽正しく、……」(子罕第九・第一四章)。　(7)伶人は楽師。「賤工」とあわせて音楽にたずさわる者の上から下まで。　(8)魯の家老の三桓氏。　(9)孔子から正しい音楽についての認識を伝えられ、乱れた国にいるべきではないという見識を持つに至っていたということ。　(10)しばしの間。　(11)教化の効果。　(12)子路第一三・第一〇章。

【補説】

[仁斎]当時は世が乱れていたので、賢者は隠逸しなければ、楽師楽工に身を置いた。彼らが四散したのは、魯であっても仕えられないほどになっていたからである。

[徂徠]食事ごとに亜飯、三飯、四飯がある。一日の食事の順ではない。初飯が無いのは、すすめる必

要が無いからである。亜飯以下は、祭の時に尸《かたしろ》に食をすすめる官である。

第十章

周公謂魯公曰、君子不弛[施]其親。不使大臣怨乎不以。故旧無大故、則不棄也。無求備於一人。「周公、魯公に謂いて曰わく、君子其の親を〈弛《す》〉てず。大臣をして以《もち》いられざることを怨ましめず。故旧、大故無ければ、則ち棄てず。備わらんことを一人に求むこと無し、と。」（□内は原文）

「施」は、陸氏本では「弛」になっている。福本も同じである。〇「魯公」は周の公子の伯禽である。「弛」は遺棄すること。「以」は用いること。高官はしかるべき人でなければ罷免するが、位にある以上は、用いてあげなければならない。「大故」は悪逆を言う。李氏が言った。「四者は全て君子の行為であり、誠実さ手厚さを尽くしたものである」。〇胡氏が言った。「これは伯禽が封ぜられて魯国に赴いた際に、周公が訓戒した言葉である。魯人は長く伝誦していたが忘れてはいなかったのである。あるいは孔子が門人に言ったのかもしれない」。

施、陸氏本、作弛。詩紙反。福　　施は、陸氏本は弛に作る。[1] 詩紙の反。[2] 福本も同じ。[3] 〇魯

本同。○魯公、周公子伯禽也。弛、遺棄也。以、用也。大臣非其人則去之、在其位、則不可不用。大故、謂悪逆。李氏曰、四者皆君子之事、忠厚之至也。○胡氏曰、此伯禽受封之国、周公訓戒之辞。魯人伝誦久而不忘也。其或夫子嘗与門弟子言之歟。

公は、周の公子伯禽なり[4]。弛は、遺棄なり[5]。以は、用うるなり[6]。大臣其の人に非ざれば則ち之を去るも、其の位に在れば、則ち用いざる可からず。大故は、悪逆を謂う[7]。李氏曰わく[8]、四者は皆な君子の事、忠厚の至りなり[9]、と。○胡氏曰わく[10]、此れ伯禽の封を受け国に之くに、周公の訓戒するの辞。魯人伝誦すること久しけれども忘れざるなり。其れ或いは夫子嘗て門弟子と之を言えるか、と。

（1）陸氏本は、陸徳明（諱は元朗、徳明は字）『経典釈文』のことで、そこでは「弛」の字になっている（巻二四）。（2）『経典釈文』二四。（3）本篇第七章の朱子の注（本巻の三七八ページ）に見える福州写本。（4）『論語集解』に引く孔安国の注。伯禽は、武王の弟で周の制度や文化を確立したとされる周公の子。『史記』魯周公世家によると、「是に於て卒に成王に相《しょう》たりて其の子の伯禽をして代わりに魯に就封せしむ。周公、伯禽を戒めて曰わく、……」と、周公が成王の宰相となり、自分の代わりに伯禽を魯に封じた時に、彼を戒めている。（5）ここでは親族を捨てること。（6）『論語集解』に引く孔安国の注。（7）『論語集解』に引く孔安国の注。（8）李郁の語。（9）「故に生に事えて忠厚ならず敬文ならざるは、之を野と謂う。死を送りて忠厚ならず敬文ならざるは、之を瘠《せき》と謂う」（『荀子』礼論）。その楊倞の注に「忠厚は、忠心篤厚」と言う。（10）胡寅の語。

【補説】
［徂徠］「施」を「弛」とするのに従っておくが、朱子が「遺棄」と解釈するのは誤りで、『論語筆解』で韓愈が言うような「弛漫」の方がよい。

第十一章

周有八士。伯達、伯适、仲突、仲忽、叔夜、叔夏、季随、季騧。［周に八士有り。伯達、伯适《かつ》、仲突、仲忽、叔夜、叔夏、季随、季騧《か》。］

「騧」は烏瓜の反。○ある人は言った。「成王の時の人」、またある人は言った。「宣王の時の人」。一人の母が四回のお産で八人の子を生んだのである。しかし考証すべくもない。○張子が言われた。「立派な人が多かったことを記したのである」。○私が考えるに、本篇で孔子は、「三仁」、「逸民」、「師摯」、「八士」に対しては、みな称賛して論評したが、「接輿」、「沮溺」、「丈人」に対しても、さらに常に懇切に導く気持ちがあった。いずれの場合も衰えた世にあっての志であって、感ずるところに深いものがあったのである。孔子が陳にいる時に詠嘆したのも、またこの類である。「三仁」は論難の余地が無い。その他の君子たちもまたみな一世の高士である。もし彼らに聖人の道を聞かせることができ、行き過ぎを矯正し、不足している点を努力させれば、その到達点はこの段階に止まるものであろうか。

騶、烏瓜反。○或曰、成王時人。或曰、宣王時人。蓋一母四乳而生八子也。然不可考矣。○張子曰、記善人之多也。○愚按、此篇孔子於三仁逸民師摯八士、既皆称賛而品列之、於接輿沮溺丈人、又毎有惓惓接引之意。皆衰世之志也、其所感者深矣。在陳之歎、蓋亦如此。三仁則無間然矣。其余数君子者、亦皆一世之高士。若使得聞聖人之道、以裁其所過、而勉其所不及、則其所立、豈止於此而已哉。

騶は、烏瓜の反。[1]○或ひと曰わく、[2]成王[3]の時の人、と。或ひと曰わく、[4]宣王[5]の時の人、と。蓋し一母四乳[6]して八子を生む。[7]然れども考う可からず。○張子曰わく、[8]善人の多きを記するなり、と。○愚按ずるに、此の篇孔子の三仁、[9]逸民、[10]師摯、[11]八士[12]に於ける、既に皆な称賛して之を品列し、接輿、[13]沮溺、[14]丈人[15]に於て、又た毎に惓惓として[16]接引する[17]の意有り。皆な衰世の志なり、[18]其の感ずる所の者深し。陳に在るの歎も、[19]蓋し亦た此の如し。三仁は則ち間然すること無し。[20]其の余の数君子の者も、亦た皆な一世の高士なり。若し聖人の道を聞くことを得て、以て其の過ぐる所を裁して、其の及ばざる所を勉めしめば、則ち其の立つ所、豈に此に止むるのみならんや。

（1）『経典釈文』二四、『広韻』では、「古花（華）の反」。（2）「鄭玄以て成王の時と為す」（邢昺『論語正義』）。（3）周の武王の子。（4）「劉向、馬融皆な以て宣王の時と為す」（邢昺『論語正義』）。（5）周の厲王の暴政の後に即位し、中興の政治を行った。（6）子を産むこと。（7）四回のお産でそれぞれ双子を産んだということ。伯、仲、叔、季は兄弟の順を表すが、それが二名ずつ名につけられているから。『論語集解』に引く包咸の注。（8）張載の語。『正蒙』作者篇。（9）第一章。（10）第八章。（11）第九章。（12）本章。（13）第五章。（14）第六章。（15）第七章。（16）懇切に。（17）導く。（18）衰えた世にあっての志。「於《ここ》に其の類を稽うるに、其れ衰世の意なるか」（『易経』繫辞下伝）。（19）陳で孔子が魯に帰国しようと慨嘆したこと。公冶長第五・第二一章。そこの注で朱子は、「此れ孔子四方を周流し、道行われずして帰るを思うの歎なり」と言う。（20）「間然すること無し」とは、欠陥が無く論難の余地が無いこと。泰伯第八・第二一章。

【補説】

［仁斎］四度のお産で八人を産んだというのは信じられない。ただ当時の人材の多さを言ったのである。

［徂徠］本章は『論語』の内容との関係は無い。古人がたまたま古人の一、二言を得て記録しておこうと思い、『論語』篇末の空いている箇所に書きとどめたのであろう。

お産の件であるが、世にありうることで、仁斎のように怪しむには及ばない。今の習俗では双子を忌み、一人を殺してしまうが、人情からすれば古えもそうであったのであろう。本章で双子の人材を挙げていることを見れば、かかる風習が少しは止むかもしれない。君子が博物を尊ぶのはこのようなことがあるからである。

論語集注巻十

子張第十九

本篇は全て弟子の言を記している。その中では子夏が多く、子貢がこれに次ぐ。孔門は顔子以下では、聡明さでは子貢に及ぶ者は無く、曾子以下では、篤実さでは子夏に及ぶ者は無い。それゆえ特に彼らについて詳細に記している。合計二十五章。

此篇皆記弟子之言。而子夏為多、子貢次之。蓋孔門自顔子以下、穎悟莫若子貢、自曾子以下、篤実無若子夏。故特記之詳焉。凡二十五章。

此の篇皆な弟子の言を記す。而して子夏を多しと為し、子貢之に次ぐ。蓋し孔門顔子自り以下、穎悟《えいご》(1)は子貢に若《し》くは莫く、曾子自り以下、篤実は子夏に若くは無し。故に特に之を記すこと詳らかなり。凡そ二十五章。

（1）聡明で理解するのがはやいこと。

第一章

子張曰、士見危致命、見得思義、祭思敬、喪思哀、其可已矣。［子張曰わく、士は危きを見て命を致し、得るを見て義を思い、祭に敬を思い、喪に哀を思えば、其れ可なるのみ。］

「命を致す」は、命を差し出すことを言う。「命を授く」と言っているのと同様である。この四項目は自己を確立する大節であって、一項目でもきちんとできなければ、その他は見るに足りない。それゆえ士がこのようであれば、ほぼ問題は無いと言ったのである。

致命、謂委致其命。猶言授命也。四者立身之大節。一有不至、則余無足観。故言士能如此、則庶乎其可矣。

命を致すは、其の命を委ね致す[1]を謂う。猶お命を授く[2]と言うがごときなり。四者は身を立つるの大節。一も至らざること有れば、則ち余は観るに足ること無し。故に士能く此の如ければ、則ち其れ可なるに庶《ちか》しと言う、と。

（1）自分の命を差し出す。（2）憲問第一四・第一三章。

【補説】

［仁斎］本章の内容は、士としては十分であるが、君主や宰相の場合は、これに止まらない。

［徂徠］本章は、あくまでも先王の「義」、「敬」、「哀」にどのように合するのかを思うことを言っている。後世の儒者は、思うこと自体ばかりを念頭において「義」、「敬」、「哀」については憶説を述べている。

第二章

子張曰、執徳不弘、信道不篤、焉能為有、焉能為亡。［子張曰わく、徳を執ること弘からず、道を信ずること篤からざれば、焉んぞ能く有ると為さん、焉んぞ能く亡しと為さん、と。］

「焉」は於虔の反。「亡」の読みは「無」である。以下同じ。○悟ることがあっても偏狭にそれを守れば、徳は孤立する。よいことを聞いても篤く信じなければ、道は廃れる。「どうしてその人がいるとかいないとかしえようか」とは、評価するにも値しないということである。

焉、於虔反。亡、読作無。下同。○有所得而守之太狭、則徳孤。有所聞而信之不篤、則道廃。焉能為有亡、猶言不足為軽重。

焉は、於虔の反。[1]亡は、読みて無と作す。[2]下同じ。○得る所有りて之を守ること太だ狭ければ、則ち徳孤なり。[3]聞く所有りて之を信ずること篤からざれば、則ち道廃る。焉んぞ能く有亡を為さんとは、猶お軽重を為すに足らず[4]と言うがごとし。

（1）『経典釈文』二四。　（2）「字の如し。無なり」（『経典釈文』二四）。また「亡は、無なり」（邢昺『論語正義』）。　（3）里仁第四・第二五章。　（4）『論語集解』に引く孔安国の注。この箇所について朱子は、「此の人有れども亦た是れ有るに当たり得ず。此の人無けれども亦た是れ無きに当たり得ず。皆な軽重を為すに足らず」（『朱子語類』四九）と言う。つまりその人がいてもいなくても関係無いということ。

【補説】

［徂徠］「弘」は養って大きくすること。人の本性はそれぞれ異なり、人は自分の本性に近い徳を修めて高くしていくことが重要なのである。また徳は自分側、道は外部になる。それゆえ両者を分けて述べているのである。

第三章

子夏之門人、問交於子張。子張曰、子夏云何。対曰、子夏曰、可者与之、其不可者拒之。子張曰、異乎吾所聞。君子尊賢而容衆、嘉善而矜不能。我之大賢与、於人何所不容。我之不賢与、人将拒我、如之何其拒人也。

子張に問う。子張曰わく、子夏何をか云える、と。対《こた》えて曰わく、子夏曰わく、可なる者は之に与《くみ》し、其の不可なる者は之を拒《ふせ》ぐ、と。子張曰わく、吾の聞ける所に異なる。君子賢を尊びて衆を容れ、善を嘉《よみ》して不能を矜《あわ》れむ。我の大賢ならんか、人に於て何の容れざる所あらん。我の不賢ならんか、人将に我を拒がんとす、之を如何ぞ其れ人を拒がん、と。」

「賢与」の「与」は平声。〇子夏の言葉は性急偏狭であって、子張がこれを批判したのは正しい。しかし彼の言葉もまた高遠過ぎる弊害がある。大賢は受け入れない者は無いけれども、悪逆な者とは交わりを絶つべきなのである。また不賢者はもとより他者との交わりを拒むべきではないけれども、自分のためにならない友の場合は遠ざけるべきなのである。学ぶ者はこのことを察すべきである。

賢与之与、平声。○子夏之言迫狭、子張譏之是也。但其所言亦有過高之病。蓋大賢雖無所不容、然大故亦所当絶。不賢固不可以拒人、然損友亦所当遠。学者不可不察。

賢与の与は、平声(1)。○子夏の言は迫狭、子張之を譏るは是《ぜ》なり。但だ其の言う所も亦た高きに過ぐるの病有り。蓋し大賢は容れざる所無しと雖も、然れども大故(2)は亦た当に絶つべき所なり。不賢は固より以て人を拒む可からざれども(3)、然れども損友(4)も亦た当に遠ざけるべき所なり(5)。学者察せざる可からず。

（1）ここでは、「……か」。学而第一・第二章の注（1）（第1巻の六四ページ）を参照。（2）悪逆。微子第一八・第一〇章の朱子の注を参照。（3）自分が不賢であれば、人の方こそ自分を拒むべきであっても、自分の方からは拒むべきではないということ。（4）自分に悪い影響をあたえる友人。「損者三友」（季氏第一六・第四章）。（5）季氏第一六・第四章。

【補説】

［仁斎］本章の子張が「吾の聞く所」というのは、孔子から聞いた内容のことであって、朱子が高遠すぎると言うのはおかしい。なお、「己に如かざる者を友とすること無かれ」（学而第一・第八章、子罕第九・第二四章）と、本章の子張の誰でも受け入れるという内容は矛盾しない。向こうは自分から求めてしないということ、こちらは向こうから求めてきた場合は拒否しないということである。

［徂徠］『論語』で弟子たちの問答を記している場合は、たいてい答える方を肯定している。この場合

もそうであって、朱子が子張に対し批判的言辞を見せるのに対して仁斎が否定しているのは正しい。ただ仁斎が「「善を嘉」すれば、学が進む」と言うのは、この「善」を善悪の善と解釈しているのであって、これが善行を行える人のことであるのがわかっていない。ここの精神は「汎く衆を愛して仁に親しむ」（学而第一・第六章）ということである。

第四章

子夏曰、雖小道、必有可観者焉。致遠恐泥。是以君子不為也。［子夏曰わく、小道と雖も、必ず観る可き者有り。遠きに致せば恐らくは泥《なず》まん。是を以て君子は為さざるなり、と。］

「泥」は去声。○「小道」は農学、医学、卜筮の類。「泥」は通じないこと。○楊氏が言った。「多くの仕事の技術は、いわば耳、目、鼻、口がそれぞれの形で知覚していながら相互に通じあえないようなものである。取り柄が無いわけではない。ただそのままずっと行くとするとはまりこんでしまう。それゆえ君子は行わないのである」。

泥、去声。○小道、如農圃医卜　泥は、去声。(1)○小道は、農圃医卜(2)の属の如し。泥は、通

之属。泥、不通也。〇楊氏曰、百家衆技、猶耳目鼻口、皆有所明、而不能相通。非無可観也。致遠則泥矣。故君子不為也。

ざるなり。(3) 〇楊氏曰わく、(4) 百家衆技は、猶お耳目鼻口の、皆な明らかにする所有れども、而れども相い通ずること能わざるがごとし。(5) 観る可きこと無きに非ざるなり。遠きに致せば則ち泥む。故に君子は為さざるなり、と。

（1）去声の場合は「なずむ」など。平声の場合は「どろ」。（2）卜筮。占い。（3）『論語集解』に引く包咸の注。（4）楊時の語。『論語精義』一〇上に引く。（5）「譬えば耳目鼻口の如き、皆な明らかにする所有れども相い通ずること能わざるが如し。猶お百家衆技のごときなり。皆な長ずる所有りて、時に用うる所有り。然りと雖も該《か》ねず偏《あまね》からず。一曲の士なり」（『荘子』天下）。

【補説】

［仁斎］「小道」は、諸子百家の類である。

［徂徠］仁斎は『論語集解』の何晏の注をもとにして小道を諸子百家などと言うが、子夏の当時、諸子百家はいなかった。ここは朱子の解釈の方がよい。ただ今の時点ではこのような見方は意味があり、たとえ仏教や道家・道教であっても見るべきものはある。

第五章

子夏曰、日知其所亡、月無忘其所能、可謂好学也已矣。［子夏曰わく、日に其の亡き所を知り、月に其の能くする所を忘るること無きは、学を好むと謂う可きのみ、と。］

「亡」は「無」と読む。「好」は去声。○「亡」は無いこと。自分にはまだ無いものを言う。○尹氏が言った。「学を好む者は、日々自己を刷新して得たものを失わない」。


亡、読作無。好、去声。○亡、無也。謂己之所未有。○尹氏曰、好学者、日新而不失。

亡は、読みて無と作す。(1) 好は、去声。(2) ○亡は、無なり。己の未だ有らざる所を謂う。○尹氏曰わく、(3) 学を好む者は、日に新たにして(4) 失わず、と。

（1）本篇第二章の注（2）（四〇四ページ）を参照。（2）ここでは、「好む」。（3）尹焞の語。『論語精義』一〇上に引く。（4）「日新」は、『大学』伝二章に引く「湯の盤銘」の語。

【補説】

［仁斎］学を好むことを孔子は尊んだ。顔回に対してもその聡明さではなく好学を評価した。

［徂徠］諸儒は「亡」を「無」とするが、一つの文の中に二つの表現が出てくるはずはない。「亡」と

は失うことである。毎日すみやかに反省するのである。

孔子は「以て師と為る可し」というように、教えとして「温故知新」を言ったが（為政第二・第一一章）、子夏は学ぶ側について「温故」のみを言い、「知新」に及んでいない。それなのに後儒は深く求め過ぎて一言で言い尽くしているとしたがる。

第六章

子夏曰、博学而篤志、切問而近思。仁在其中矣。［子夏曰わく、博く学びて篤く志し、切に問いて近く思う。仁其の中に在り、と。］

この四項目は全て学問思弁の事だけである。努力実践して仁を実現することには及んでいない。しかしこれらに従事すれば、心は外に馳せてしまわず、内面で涵養するものがおのずと熟していく。それゆえ「仁はその中にある」と言うのである。〇程子が言われた。「「博く学んで篤く志し切実な問題意識を持ち日常に即して思う」とあるが、なぜ「仁はその中にある」と言うのか。学ぶ者は思いを凝らし悟ることが求められねばならない。このことを了解すれば、この語は徹上徹下の道となるのである」。また言われた。「学が博くなければ、自己をしっかりと維持できない。志が篤くなければ、努力実践することができない。自分の内面に対して「切実な問題意識を持ち日常に即して思」っていけば、「仁はその中にある」」。また言われた。「「日常に即して思う」とは、着実に類推していくことである」。蘇氏が言った。「博く学んでも志が篤くなければ、広がりはするが成就はしない。漫然と問題意識を持ち、日常からかけ離れたことばかり思えば、労するが功は無い」。

四者皆学問思弁之事耳。未及乎力行而為仁也。然従事於此、則心不外馳、而所存自熟。故曰、仁在其中矣。○程子曰、博学而篤志切問而近思、何以言仁在其中矣。学者要思得之。了此便是徹上徹下之道。又曰、学不博、則不能守約。志不篤、則不能力行。切問近思在己者、則仁在其中矣。又曰、近思者、以類而推。蘇氏曰、博学而志不篤、則大而無成。泛問遠思、則労而無功。

四者は皆な学問思弁[1]の事のみ。未だ力行[2]して仁を為すに及ばざるなり。然れども此に従事すれば、則ち心は外に馳せずして、存する所自ら熟す[3]。故に曰わく、仁其の中に在り、と。○程子曰わく[4]、博く学びて篤く志し切に問いて近く思う、何を以て仁其の中に在りと言うか。学者思いて之を得んことを要す。此を了すれば[5]便ち是れ徹上徹下の道なり、と。又た曰わく[6]、学博からざれば、則ち守ること約なる[7]能わず。志篤からざれば、則ち力行すること能わず。己に在る者を切に問いて近く思えば[8]、則ち仁其の中に在るなり、と。又た曰わく[9]、近く思うは、類を以て推す[10]、と。蘇氏曰わく[11]、博く学べども志篤からざれば、則ち大にして成ること無し。泛《ひろ》く問い遠く思えば、則ち労して功無し、と。

（1）「博く之を学び、審に之を問い、慎みて之を思い、明らかに之を弁じ、篤く之を行う」（『中庸』第二〇章）　（2）「子曰わく、学を好みて知に近づき、力行して仁に近づき、恥を知りて勇に近づく」（『中庸』第二〇章）。　（3）朱子はしばしば「生」に対して「熟」を用い、その働きが充足した状態を言う。　（4）程顥の語。『程氏遺書』一四。　（5）了解する。　（6）程顥の語。『程氏外書』六。（7）「守約」については『孟子』公孫丑上に曾子のこととして出る。学而第一・第四章の注（8）（第1巻の七二ページ）を参照。　（8）「近思」とは、日常の場に即して心を尽くすこと。　（9）程頤の語。『程氏遺書』二二上。　（10）同類をもとに推測し、順次物ごとの理解を広げていくこと。「夫れ明闇の徴、上に飛鳥乱れ、下に淵魚動き、各ゞ類を以て推す」（『漢書』終軍伝）。程頤は、「格物窮理は是れ尽く天下の物を窮むるを要するに非ず。但だ一事の上に於て窮尽すれば、其の他は類を以て推す可し」と、格物にこの「類推」を用いる（『程氏遺書』一五）。　（11）蘇軾の語。

【補説】

［徂徠］「志」は「学」に先行すべきなのに逆になっているので、『論語集解』に引く孔安国の注では「志」を「識《しる》す（記憶する）」と解釈した。朱子の注はこの順序の意味をわかっていない。「切問」の「切」とは、「切磋」の「切」の意味である。古えは師は弟子に全て教えず当人に考えさせて悟らせた。そこで弟子たちは師の考えを知るためにあれこれ問うたのでこのように言ったのであるが、朱子はそ

のことをわかっていない。後世になると弟子たちにすぐに自分の意を悟らせようとむやみに言葉を費やすようになったので、古えの教法が滅んでしまった。「近思」は、師の答えは卑近に見えてもゆるがせにしないこと。「仁其の中に在り」とは、当時子夏は仕えていなかったが、学んでいた内容は先王の民を安寧にする道であったからである。また仁と学と別物だが、学によって仁を得るのでこのように言うのであって、後儒はこれがわかっていない。

第七章

子夏曰、百工居肆以成其事。君子学以致其道。［子夏曰わく、百工は肆《し》に居て以て其の事を成す。君子は学びて以て其の道を致す、と。］

「肆」は役所の工房を言う。「致」は極めること。工人が工房にいなければ、他の仕事に心を奪われて、工人の仕事としての精度が落ちる。君子は学ばなければ、誘惑に心を奪われて志が弱くなる。尹氏が言った。「学は道を極めるためのものである。工人たちが工房にいれば、必ず自分の仕事の遂行に励む。君子が学問に対する場合も、遂行すべきものを知らないですもうか」。私が考えるに、この両説があいまって、本章の意味は初めて完備する。

肆、謂官府造作之処。致、極也。工不居肆、則遷於異物、而業不精。君子不学、則奪於外誘而志不篤。尹氏曰、学所以致其道也。百工居肆、必務成其事。君子之於学、可不知所務哉。愚按、二説相須、其義始備。

肆は、官府造作の処を謂う。致は、極むなり。工、肆に居らざれば、則ち異物に遷されて、業精ならず。(1) 君子学ばざれば、則ち外誘に奪われて志篤からず。尹氏曰わく、(2) 学は其の道を致す所以なり。百工肆に居れば、必ず務めて其の事を成す。君子の学に於けるも、務むる所を知らざる可けんや。愚按ずるに、二説相い須《ま》ちて、其の義始めて備わる。

(1)『国語』斉語に、「昔聖王の士を処するや間燕（韋昭注では清浄の意）に就かしめ、工を処するや官府に就かしめ、商を処するや市井に就かしめ、農を処するや田野に就かしむ」というようにし、そうすれば士、工、商、農のそれぞれは「異物を見て遷らず」とする管仲の語をあげる。なおそこの韋昭の注では、「物は、事なり。遷は、移るなり」と言う。士工商農がそれぞれの職場にいて目移りせず職務を全うすること。(2) 尹焞の語。『論語精義』一〇上に引く。

【補説】

［仁斎］君子をはじめ、人にはそれぞれの業がある。

［徂徠］「致す」についての朱子の解釈は誤りで、これは「先王の道を自然にやってこさせる」という意味である。工人が工房にいれば自分の技術の巧みさを意識しないが、君子が学ぶ場合も気づかない

うちに先王の道が自分に集まってくる。学とは詩書礼楽によって先王の道を学ぶことであり、ここでは君子が学ぶことの重要さを言う。

第八章

子夏曰、小人之過也必文。［子夏曰わく、小人の過つや必ず文《かざ》る、と。］

「文」は去声。○「文」は飾ること。小人は過誤を改めることを憚って、自己欺瞞を憚らない。それゆえ必ず上辺を飾って過誤を重ねる。

文、去声。○文、飾之也。小人憚於改過、而不憚於自欺。故必文以重其過。

文は、去声。(1)○文は、之を飾るなり。(2)小人過を改むるを憚《はばか》りて、(3)自ら欺くを(4)憚らず。故に必ず文りて以て其の過を重ぬ。

（1）去声の場合は「修飾する」。文章の「文」は平声。（2）『論語集解』に引く孔安国の注に「其の過を文飾す」とある。（3）「過てば則ち改むるに憚ること勿かれ」（学而第一・第八章、子罕第九・第二四章）。（4）「所謂其の意を誠にすとは、自ら欺く毋《な》きなり」（『大学』伝六章）。

【補説】
［徂徠］「君子」は位がある者、「小人」は民衆である。上位にいる君子の過誤ははっきり見えるのに対して民衆の過誤は飾ると地元に紛れてわからない。君子でも必ず過誤はありうるのであって、改めれば人々はそれを仰ぐ。それが過誤を粉飾するようでは民衆と同じである。また下位にあっても過誤を改めるのならば、先王の道を学び民の上に立つ徳を養っているのだから君子でありうる。このように心の持ち方が問題なのに、後儒は誠と偽ということで論じてしまっている。

第九章
子夏曰、君子有三変。望之儼然。即之也温。聴其言也厲。［子夏曰わく、君子に三変有り。之を望めば儼然たり。之に即けば温なり。其の言を聴けば厲《れい》なり。］

「儼然」は外貌が荘重。「温」は顔つきが柔和。「厲」は言葉が的確。○程子が言われた。「他の人は荘重であれば柔和ではない。柔和であれば的確ではない。ただ孔子だけがこれらを全うしていた」。謝氏が言った。「これは変化することに主眼があるのではない。並び行われてしかもたがいに阻害しあわないのである。良い玉が温潤であってしかも堅牢であるようなものである」。

儼然者、貌之荘。温者、色之和。厲者、辞之確。○程子曰、他人儼然則不温。温則不厲。惟孔子全之。謝氏曰、此非有意於変。蓋並行而不相悖也。如良玉温潤而栗然。

儼然は、貌の荘。温は、色の和。厲は、辞の確。○程子曰わく(1)、他人儼然たれば則ち温ならず。温なれば則ち厲ならず。惟だ孔子のみ之を全うす、と。謝氏曰わく(2)、此れ変ずるに意有るに非ず。蓋し並行して相い悖《もと》らざるなり(3)。良玉の温潤にして栗《りつ》然たるが如し(4)、と。

(1) 程顥か程頤の語。『程氏遺書』六。　(2) 謝良佐の語。『論語精義』一〇上に引く。　(3) 「三変」を状況に応じて三様に変化することではなく、同時にこの三つが具わっていることとする。
(4) 「昔は君子は徳を玉に比す。温潤にして沢は仁なり。縝密にして以て栗なるは知なり」(『礼記』聘義)。「栗然」については、ここの鄭玄の注に、「栗は、堅の貌」と言う。

【補説】
[仁斎]「儼然」は礼、「温」は仁、「厲」は義の現れである。これらを具えているのは徳が高い者であり、それが外に輝くのである。

［徂徠］仁斎が礼、仁、義にあてたのは味わいがある。しかし仁斎は徳が高い人に限っているが、上にある者や道を学ぶ者はみなこのようにあるべきである。朱子の注に引く程子の語で孔子だけが該当するなどと言う類も、このことをわかっていないのである。

第十章

子夏曰、君子信而後労其民。未信則以為厲己也。信而後諫。未信則以為謗己也。

［子夏曰わく、君子は信ぜられて後に其の民を労す。未だ信ぜられざれば則ち以て己を厲《や》ましむと為す。信ぜられて後に諫む。未だ信ぜられざれば則ち以て己を謗《そし》ると為す、と。］

「信ず」とは、誠意や同情心に溢れ、人がその人を信ずることを言う。「厲」は、悩ませること。上に仕え下を使う場合には、いずれも必ず誠意が互いに伝わって信じあい、その後でこれらのことができる。

信、謂誠意惻怛而人信之也。厲、猶病也。事上使下、皆必誠意交孚、而後可以有為。

信ずとは、誠意惻怛《そくだつ》(1)にして人之を信ずるを謂うなり。厲は、猶お病のごときなり(2)。上に事え下を使うには、皆な必ず誠意交孚(3)して、而る後に以て為すこと有る可し。

（1）「惻怛」は、この場合は民に対する同情心。（2）「厲は、猶お病のごときなり」（『論語集解』に引く王粛の注）。民の方でその君子が自分たちを苦しみ悩ませていると思うこと。なお後文の「己を謗ると為す」の方は、君の方で自分を譏ると思うこと。（3）たがいに信じあうこと。信頼関係があってこそ、民も使役でき、君にも諫言できるのである。「睽《そむ》きて孤なり。元夫に遇う、交〻孚《こもごもまこと》あり。厲《あやう》けれど咎《とが》无し」（『易経』睽卦九四爻辞）、「交〻孚あり咎无きは、志行わるるなり」（同・象伝）。

【補説】

［仁斎］子夏の言葉は非常に孔子に似ていて、冒頭が「子曰わく」であったとしても区別がつかないくらいである。『論語』に載せる門人の語は、みな尊信して拳拳服膺すべきである。

［徂徠］孟子がこの義を知ればあれほど議論好きにはならなかったであろう。後世では仏教が信を重視する方が、まだこのことをわかっている。

第十一章

子夏曰、大徳不踰閑、小徳出入可也。「子夏曰わく、大徳閑を踰《こ》えざれば、小徳は出入するも可なり、と。」

「大徳」、「小徳」は、大節、小節と言うようなものである。「閑」は、柵である。それで動物が勝手に出入するのを止めるのである。この語の意味はこうである。人が先ず大原則を身につければ、小さな節義が全て理に合致しなくても害は無い。○呉氏が言った。「本章の言葉は、弊害が無いわけにはいかない。学ぶ者はこのことをきちんと認識せよ」。

大徳小徳、猶言大節小節。閑、闌也。所以止物之出入。言人能先立乎其大者、則小節雖或未尽合理、亦無害也。○呉氏曰、此章之言、不能無弊。学者詳之。

大徳、小徳は、猶お大節、小節と言うがごとし。(1)閑は、闌《らん》なり。(2)物の出入するを止むる所以なり。言うこころは人能く先ず其の大なる者を立てれば、則ち小節或いは未だ尽くは理に合せずと雖も、亦た害無し。○呉氏曰わく、(3)此の章の言、弊無きこと能わず。学者之を詳らかにせよ。

(1)「孔子曰わく、大節是なり、小節是なるは、上君なり。大節是なり、小節一たび出で一たび入るは、中君なり。大節非なれば、小節是なりと雖も、吾其の余を観る無し」(『荀子』王制)。(2)柵。「闌は、門遮なり」(『説文解字』)。そこから基本的に遵守すべき規範を言う。(3)呉棫の語。

【補説】

[仁斎]言うことは違えず、行うことはやり遂げるのにこだわる小人(子路第一三・第二〇章)を憎

んでいるのである。

［徂徠］この語は『晏子春秋』雑篇上にも類似のものが載っていて、古語である。晏子も子夏もこの語を口にしたのである。古えは徳の涵養を教えとした。孝悌の類は大徳、容貌を整える類は小徳である。古えの君子は大徳に努めた。もし小徳を尽くそうとすれば、大徳を失う場合もある。宋儒は「大」をわかっていず、「精」を求めるから、朱子の注に引く呉棫のように弊害があるとするのである。仁斎は子路第一三の語を持ち出すが、そこでは「小人なるかな」と言っているだけであって、仁斎が言うように憎んでいるわけではない。

第十二章

子游曰、子夏之門人小子、当洒掃応対進退、則可矣。抑末也。本之則無。如之何。［子游曰わく、子夏の門人小子は、洒掃《さいそう》応対進退に当たりては、則ち可なり。抑《そもそも》〻末なり。之を本づくるは則ち無し。之を如何せん。］

「洒」は色売の反。「掃」は素報の反。○子游は子夏の弟子をこのように批判した。礼儀作法についてはけっこうである。しかしこれは末である小学に属する。その本の探求、例えば大学の心を正しくしたり意を誠にしたりすることについては欠けてしまっている。

洒、色売反。掃、素報反。○子游譏子夏弟子。於威儀容節之間、則可矣。然此小学之末耳。推其本、如大学正心誠意之事、則無有。

洒は、色売の反。[1] 掃は、素報の反。[2] ○子游、子夏の弟子を譏る。威儀容節[3]の間に於ては、則ち可なり。然れども此れ小学[4]の末のみ。[5] 其の本を推すこと、[6] 大学[7]の正心誠意[8]の事の如きは、則ち有ること無し。

(1)『経典釈文』二四。　(2)『経典釈文』二四。　(3) 挙措動作、応接などの具体的な礼の細則。

(4) 具体的な礼義作法の学習。朱子は、古代における少年時の学習内容とした。　(5)「言うこころは子夏の弟子、但だ賓客に対して威儀礼節を修めるの事に当たりては則ち可。然れども此れ但だ是れ人の末事のみ」(『論語集解』に引く包咸の注)。　(6) ここでは「本」と「末」の対置を、大学と小学の学習内容にあてはめている。　(7) 理論学習。朱子は、古代の大学で学ばれた内容とした。

(8)『大学』の八条目の内の二つ。「正心」とは心全体を正しくすること。「意を誠にす」とは、意の発動を真実のものにすること。朱子は『大学』を、古代の大学での学習項目を記した書物とした。

子夏聞之曰、噫、言游過矣。君子之道、孰先伝焉、孰後倦焉。譬諸草木区以別

矣。君子之道、焉可誣也。有始有卒者、其惟聖人乎。「子夏之を聞きて曰わく、噫《ああ》、言游過てり。君子の道、孰《いず》れをか先にして伝え、孰れをか後にして倦《う》まん。諸《これ》を草木の区にして以て別あるに譬う。君子の道は、焉んぞ誣《し》う可けんや。始め有り卒《おわ》り有る者は、其れ惟だ聖人か、と。」

「別」は必列の反。「焉」は於虔の反。〇「倦」は、「人を誨えて倦まず」の「倦」の意味。「区」は種類というようなこと。この語の意味はこうである。君子の道は、末を優先させてそれを伝授するのでも、本を後回しにして教えるのに飽きるのでもない。学ぶ者の到達点にはもともと浅深の差があり、そのことは草木に大小があり、その種類には本来区別があるようなものである。もしその浅深を考慮せず、その熟達度を問題にせず、高遠な内容を無理に語るようであれば、相手を欺くことである。君子の道は、このようでよいであろうか。最初から最後まで本から末まで一で貫いているといったようなことは、ただ聖人だけがそうなのである。どうしてこのことを門人や学生に強要できようか。〇程子が言われた。「君子が人を教える場合には順序がある。先ず小さいことや身近なことを伝え、その後で大きなことや高遠なことを教えるのである。先ず身近で小さなことは伝えるがその後で高遠で大きなことを教えない、というのではない」。また言われた。「掃除や応接の礼儀作法は、実は形而上である。これは理には大小の差が無いからである。それゆえ君子が留意するのは、自分のみ知りうる内面を慎むことである」。

また言われた。「聖人の道は、精と粗の区別は無い。掃除応接の礼儀作法から、道義に精通して霊妙な域にまで至ることは、ただ一理で貫通している。掃除応接の礼儀作法であっても、その根拠がいかなるものかを見ていくのである」。また言われた。「万物には本と末の区別がある。本と末を分けて二つの段階とすべきではない。掃除応接の礼儀作法もそうであって、必ずそうである根拠がある」。また言われた。「掃除応接の礼儀作法から、聖人の段階にまで到達すべきなのである」。私が思うに、程子の上記のうちの第一条は、本章の文意を最も詳しく説き尽くしている。その後の四条は全て、精と粗、本と末はそれぞれの独自の持ち前があるが、それらの理は一であって、学ぶ者は順序に従って徐々に前進していき、末を面倒がって本を性急に求めるべきでないことを明らかにしている。これらはやはり第一条の意と、確かに表裏の関係にある。末は本であって、ただ末だけを学べば本はもうそこにある、と言っているのではないのである。

別、必列反。焉、於虔反。○倦、如誨人不倦之倦。区、猶類也。言君子之道、非以其末為先而伝之、非以其本為後而倦教。但学者所至、自有浅深、如草木之有

別は、必列の反(1)。焉は、於虔の反(2)。○倦は、人を誨《おし》えて倦まず(3)の倦《けん》の如し。区は、猶お類のごとし。言うこころは、君子の道は、其の末を以て先と為して之を伝うるに非ず、其の本を以て後と為して教うるに倦むに非ず。但だ学者の至る所に、自ら浅深有ること、草木の大小有り、

大小、其類固有別矣。若不量其浅深、不問其生熟、而概以高且遠者、強而語之、則是誣之而已。君子之道、豈可如此。若夫始終本末、一以貫之、則惟聖人為然。豈可責之門人小子乎。○程子曰、君子教人有序。先伝以小者近者、而後教以大者遠者。非先伝以近小、而後不教以遠大也。又曰、洒掃応対、便是形而上者。理無大小故也。故君子只在慎独。又曰、聖人之道、更無精粗。従洒掃応対、与精義入神、貫通只一理。雖洒掃応対、只看所以然如何。又曰、凡物有本末。不可分本末為両段事。洒掃応対是其然、必有所以然。又曰、自洒掃応対

其の類固より別有るが如し。若し其の浅深を量らず、其の生熟④を問わずして、概《おおむ》ね高く且つ遠き者を以て、強いて之に語れば、則ち是れ之を誣うるのみ。君子の道は、豈に此の如かる可けんや。夫の始終本末、一以て之を貫く⑤が若きは、則ち惟だ聖人のみ然りと為す。豈に之を門人小子に責む可けんや。○程子曰わく⑥、君子人を教うるに序有り。先ず伝うるに小なる者近き者を以てして、而る後に教うるに大なる者遠き者を以てす⑦。先ず伝うるに近小を以てして、而る後に教うるに遠大を以てせざるに非ざるなり、と。又た曰わく⑧、洒掃応対は、便ち是れ形而上⑨なる者なり。理に大小無きが故なり。故に君子は只だ独りを慎むに在るのみ⑩と。又た曰わく⑪、聖人の道、更に精粗⑫無し。洒掃応対従《よ》り、義を精しくし神に入るとは⑬、貫通して只だ一理なり。洒掃応対と雖も、只だ然る所以⑭の如何を看るのみ、と。又た曰わく⑮、凡そ物に本末有り⑯。本末を分かち両段の事と為す可からず。洒掃応対是れ其れ然り、必ず然る所以有り、と。又た曰わく⑰、洒掃応対

上、便可到聖人事。愚按、程子第一条、説此章文意、最為詳尽。其後四条、皆以明精粗本末、其分雖殊、而理則一、学者当循序而漸進、不可厭末而求本。蓋与第一条之意、実相表裏。非謂末即是本、但学其末而本便在此也。

の上自り、便ち聖人の事に到る可し、と。愚按ずるに、程子の第一条は、此の章の文意を説くこと、最も詳尽為《た》り。其の後の四条は、皆な以て精粗本末、其の分は殊なりと雖も、而れども理は則ち一にして、(18)学者当に序に循いて漸く進むべく、末を厭いて本を求むる可からざることを明らかにす。蓋し第一条の意と、実に相い表裏す。末は即ち是れ本にして、但だ其の末のみを学べば本は便ち此に在りと謂うに非ざるなり。

(1)『経典釈文』二四にはここの音義は無いが、他箇所では「彼列の反」。(2)『経典釈文』二四にはここの音義は無いが、他箇所ではこの反切。(3)述而第七・第二章、同第三三章。(4)朱子は、学問や修養によって、生なものが熟へと移行していくとする。(5)里仁第四・第一五章。衛霊公第一五・第二章。(6)程顥か程頤の語。『程氏遺書』八。(7)「吾聞く、君子は努めて大なる者遠き者を知り、小人は努めて小なる者近き者を知る」(『春秋左氏伝』襄公三一年)。(8)程顥の語。『程氏遺書』一三。(9)「是の故に形而上なる者は之を道と謂い、形而下なる者は之を器と謂う」(『易経』繋辞上伝)。ここで程顥は「形而下」とされがちな「洒掃応対」をあえて「形而上」としている。(10)「故に君子は其の独りを慎むなり」(『中庸』第一章、『礼記』礼器、『大学』伝六章にもほぼ同文がある）。朱子はそこの注で、心の萌したての段階は他人は気づかないが自分は認識できるので、その状態を謹むこととする。「是を以て君子既に常に戒懼して、此に於て謹みを加う」（『中庸章句』）。（11）程頤の語。『程氏遺書』一五。（12）朱子はしばしば「精」と「粗」を対置する。「粗」は日常で捉えやすいもの、「精」は本源的でより捉えにくいものである。（13）「義を精しくし神に入るは、以て用を致すなり」（『易経』繫辞下伝）。（14）程頤は、「一陰一陽するを之れ道と謂う。道は陰陽に非ざるなり。一陰一陽する所以は道なり」（『程氏遺書』三）と、「所以」を加えることで、道を現象の根拠とし、朱子も理に「然る所以の故」と「当に然るべきの則」の二面を見た（『大学或問』など）。事物や現象にはそれを成り立たせている根拠があるとするのである。（15）程頤の語。『程氏遺書』一五。（16）「物に本末有り、事に終始有り、先後する所を知れば、則ち道に近し」（『大学』経一章）。（17）程顥か程頤の語。『程氏遺書』五。（18）程頤が言いだし、朱熹が継承拡大した「理一分殊」をここにあてはめている。それぞれのものがその独自性を発揮することが（「分殊」）、同時に理の一の実現となるということ。

【補説】
［仁斎］朱子の注では子游が小学の順序を認識していなかったことを批判するが、子游と子夏は孔子の同門なのであって、子夏だけがわかっていたはずはない。子游は隠すところがあるのではないかと疑ったのである。子夏は、学ぶ者の深浅に応じて着実に教えていたのであって、別に隠していたのではなかった。なお「区」は「域」、古えは地域を分けて草木を植えたことであって、隠してなどいず、明らかなことを言う。

［徂徠］「之を本づくるは則ち無し」の「本」とは先王が天下国家を治める道のことであって、宋儒が性命の奥を根本とするのは孔門諸子の考えではない。「孰れをか先にして伝え、孰れをか後にして倦まん」とは何を先に教えるべきなのか、何に後まで耐えられるのか、ということである。耐えられない場合はすぐに飽き、耐えられる場合は飽きるのがおそくなるから、耐えられるものを選んで教えるのである。また「区」の訓詁は、朱子が「類」とするよりも蘇轍（楊慎が引く）や仁斎などの方がよく、順序等級が明らかなこと。ただ仁斎が、子夏が隠しているのではないかと子游が疑ったのに対して、子夏が隠していないことをこのように言ったとするのは誤りである。そもそも本章は、子夏が教えるのに飽きているのではないかと子游が咎めたのに対し、子夏が、弟子が耐えられず飽きてしまうということで答えたものである。耐えられもしないものを耐えられるとしていきなり重要な事を教え、弟子たちに好き勝手に語らせるのは、それこそ人を欺くものである。「始め有り卒り有る者は、其れ惟だ聖人か」とは、孔子が自分のことを「学びて厭わず、人を誨えて倦まず」、つまり終始飽きることが無いと言っているのと同じであって（述而第七・第二章）、門人たちができるものではなく、それゆえ「其れ惟だ聖人か」としているのである。朱子は本章の解釈で大学、小学の順序を持ち出すが、当時そのようなものは無かった。

第十三章

子夏曰、仕而優則学。学而優則仕。［子夏曰わく、仕えて優なれば則ち学ぶ。学びて優なれば則ち仕う、と。」

「優」は余力があること。出仕と学問とは、理が同じで事業が異なるものである。〇それゆえ事業に従事する者は、先ずその事業を十分に遂行し、その後でそれ以外のことに及ぶべきなのである。しかし出仕して学べば、出仕に裨益するものはますます深まる。また学んで出仕すれば、その学問をますます広く実地に検証できる。

優、有余力也。仕与学、理同而事異。〇故当其事者、必先有以尽其事、而後可及其余。然仕而学、則所以資其仕者益深。学而仕、則所以験其学者益広。

優は。余力有るなり。[1] 仕と学とは、理同じくして事異なる。[2] 〇故に其の事に当たる者は、必ず先ず以て其の事を尽くすこと有りて、而る後に其の余に及ぶ可し。然れども仕えて学べば、則ち其の仕に資する所以の者益〻深し。学びて仕うれば、則ち其の学を験する所以の者益〻広し。

（1）『論語集解』に引く馬融の注では、「行いて余力有れば、則ち以て文を学ぶ」（学而第一・第六章）を引く。　（2）事はそれぞれ独自性を持つがその理は一であることで、理一分殊の思想である。

【補説】

［仁斎］出仕と学問は一体である。それゆえ仕えて豊かな成果を挙げれば学ばなくとも学の理に違わず、学んで人に及ぼせば、仕えなくても出仕の道にはずれない。

［徂徠］朱子の解釈が言い尽くしている。出仕して公務があっても余力があれば学び、学んで至らない点があっても残された歳月に限りがあるから仕えるのであって、仁斎のように出仕すれば学ぶ必要が無く、学べば出仕する必要がないとするのは、まことに道を乱すものである。

第十四章

子游曰、喪致乎哀而止。［子游曰わく、喪は哀を致して止む、と。］

哀惜の念を推し極め、文飾を尊ばないことを言う。楊氏が言った。「ここは、「喪は、文飾が完備しているよりも、哀惜の情に満ちている方がよい」、「礼が不十分でも哀惜の念が溢れている方がよい」という意味である」。私が考えるに、「而止（それだけである）」の二字はまたいささか高遠に過ぎて細微を簡略にする弊害がある。学ぶ者はこのことを熟知せよ。

致極其哀、不尚文飾也。楊氏曰、喪与其易也寧戚、不若礼不足而

其の哀を致し極め、文飾を尚ばざるなり。楊氏曰わく、[1]喪は其の易《おさ》めんよりは寧《むし》ろ戚《いた》めよと、[2]礼足らずして哀し

哀有余之意。愚按、而止二字、亦微有過於高遠而簡略細微之弊。学者詳之。

み余り有るに若かずとの意なり、と。愚按ずるに、而止の二字、亦た微かに高遠に過ぎて、細微を簡略するの弊有り。学者之を詳らかにすべし。

（1）楊時の語。『論語精義』一〇上に引く。（2）八佾第三・第四章。（3）「子路曰わく、吾諸《これ》を夫子に聞く。喪礼は其の哀足らずして礼余り有る与《よ》りは、礼足らずして哀余り有るに若かざるなり、と」（『礼記』檀弓上）。『論語精義』所引の楊時の語では、この語の頭に「記に曰わく」を冠する。（4）朱子は、哀惜のみを重視するのは本質論に過ぎていて、やはり礼の細目の実践も必要だと言うのである。

【補説】

［徂徠］子游は聖人が喪礼を制定した意義を説いているのである。「致す」とは、朱子が言うような自分が推し極めるということではなく、それを自然に極限まで至らせるようにすることを言う。つまり喪礼は哀惜の念を極点まで尽くさせて必ずしもそれ以外を求めない、ということである。朱子はそれがわかっていないから子游は細微を簡略にする弊害があったなどと言うのである。

第十五章

子游曰、吾友張也、為難能也。然而未仁。［子游曰わく、吾が友張や、能くし難きを為す。然れども未だ仁ならず、と。］

子張の行は高きに過ぎて、誠実慈愛の気持ちが少ない。

子張行過高、而少誠実惻怛之意。子張の行は高きに過ぎて、誠実惻怛(1)の意少なし。

(1) ここでは慈愛の意。

【補説】

(仁斎、徂徠とも、後章と合わせて解釈する)。

第十六章

曾子曰、堂堂乎張也、難与並為仁矣。［曾子曰わく、堂堂たるかな張や、与に並びて仁を為し難し、と。］

「堂堂」は容貌が立派なこと。この語の意味はこうである。外見の見栄えに力を入れ自負心が強ければ、その人の仁の実現を助けてあげられない、またその人自身、他人の仁の実現を助けることもできない。○范氏が言った。「子張は外見は余りあるほど立派であるが、内面が足りなかった。それゆえ門人たちはみな、彼とともに仁を実現しようとしなかった。孔子は言われた。「剛、毅、木、訥《とつ》であれば仁に近い」。むしろ外貌は今一つだが内心が余りあるほどであった方が、仁を実現できる可能性が高い」。

堂堂、容貌之盛。言其務外自高、不可輔而為仁、亦不能有以輔人之仁也。○范氏曰、子張外有余、而内不足。故門人皆不与其為仁。子曰、剛毅木訥近仁。寧外不足而内有余、庶可以為仁矣。

堂堂は、容貌の盛[1]。言うこころは、其の外を務め自らを高しとすれば、輔《たす》けて仁を為す可からず[2]、亦た以て人の仁を輔くること有る能わざるなり。○范氏曰わく[3]、子張外余り有れども、内足らず。故に門人皆な与に其の仁を為さず。子曰わく[4]、剛、毅、木、訥、仁に近し、と。寧ろ外足らずして内余り有れば、以て仁を為す可きに庶《おお》からん、と。

（1）『論語集解』に引く鄭玄の注。

（2）「曾子曰わく、君子文を以て友を会し、友を以て仁を輔く、と」（顔淵第一二・第二四章）。ここで輔仁を持ち出すのは、朋友とともに切磋琢磨することとの関係からである。

（3）范祖禹の語。『論語精義』一〇上に引く。（4）子路第一三・第二七章。

【補説】

［仁斎］経書を極めた者は遇《あ》いやすく、道を知るものは遇い難い。道を知る者は得やすく、徳を具えた者は得難い。後世の諸儒は子游と曾子の言葉によってみだりに子張をあれこれ言うのは誤っている。

［徂徠］本章の曾子の語は、自分が子張の隣国で仁政を行うならば、必ず子張には及ばないという意味である。曾子が畏敬したのは子路だけではなく（『孟子』公孫丑上）、子張もそうであった。また仁についての質問に対する孔子の答えを見ると、ただ顔回と子張だけに天下を持ち出している（顔回については顔淵第一二・第一章、子張については陽貨第一七・第六章）。このことからも子張の才が大きなものであったことがわかる。宋儒はややもすれば心の問題にし、子張は心を外面に用いるがゆえに仁ではないとした。堂々たる威儀は、仁を行う根本なのがわかっていないのである。古えは師は弟子たちそれぞれの素質に応じて教え、従事させた。ところが後世の諸儒は門戸の見によって孔子の弟子たちを品評し、自分をむやみに高しとしている。また仁斎は「道を知る者は得やすいが、徳を具えた者は得難い」と言っているが、至徳を具えた者でなければ至道は知り難い。

第十七章

曾子曰、吾聞諸夫子。人未有自致者也。必也親喪乎。［曾子曰わく、吾諸《これ》を夫子に聞く。人未だ自ら致す者有らざるなり。必ずや親の喪か、と。］

「致」は究極を尽くすこと。真情は止めようがないものである。○尹氏が言った。「「親の喪はもとより真情を尽くすものである」。この場で誠を尽くさないのであれば、いったいどこで誠を尽くそうというのか」。

致、尽其極也。蓋人之真情、所不能自已者。○尹氏曰、親喪固所自尽也。於此不用其誠、悪乎用其誠。

致は、其の極を尽くすなり[1]。蓋し人の真情は、自ら已む能わざる所の者。○尹氏曰わく[2]、親の喪は固より自ら尽くす所なり[3]。此に於て其の誠を用いざれば、悪《いずく》にか其の誠を用いん、と。

（1）本文の「人未だ自ら致す者有らざるなり」は、人は普通は自分の気持ちを窮極まで尽くさないということ。そう言ったうえで、ただ親の喪は別であるとしているのである。　（2）尹焞の語。『論語精義』一〇上に引く。　（3）『孟子』滕文公上。

【補説】
［徂徠］人は親の喪以外の事では礼をかりて誠や敬が全うされるが、親の喪に対しては先王の礼をかりなくてもおのずと自分の哀悼の情が尽くされていく。

第十八章

曾子曰、吾聞諸夫子。孟荘子之孝也、其他可能也。其不改父之臣、与父之政、是難能也。［曾子曰わく、吾諸《これ》を夫子に聞く。孟荘子の孝や、其の他は能くす可し。其の父の臣と父の政とを改めざるは、是れ能くし難し、と。］

「孟荘子」は魯の大夫で、名は速。その父は献子で、名は蔑。献子は賢者の徳があり、荘子も彼の臣下を立派に用いることができ、彼の政治を守った。それゆえこれ以外に称えるべき孝行があっても、この事の為し難さに比べれば及ぶものではない。

孟荘子、魯大夫、名速。其父献子、名蔑。献子有賢徳、而荘子能用其臣、守其政。故其他孝行

孟荘子は、魯の大夫、名は、速。(1) 其の父は献子、名は蔑《べつ》。(2) 献子賢徳有りて、(3) 荘子能く其の臣を用い、其の政を守る。故に其の他の孝行の称す可きこと有りと雖も、而

雖有可称、而皆不若此事之為難。　れども皆な此の事の難しと為すに若かず。

（1）『論語集解』に引く馬融の注。（2）「孟献子は魯の大夫の仲孫蔑」（『礼記』檀弓上の鄭玄の注）。（3）「夫子曰わく、献子は人に加《こゆ》ること一等」（『礼記』檀弓上）。

【補説】

［仁斎］『中庸』第一九章に言うように、孝は親の志や事業を継承するものである。世にはせっかく親に善政や良法があったのに自分の意向で変更してしまうことがいつも見られる。また後世の孝子伝でできもしない奇行を称揚するのは末梢的なことである。

［徂徠］仁斎が『中庸』をもとにして父を継承することに孝を見るのは当たっているが、学而第一・第一一章の「三年父の道を改むる無き」を、善政や良法に限定する口ぶりなのは、父のやり方を改めようとする者に口実をあたえるものである。学而第一・第一一章では「父在せば其の志を観、父没すれば其の行いを観る」と「三年父の道を改むる無き」とをつなげているが、両方の語は古言であって、孔子は古言を並べ引くことで、学は博く固定化しないのを尊ぶことを示した。古言はそれぞれの意味を持つが、それらを並べて見ることで道が現れてくる。

第十九章

孟氏使陽膚為士師。問於曾子。曾子曰、上失其道、民散久矣。如得其情、則哀矜而勿喜。［孟氏、陽膚をして士師為《た》らしむ。曾子に問う。曾子曰わく、上其の道を失いて、民散ずること久し。如し其の情を得れば、則ち哀矜《きょう》して喜ぶこと勿かれ、と。］

「陽膚」は曾子の弟子。「民散ず」とは、実情と道義が乖離して、つながらない状態を言う。謝氏が言った。「民が離散するのは、彼らを使役するのに道に拠らず、教化するにもその土壌が無いからである。であるから法を犯す場合でも、やむをえない事情に迫られたのでなければ、無知に陥った結果なのである。それゆえ民が犯した事件の実情を知った時には、憐憫の情を持って喜ばないようにせよ」。

陽膚、曾子弟子。民散、謂情義乖離、不相維繫。謝氏曰、民之散也、以使之無道、教之無素。故其犯法也、非迫於不得已、則陥於不知也。故得其情、則哀矜而勿喜。

陽膚は、曾子の弟子。(1) 民散ずとは、情義(2)乖離して、相い維繫(3)せざるを謂う。謝氏曰わく、(4) 民の散ずるや、之を使うに道無く、之を教うるに素(5)無きを以てす。故に其の法を犯すや、已むを得ざるに迫るに非ざれば、則ち知らざるに陥るなり。故に其の情を得れば、則ち哀矜して喜ぶこと勿かれ、と。

（1）『論語集解』に引く包咸の注。なお同注によれば、「士師」は司法官。（2）「情」は実情、「義」は道義。（3）つなぐ。（4）謝良佐の語。『論語精義』一〇上に引く。（5）素地。八佾第三・第八章。また「吾が性は疏頑、教導も素無し」（『後漢書』列女伝・曹世叔妻）。

【補説】

［仁斎］民の善悪は、上に立つ者がそうさせるのである。先王が民を治めた時は必ず先ず生活ができるようにし、それに重ねて孝悌の道義を教えた。そのようにしないで犯罪をおかしたから刑するというのは民を欺くものである。

［徂徠］「情」を朱子は「情実」と言うが（実際には仁斎の解釈、ただ仁斎も民の犯罪という方向で考えている）、獄情（犯罪の事実）の意味である。犯罪の事実は突き止めがたいので、それを明らかにした時は裁く者は喜んでしまう。孔子は裁判沙汰を聞くのを喜ばなかった。

第二十章

子貢曰、紂之不善、不如是之甚也。是以君子悪居下流。天下之悪皆帰焉。［子貢曰わく、紂の不善、是の如きの甚だしからざるなり。是を以て君子は下流に居ることを悪む。天下の悪皆な帰す、と。］

「悪居」の「悪」は去声。〇「下流」は地形が低い場所で、衆流が流れ込む場所である。人の身が実際に汚染していて、悪名がそこに集まっていることを譬えているのである。子貢はこのことを言って、人が常に自戒して、一度でもその身を不善の地に置かないように望んだのである。紂にはもともと罪が無く、無実の悪名を蒙ったと言っているのではない。

悪居之悪、去声。〇下流、地形卑下之処、衆流之所帰。喩人身有汚賤之実、亦悪名之所聚也。子貢言此、欲人常自警省、不可一置其身於不善之地。非謂紂本無罪、而虚被悪名也。

悪居の悪は、去声[1]。〇下流は、地形卑下の処にして、衆流の帰す所[2]。人身に汚賤の実有り、亦た悪名の聚まる所なるを喩うるなり。子貢此を言いて、人の常に自ら警省し、一たびも其の身を不善の地に置く可からざるを欲するなり。紂は本と罪無くして、虚しく悪名を被ると謂うには非ざるなり[3]。

（1）ここでは、「憎む」。（2）邢昺『論語正義』。（3）本章の冒頭に「紂の不善、是の如きの甚だしからざるなり」と言ってはいても、殷の紂はやはり悪人なのである。

【補説】

［仁斎］紂はもとより不善であったが、後世言われるほどではなかった。不善の地に身をおいたからこうなるのである。
［徂徠］「天下の悪」とは、天下の悪人が紂のもとに集まり、紂も彼らを受け入れたということである。であるから「皆な帰す」という言い方をしているのである。なお紂自身が行った悪事は甚だしくはなくても、かかる悪人たちの悪事は紂の悪なのである。

第二十一章
子貢曰、君子之過也、如日月之食焉。過也人皆見之、更也人皆仰之。［子貢曰わく、君子の過は、日月の食の如し。過つや人皆な之を見、更むるや人皆な之を仰ぐ、と。］

更は平声。

更、平声。　更は、平声。(1)

(1) ここでは、「あらためる」。『論語集解』に引く孔安国の注に「更は、改なり」。「さらに」の時は去声。

【補説】

［徂徠］上位にいる者を君子と言う。そもそも有徳の人であるから、上位に立てる。それゆえ有徳の人のことも君子と言うのである。君子は上位にいて人々が仰ぎ見るので、その過誤は覆うことができない。後世の注釈者たちは、君子について有徳者としての側面だけを見ている。
＊徂徠は「君子」を、朱子も仁斎のように有徳者という意味に取らず、上位に立つ者のこととするが、ここの天上の日食や月食の比喩はそれに格好の根拠である。

第二十二章
衛公孫朝、問於子貢曰、仲尼焉学。［衛の公孫朝、子貢に問いて曰わく、仲尼焉《いずく》にか学べるか、と。］
「朝」の音は潮。「焉」は於虔の反。○「公孫朝」は衛の大夫。
朝、音潮。焉、於虔反。○公孫朝、衛大夫。
朝は、音潮[1]。焉は、於虔の反[2]。○公孫朝は、衛の大夫[3]。

（1）ここでは人名であるが、発音については、公冶長第五・第七章の注（1）（第2巻の三三ページ）を参照。（2）『経典釈文』二四。（3）『論語集解』に引く馬融の注。

子貢曰、文武之道、未墜於地、在人。賢者識其大者、不賢者識其小者。莫不有文武之道焉。夫子焉不学、而亦何常師之有。［子貢曰わく、文武の道、未だ地に墜《お》ちずして、人に在り。賢者其の大なる者を識《しる》し、不賢者は其の小なる者を識す。文武の道有らざる莫し。夫子焉《いずく》にか学ばざらん、而して亦た何の常師か之《こ》れ有らん、と。］

「識」の音は志。後の「焉」の字も於虔の反。〇「文武の道」は、文王と武王の大計や功業と、周の礼楽の制度や細目の全てがそれであることを言う。「人に在り」とは、人がこれを記憶していることを言う。「識」は記憶である。

識、音志。下焉字、於虔反。〇文武之道、謂文王武王之謨訓功烈、与凡周之礼楽文章、皆是也。

識は、音志。[1] 下の焉の字も、於虔の反。[2] 〇文武の道は、文王、武王の謨訓[3]功烈[4]と、凡そ周の礼楽文章と、皆な是れなるを謂えるなり。人に在りとは、人能く之を記す者

在人、言人有能記之者。識、記也。　有るを言う。識は、記すなり。(5)

(1) ここでは、「記憶する」。述而第七・第二章の注(1)(第2巻の二一九ページ)を参照。(2)『経典釈文』二四。(3)『書経』の謨(国事の大計)と訓(訓戒)。「聖に謨訓有り」(『書経』夏書・胤征)。(4) 功業。(5) 当時はまだ文王や武王の道を記憶している者がいたから、孔子はそのような人と遭えば、どこでも学んだ。「何の常師か之れ有らん」とは、固定した師匠がいたわけではない、ということ。

【補説】
[仁斎] 智を持つ者はみな道を知ることができ、志を持つ者は道を行えるのであって、愚昧な夫婦(一般人)であってもそうである(『中庸』第一二章)。これこそが聖人の道であり、孔子の道が天地公共の道であることを示している。朱子学などは仏教の宗派図をまねて道統の伝を主張して、道を私物化している。
[徂徠] 先王の道は礼楽であって、それは文章(「文」)と賢人(「献」)によって伝えられていた(八佾第三・第九章)。ここの「文武の道、未だ地に墜ちずして、人に在り」は、賢人の方である。本文に「賢者」と「不賢者」が言われているが、見識の広狭に応じて大小の差はあれ、ともに礼楽を理解し述べることができた。それゆえ孔子は両者から礼楽を学んだのである。仁斎の議論などは学を講説と見

なしていて、礼楽を学ぶことであることがわかっていない。

第二十三章

叔孫武叔語大夫於朝曰、子貢賢於仲尼。［叔孫武叔、大夫に朝に語《つ》げて曰わく、子貢は仲尼よりも賢《まさ》れり、と。］

「語」は去声。「朝」の音は潮。〇「武叔」は魯の大夫、名は州仇。

語、去声。朝、音潮。〇武叔、魯大夫、名州仇。
語は、去声。(1) 朝は、音潮。(2) 〇武叔は、魯の大夫、名は州仇。(3)

（1）ここでは、「告げる」。八佾第三・第二三章の注（1）（第1巻の二九七ページ）を参照。（2）ここは「朝廷」の意。公冶長第五・第七章の注（1）（第2巻の三三ページ）を参照。（3）『論語集解』に引く馬融の注。なお武叔は、叔孫氏。

子服景伯以告子貢。子貢曰、譬之宮牆、賜之牆也及肩。窺見室家之好。［子服景伯以て子貢に告ぐ。子貢曰わく、之を宮牆に譬うるに、賜の牆や肩に及ぶ。室家の好きを窺い見る。］

塀が低く、家屋に奥行きが無いのである。

牆卑室浅。　牆は卑《ひく》く(1)室は浅し。

(1)「卑」は、低い。

夫子之牆数仞。不得其門而入、不見宗廟之美、百官之富。［夫子の牆は数仞《じん》なり。其の門を得て入らざれば、宗廟の美、百官の富を見ず。］

七尺を「仞」と言う。門に入らなければ、その中にあるものが見えないとは、塀が高くて宮殿が広いことを言う。

七尺曰仞。不入其門、則不見其中之所有、言牆高而宮広也。　七尺を仞と曰う。(1)其の門に入らざれば、則ち其の中の有る所を見ずとは、牆高くして宮広きを言うなり。

(1)『論語集解』に引く包咸の注。

得其門者或寡矣。夫子之云、不亦宜乎。［其の門を得る者或いは寡し。夫子の云えること、亦た宜《うべ》ならずや、と。］

ここの「夫子」は武叔を指す。

此夫子、指武叔。　此の夫子は、武叔を指す。(1)

(1)『論語集解』に引く包咸の注。なおここの本文の意味は、「孔子の門に入る者は少ないので孔子の偉大さを理解できない人が多く、あの方（武叔）があぁ言ったのも当然である」。

【補説】

［徂徠］後世の諸儒（朱子や仁斎）は、『孟子』によって『論語』を解釈するが、孟子は門の外の人と争論している者であって、それで門の内部のことをわかるはずがあろうか。彼らは経書を解釈するのに理によって道によらず、四書に専心して六経をおろそかにしている。

第二十四章

叔孫武叔毀仲尼。子貢曰、無以為也。仲尼不可毀也。他人之賢者丘陵也。猶可踰也。仲尼日月也。無得而踰焉。人雖欲自絶、其何傷於日月乎。多見其不知量也。［叔孫武叔、仲尼を毀《そし》る。子貢曰わく、以て為すこと無かれ。仲尼は毀る可からざるなり。他人の賢者は丘陵なり。猶お踰《こ》ゆ可し。仲尼は日月なり。得て踰ゆること無し。人自ら絶たんと欲すと雖も、其れ何ぞ日月を傷《やぶ》らんや。多《まさ》に其の量を知らざることを見るなり、と。］

「量」は去声。○「以て為すこと無かれ」とは、そのようにしないようにということ。土が高いのを「丘」と言い、高い丘を「陵」と言う。「日月」は至高であることの譬喩である。「自ら絶つ」とは、孔子を誹謗することで孔子と縁を切ることを言う。「多」は、「祇」と同じで、「まさに」ということである。「量を知らず」とは、自分の身のほどを自覚していないことを言う。

量、去声。〇無以為、猶言無用為此。土高曰丘、大阜曰陵。日月喩其至高。自絶、謂以謗毀自絶於孔子。多、与祇同。適也。不知量、謂不自知其分量。

量は、去声。(1) 〇以て為すこと無かれとは、猶お此を為すを用うること無かれと言うがごとし。土高きを丘と曰い、(2) 大阜を陵と曰う。(3) 日月は其の至高に喩《たと》う。自ら絶つは、謗毀《ぼうき》するを以て自ら孔子を絶つを謂う。多は、祇と同じ。適なり。(4) 量を知らずとは、自ら其の分量を知らざるを謂う。(5)

（1）ここは、去声で分量の意。平声の場合は「はかる」。（2）「其の山林、川沢、丘陵、墳衍、原隰の名物を弁ず」（『周礼』地官・大司徒）の鄭玄の注。（3）「山の如く阜の如く岡の如く陵の如し」（『詩経』小雅・天保）の毛伝、『爾雅』釈地。（4）『論語集解』の何晏の注に「適《まさ》に自ら量を知らざるを見るに足るなり」とあり、その邢昺の疏に「此の注の意に拠るに、多を訓じて適と為すに似たり。多を適と為すを得る所以の者は、古人、多と祇と同音なればなり。……」と言う（『論語正義』）。つまりここの「多」は「まさに」と訓じ、「はからずもまさに」いう意味。（5）自分の大きさの程度。

【補説】

［徂徠］孔子を日月に譬えるのは、孔子の末年、魯の人々が孔子を非常に尊信していたので、このような譬喩が説得力を持ったのである。

第二十五章

陳子禽謂子貢曰、子為恭也、仲尼豈賢於子乎。［陳子禽、子貢に謂いて曰わく、子は恭を為すなり、仲尼豈に子より賢らんや、と。］

「恭を為す」とは恭敬の念をいたし、自分の師を推奨して師に謙譲であることを言う。

為恭、謂為恭敬、推遜其師也。　恭を為すは、恭敬を為し、其の師を推遜するを謂うなり。(1)

（1）師を推奨して自分は謙遜する。師は仲尼（孔子）のことで、本文の「子」は、子貢を指す。

子貢曰、君子一言以為知、一言以為不知。言不可不慎也。［子貢曰わく、君子は一言以て知と為し、一言以て不知と為す。言慎まざる可からざるなり。］

「知」は去声。〇子禽が言葉に慎重でないことを非難したのである。

知、去声。○責子禽不謹言。　知は、去声。[1]○子禽[2]の言を謹まざるを責む。

（1）ここでは、「智」。里仁第四・第一章の注（3）（第1巻の三一〇ページ）を参照。　（2）子禽については、学而第一・第一〇章の朱子の注を参照。

夫子之不可及也、猶天之不可階而升也。［夫子の及ぶ可からざるや、猶お天の階して升る可からざるがごときなり。］

「階」は、はしごである。聖人の大きさについては、まだ意識的に追求できる。しかし聖人の天と一体となった境地については、意識的に実現できるものではない。それゆえ「はしごをかけて登ることはできない」と言ったのである。

階、梯也。大可為也。化不可為也。故曰、不可階而升。　階は、梯なり。[1]大は為す可きなり。化は為す可からざるなり。[2]故に曰わく、階して升る可からざるなり、と。

（1）『孟子』万章上の「階を捐す」の張岐の注に「階は、梯なり」とある。（2）「大は為す可きなり。大にして化すは為す可からざるなり。熟するに在るのみ」（張載『正蒙』神化篇）。これは『孟子』尽心下の「充実して光輝有るを之れ大と謂う。大にして之を化するを之れ聖と謂う」をふまえている。ちなみにこの『孟子』の箇所に対して、朱子は「大にして能く化し、其の大なる者をして泯《びん》然として復た見る可きの迹無からしむれば、則ち思わず勉めず従容として道に中《あた》りて人力の能く為す所に非ず」と注し（『孟子集注』）、続けて張載の『正蒙』のこの語を引く。意識的に道に合するのを求める段階の上に、無意識のうちに道に合する聖人の境地があるというのが、朱子ら道学者の考えである。

夫子之得邦家者、所謂立之斯立、道之斯行、綏之斯来、動之斯和。其生也栄、其死也哀。如之何其可及也。［夫子の邦家を得るや、所謂之を立つれば斯《ここ》に立ち、之を道《みちび》けば斯に行き、之を綏《やす》んずれば斯に来たり、之を動かせば斯に和らぐ。其の生くるや栄え、其の死するや哀しむ。之を如何ぞ其れ及ぶ可けんや、と。］

「道」は去声。○「これを立つ」とは、生活を成り立たせることを言う。「道」は引き導くこと。教化することを言う。「行」は従うこと。「綏」は安寧な状態にすること。「来」は帰属してくること。「動」は鼓舞すること。「和」は、「ああ、善へと感化され、民は融和する」と言われているものである。その感応がかくも霊妙で神速であることを言っているのである。「栄」は、在世中は民が尊崇したことを言う。「哀」は、逝去の時は民があたかも父母の喪に服するようであったこと。程子が言われた。「これは、聖人の霊妙な心持ちと教化が、上にも下にも行きわたり、天地と一体となったものである」。○謝氏が言った。「子貢が聖人を称えた語を見れば、彼が晩年徳を高め、高遠の境地を極めたのがわかる。孔子が国政を担当すると、民衆を鼓舞し教化するのが、太鼓のばちと太鼓、形と影、声と響きの間よりも迅速であった。人々はその変化を見たが、なぜ変化するのかは窺い知れなかった。聖であり続けながらも、計り知れないところがあった。これは意識したり勉め励んだりすることではほとんど及び難い境地である」。

道、去声。○立之、謂植其生也。道、引也。謂教之也。行、従也。綏、安也。来、帰附也。動、謂鼓舞之也。和、所謂於変時雍。言其感応之妙、神速如此。栄、謂莫不尊親。哀、則如喪考妣。程子曰、此聖人之神化、上下与天地同流者也。○謝氏曰、観子

道は、去声①。○之を立つは、其の生を植《た》つるを謂うなり②。道は、引なり。之に教うるを謂うなり。行は、従うなり③。綏は、安んずるなり④。来は、帰附するなり。動は、之を鼓舞するを謂うなり⑤。和は、所謂於変《ああ》わり時《こ》れ雍《やわ》らぐなり⑥。其の感応の妙、神速なること此の如きを言う⑦。栄は、尊親せざること莫きを謂う。哀は、則ち考妣《ひ》に喪するが如し⑧。程子曰わく⑨、此れ聖人の神化の、上下、天地と流れを同じくする者なり⑩、と。○謝氏曰わく⑪、子貢の聖人

貢称聖人語、乃知晩年進徳、蓋極於高遠也。夫子之得邦家者、其鼓舞群動、捷於桴鼓影響。人雖見其変化、而莫窺其所以変化也。蓋不離於聖、而有不可知者存焉。此殆難以思勉及也。

を称するの語を観れば、乃ち晩年徳に進むこと、蓋し高遠を極むるを知るなり。夫子の邦家を得る者は、其の群動(12)を鼓舞すること、桴(13)鼓影響(14)よりも捷《はや》し。人其の変化を見ると雖も、而れども其の変化する所以を窺《うかが》うこと莫し。蓋し聖を離れずして、知る可からざること有る者存す。此れ殆《ほとん》ど思勉を以ては及び難きなり(15)、と。

（1）ここでは、「みちびく」。顔淵第一二・第二三章の注（2）（第3巻の三九二ページ）を参照。
（2）民の生活を成り立たせること。朱子は、『孟子』梁恵王上の「五畝の宅、之を樹《う》うるに桑を以てす」のようなこととする（『朱子語類』四九）。　（3）孔子が教導すれば、すぐに民が従うこと。本文のこの箇所は、孔子がもし国政に携わった場合には迅速な効果が得られることが語られている。
（4）『論語集解』に引く孔安国の注。　（5）「黎民、於《ああ》変じ時《こ》れ雍らぐ」（『書経』虞書・尭典）。朱子は、「黎は、黒なり。民の首は皆な黒。於は、嘆美の辞。変は、悪を変じ善をなすなり。時は、是。雍は、和なり。是に於て和せざる無きなり。此れ尭其の徳を推し、身自り物に及ぼし、近き由り遠きに及ぼすを言う」と解説する（「尚書」尭典、『朱子文集』六五）。　（6）働きかけ（「感」）に対する反応（「応」）が、霊妙で神秘的なまでに迅速なこと。　（7）「凡そ血気有る者、親を尊ばざる莫し」（『中庸』第三一章）。　（8）「百姓、考妣に喪するが如し」（『書経』虞書・舜典）。「考妣」は、亡くなった父と母。　（9）程顥の語。『程氏遺書』一一。　（10）「夫れ君子過ぐる所の者は化し、存する所の者は神。上下、天地と流を同じくす」（『孟子』尽心上）。そこの朱子の注では、「君子は、聖人の通称なり。過ぐる者は化すとは、身の経歴する所の処は即ち人化せざる無し。……存する所の者は神とは、心の存主する所の処、便ち神妙にして測られず」と言い、さらに『論語』のこの箇所を引用する（『孟子集注』）。また『易経』繫辞下伝では、尭、舜の教化が「神にして之を化す」であったと言う。

（11）謝良佐の語。『論語精義』一〇上に引く。（12）民衆。（13）太鼓のばちと太鼓。反応が迅速な譬喩。（14）形と影、声と響で、反応が迅速な譬喩。「迪《みち》に恵《したが》えば吉、逆に従えば凶。惟れ影響たり」（『書経』虞書・大禹謨）の孔伝に「吉凶の報は、影の形に随い、響の声に応ずるが若し」と言う。

（15）「誠とは、勉めずして中《あた》り、思わずして得。従容として道に中るは聖人なり」（『中庸』第二〇章）。

【補説】

［徂徠］（注が無い）。

尭曰《ぎょうえつ》第二十

合計三章。

凡三章。

凡そ三章。

第一章

尭曰、咨爾舜、天之暦数在爾躬。允執其中。四海困窮、天禄永終。［尭曰わく、咨《ああ》爾《なんじ》舜、天の暦数爾の躬《み》に在り。允《まこと》に其の中を執れ。四海困窮すれば、天禄永く終えん、と。］

これは尭が舜に帝位を譲った際に申し渡した言葉である。「咨」は詠嘆の声。「暦数」は帝王が位を継承する順序。季節や節気の交替のようなもの。「允」はまこと。「中」とは過不及が無いことを言う。世界の人が困窮すれば、君主としての地位も永遠に絶えてしまう。これを戒めたのである。

此尭命舜而禅以帝位之辞。咨、嗟歎声。暦数、帝王相継之次第。猶歳時気節之先後也。允、信也。中者、無過不及之名。四海之人困窮、則君禄亦永絶矣。戒之也。

此れ尭の舜に命じて禅《ゆず》るに帝位を以てするの辞なり。咨《し》は、嗟歎の声[1]。暦数は、帝王相い継ぐの次第。猶お歳時気節の先後のごときなり[2]。允は、信なり[3]。中とは、過不及無きの名[4]。四海の人困窮すれば、則ち君禄[5]も亦た永く絶ゆ。之を戒むるなり。

（1）「文王流涕して之を咨す」（『呂氏春秋』恃君覧・行論）の高誘の注に「咨は、嗟歎の辞」。（2）尭から舜への禅譲が季節の推移のように必然であること。「歳時」は四季、「気節」は一年の二十四節気。（3）『論語集解』に引く包咸の注。（4）行き過ぎも及ばないことも無い適正な状態を心に維持し統治することを、尭が舜に求めたのである。（5）君主が天から得た俸禄。つまり天が命じた君主としての地位。

舜亦以命禹。［舜も亦た以て禹に命ず。］

舜が後で禹に位を譲った際にも、またこの言葉を申し渡した。今、その言葉は『書経』虞書の

「大禹謨」に見えている。そこではここよりも詳しくなっている。

舜後遜位於禹、亦以此辞命之。今見於虞書大禹謨。比此加詳。

舜後に位を禹に遜《ゆず》るも、亦た此の辞を以て之に命ず。今虞書大禹謨に見ゆ(1)。此に比ぶれば詳を加う(2)。

(1)『書経』虞書・大禹謨。この篇は後に『論語』のこの箇所などをもとに作成された偽古文であるが、朱子は偽古文に疑いを持ちつつも、この篇の舜から禹への伝授の語を道統論の典拠として重視した。(2)「大禹謨」では、「……天の暦数汝の躬《み》に在り。……人心惟《こ》れ危く、道心惟れ微なり。惟れ精惟れ一、允に厥《そ》の中を執れ。……四海困窮せば、天禄永く終えん。……」と、かなりの長文になっている。なおこの「人心惟れ危く、道心惟れ微なり。惟れ精惟れ一、允に厥の中を執れ」を、朱子は尭、舜、禹、殷の湯、周の文王、武王、さらに孔子が継承していく道の中核的内容として重視する。

曰、予小子履、敢用玄牡、敢昭告于皇皇后帝。有罪不敢赦。帝臣不蔽。簡在帝心。朕躬有罪、無以万方。万方有罪、罪在朕躬。

［曰わく、予《われ》小子履、敢えて玄牡《げんぼ》を用いて、敢えて昭かに皇皇たる后帝に告ぐ。罪有るは敢えて赦さず。帝臣は蔽わず。簡《えら》ぶこと帝の心に在り。朕が躬に罪有れば、万方を以てすること無かれ。万方に罪有れば、罪は朕

が躬に在り、と。」

ここは『書経』商書・湯誥の辞を引いている。つまり桀を討伐してから湯が諸侯に告げたのである。『書経』の文とは大同小異である。「曰」の前に「湯」の字が有るべきである。「履」は湯の名。「玄牡を用いる」とは、夏王朝は黒を尊んでいて、まだその礼を変えていなかったのである。「簡」は審査すること。この語の意味はこうである。桀は罪があったのであるから、自分は許そうとはしない。しかし天下の賢人はみな上帝の臣であるから、自分は賢人たちの善行を覆い隠すようなこともしない。審査選別は上帝の心にあるのだから、ただ上帝の命ずるままに従うだけである。これは天命が降るのを請うてから桀を討伐したことを述べた言葉である。また君に罪があるのは、民がもたらしたものではなく、民に罪があるのは、まことに君のしわざである、と言っていることから、自分を責めるのが厳しく、他人を責めるのが緩やかであるのがわかる。これは諸侯に告げた言葉である。

此引商書湯誥之辞。蓋湯既放桀而告諸侯也。与書文大同小異。曰上当有湯字。履、蓋湯名。用玄牡、夏尚黒、未変其礼也。簡、

此れ商書湯誥の辞を引く(1)。蓋し湯既に桀を放ちて諸侯に告ぐ。書の文と大同小異なり(2)。曰の上に当に湯の字有るべし。履は、蓋し湯の名(3)。玄牡を用うとは、夏は黒を尚《とうと》び、未だ其の礼変ぜざるなり(4)。簡は、閲なり(5)。言うここ

閲也。言桀有罪、己不敢赦。而天下賢人皆上帝之臣、己不敢蔽。簡在帝心、惟帝所命。此述其初請命而伐桀之辞也。又言君有罪、非民所致、民有罪、実君所為、見其厚於責己、薄於責人之意。此其告諸侯之辞也。

ろは、桀罪有れば、己敢えて赦さず。而れども天下の賢人は皆な上帝(6)の臣なれば、己敢えて蔽わず(7)。簡ぶこと帝の心に在れば、惟だ帝の命ずる所のままにするなり。此れ其の初めに命を請いて桀を伐つを述ぶるの辞なり。又た君に罪有るは、民の致す所に非ず、民に罪有るは、実に君の為す所なりと言えば、其の己を責むるに厚く、人を責むるに薄き(8)の意を見る。此れ其の諸侯に告ぐるの辞なり。

（1）『書経』商書・湯誥の文。これも偽古文である。（2）『書経』の文の方が長いが、もともと『論語』などから偽作したものであるから、該当箇所は大同小異である。（3）『論語集解』に引く孔安国の注。なお「予小子履」は、湯の天に対する自称。（4）「殷家は白を尚べども、未だ夏礼を変ぜず。故に玄牡を用う」（『論語集解』に引く孔安国の注）。「夏后氏は黒を尚ぶ。……殷人白を尚ぶ。……周人赤を尚ぶ」（『礼記』檀弓上）。湯王が黒の雄牛を供え物にしたのは、この時点ではまだ黒を基調とする夏王朝の礼にならったのである。（5）『広雅』。（6）天の神。（7）自分は賢人たちについては顕彰すべきは隠さず顕彰するということ。『書経』の方では、「爾《なんじ》、善有れば、朕敢えて蔽わず。罪、朕が躬に当たれば、敢えて自ら赦さず。惟だ簡《えら》ぶこと上帝の心に在るのみ」となっている。

（8）「躬《み》自ら厚くして、人を責むるに薄ければ、則ち怨に遠ざかる」（衛霊公第一五・第一四章）。

周有大賚、善人是富。［周に大賚《らい》有り。善人是れ富む。］

「賚」は来代の反。○これ以下は武王の事跡を述べている。「賚」はあたえる。武王は商（殷）に勝ち、大いに天下に贈り物をあたえた。このことは『書経』周書・武成篇に見える。これは富をあたえられた者がみな善人であったことを言う。『詩序』に「「賚」は、それで善人に褒美をあたえたのである」と言っているのは、これにもとづいたのであろう。

賚、来代反。○此以下述武王事。賚、予也。武王克商、大賚于四海。見周書武成篇。此言其所富者皆善人也。詩序云、賚、所以錫予善人、蓋本於此。

賚は、来代の反。(1)○此以下は武王の事を述ぶ。賚は、予なり。(2)武王商に克ち、大いに四海に賚《たま》う。周書武成篇に見ゆ。(3)此れ其の富む所の者は皆な善人なるを言う。詩序(4)に云う、賚は、善人に錫予《せきよ》する所以なり、と、(5)蓋し此に本づく。

（1）『経典釈文』二四では「力代の反」。（2）『詩序』周頌・賚、『爾雅』釈詁。（3）『書経』周書・武成。偽古文。　（4）『詩経』の各詩の要旨を記した書で、作者については孔子、子夏、国史など各説あり一定しなかったが、朱子は『後漢書』儒林伝の記載をもとに、衛宏がその前から伝わっていたものを増補し潤色したものとした。その内容については、朱子は詩人の本意を得ていないと批判している（以上は、朱子『詩序弁説』）。　（5）『詩序』周頌・賚。

雖有周親、不如仁人。百姓有過、在予一人。「周親有りと雖も、仁人に如かず。百姓過《あやまち》有れば、予一人に在り。」

これは『書経』周書・泰誓の言葉である。孔氏が言った。「周」は、極まっていること。この語の意味はこうである。紂には極めて親しい者が多かったが、周家に仁人が多かったのには及ばなかった。

此周書泰誓之辭。孔氏曰、周、至也。言紂至親雖多、不如周家之多仁人。

此れ周書泰誓の辞。（1）孔氏曰わく、（2）周は、至るなり、と。言うこころは、紂には至親（3）多しと雖も、周家の仁人多きに如かず。

（1）『書経』周書・泰誓中。偽古文。（2）『書経』周書・泰誓中の孔安国の注（いわゆる「偽孔伝」）。「周」を、「極めて」という意味に取っている。（3）極めて近い親族やとりまき。

謹権量、審法度、修廃官、四方之政行焉。［権量を謹み、法度を審らかにし、廃官を修むれば、四方の政行わる。］

「権」はおもりである。「量」はますである。「法度」は礼楽制度がすべてこれである。

権、称錘也。量、斗斛也。法度、礼楽制度皆是也。

権は、称錘なり(1)。量は、斗斛《こく》なり(2)。法度は、礼楽制度皆な是れなり。

（1）はかりのおもり。（2）『論語集解』に引く包咸の注。「斗」は十升、「斛」は十斗をはかるます。なお本文の「廃官を修む」とは、必要な官職で廃止、あるいは無人になっているものに人を手当すること。

興滅国、継絶世、挙逸民、天下之民帰心焉。〔滅国を興し、絶世を継ぎ、逸民を挙げれば、天下の民、心を帰す。〕

「滅びた国を再興し、絶えてしまった王家を継ぐ」とは、黄帝、尭、舜、夏、殷の子孫を封じたことを言う。「逸民を挙げる」とは、投獄されていた箕《き》子を釈放し、殷の礼楽の官を位に復帰させたことを言う。この三つはみな人々の願いであった。

興滅継絶、謂封黄帝尭舜夏商之後。挙逸民、謂釈箕子之囚、復商容之位。三者皆人心之所欲也。

滅びたるを興し絶えたるを継ぐとは、黄帝、尭、舜、夏、商の後を封ずるを謂う。(1) 逸民を挙ぐとは、(2) 箕子の囚を釈《ゆる》し、(3) 商容の位を復すを謂う。(4) 三者は皆な人心の欲する所なり。

(1)「武王殷に克ちて商に反《およ》びて、未だ車を下るに及ばずして、黄帝の後を薊《けい》に封じ、帝尭の後を祝に封じ、帝舜の後を陳に封じ、車を下りて夏后氏の後を杞《き》に封じ、殷の後を宋に投ず」(『礼記』楽記)。歴代の王者や王家の子孫を各地に封じたこと。　(2) 微子第一八・第八章に逸民として「伯夷、叔斉、虞仲、夷逸、朱張、柳下恵、少連」をあげているが、そこの朱子の注で「逸は、遺逸。民は、位無きの称」と言う。単に自分の精神の自由を確保するために世を逃れているのではなく、社会への貢献に志がありながら自分の生き方に忠実であるがゆえに君主に用いられない状況に身をおいている人々。（3）「箕子の囚を釈す」（『礼記』楽記）。殷の王族の箕子は、狂人を装い、奴隷となったが、さらに紂に囚えられていた。（4）「之をして商容を行《み》て其の位に復さしむ」（『礼記』楽記）。そこの鄭玄の注には「行は、猶お視のごときなり。箕子をして商の礼楽の官を視さしむ。賢者の処る所は、皆な其の居に反らしむるなり」とある。「商容」とは殷（商）の礼楽の官。つまり箕子に殷の礼楽の官を見させ、優れた者であればもとの役職に復帰させた。

所重民食喪祭。［重んずる所は民食喪祭。］

『書経』武成に言う。「民に対して聖人が重んじたのは、五教と、食と喪礼と祭祀とであった」。

武成曰、重民五教、惟食喪祭。　武成に曰わく、[1]民に重んずるは五教、[2]惟れ食喪祭、[3]と。

（1）『書経』周書・武成。（2）「五教は、君臣、父子、夫婦、兄弟、長幼の五典の教なり」（蔡沈《さいちょう》『書集伝』）。（3）「食は以て生を養う。喪は以て死を送る。祭は以て遠きを追う。五教、三事は人紀を立て風俗を厚くする所以にして、聖人の甚だ重んずる所なり」（蔡沈『書集伝』）。

寛則得衆、信則民任焉。敏則有功、公則説。［寛なれば則ち衆を得、信なれば則ち民任ず。敏なれば則ち功有り、公なれば則ち説《よろこ》ぶ。］

「説」の音は悦。○ここの内容は武王の事跡に見えない。たぶん広く帝王の道を言ったものであろうか。○楊氏が言った。「『論語』の書の内容はみな聖人の微妙で奥深い言葉であって、その徒がこれを伝え守り儒教の道を明らかにしたものである。それゆえ終篇でつぶさに尭や舜の諮問や任命の言葉、湯や武王の軍隊への檄の意味、政治に実現した内容を載せて、聖学が伝える内容が、ここで一致することを明らかにしている。これによって『論語』二十篇の大旨を鮮明にしているのである。『孟子』の終篇でも、尭、舜、湯、文、孔子と継承していく順序を叙述している。それも全てこの意味である」。

説、音悦。○此於武王之事無所見。恐或泛言帝王之道也。○楊氏曰、論語之書、皆聖人微言、而其徒伝守之、以明斯道者也。

説は、音悦(1)。○此れ武王の事に於て見る所無(2)し。恐らくは或いは泛く帝王の道を言う。○楊氏曰わく、論語の書、皆な聖人の微言(3)にして、其の徒之を伝え守り、以て斯道(4)を明らかにする者なり。故に終篇に於て具さに尭舜咨命

故於終篇具載尭舜咨命之言、湯武誓師之意、与夫施諸政事者、以明聖学之所伝者、一於是而已。所以著明二十篇之大旨也。孟子於終篇、亦歴叙尭舜湯文孔子相承之次。皆此意也。

の言、(5)湯武誓師の意(6)と、夫の諸《これ》を政事に施す者とを載せて、以て聖学の伝うる所の者、是に一なるを明らかにするのみ。二十篇の大旨を著明にする所以なり。孟子の終篇に於けるも、亦た尭、舜、湯、文、孔子相い承《う》くるの次を歴叙す(7)。皆な此の意なり、と。

(1)『経典釈文』二四。ここでは、喜ぶの意。学而第一・第一章の注(1)(第1巻の五四ページ)を参照。(2)楊時の語。『論語精義』一〇下に引く。(3)微妙な表現の中に奥深い内容が籠められた語。(4)儒教の道。(5)『書経』虞書の尭典と舜典では、尭と舜が諮問したり任命したりする時に「諮《ああ》」という語を発している。「諮」は、詠嘆の語。「咨は、嗟なり。嗟歎して之に告ぐるなり」(蔡沈『書集伝』尭典)。(6)軍隊を出動させる時にその戦いの意義を述べる語。湯の場合は、『書経』商書の「湯誓」。武王の場合は、『書経』周書の「泰誓」上、中、下、「牧誓」。なお、「師」は軍隊のこと。具体例は、「禹乃ち群を会するの后、師に誓いて曰わく、……」(『書経』虞書・大禹謨)など。(7)『孟子』全篇の末尾のところに、「尭舜由り湯に至るまで五百有余歳。……湯由り文王に至るまで五百有余歳。……文王由り孔子に至るまで五百有余歳」とある(尽心下)。

【補説】

［仁斎］上古の聖人の道は広漠としていて人倫に切実ではなく、天下国家の政治にも益が無いものもあった。そこで尭は中を取ることを舜に教えたのである。

『書経』虞書・大禹謨ではこの箇所の尭が舜に伝えた語を載せ、さらに人心、道心の語を加えて「人心惟れ危く、道心惟れ微なり。惟れ精惟れ一、允に厥の中を執れ」と言っているが、朱子はこれを尊んだ（本章の注を参照）。しかし「大禹謨」については宋明の儒者も、漢代の儒者が経書の語をかき集め粉飾して偽作したのではないかと疑ってきた。そもそもこの人心、道心の語は『荀子』解蔽では「道経に曰わく」として引くのであって、尭舜伝授の語でないことは明らかである。尭が舜に伝えたのは本章のこの語だけである。尭や舜の時代の言論は平易で朴実であり、後世の心性論の類は無かった。

「曰わく、予小子履、……罪は朕が躬に在り、と」という箇所は、朱子が言うように「湯曰わく」とすべきものであって、湯が天に告げた言葉である。ただこの語は『書経』商書・湯誥にあり、『墨子』では「湯誓」として出てくるので、やはり偽作である。

「周に大賚有り。……重んずる所は民食喪祭」は武王の事であって、武王の語は『書経』周書の武成、泰誓上・中・下にあるが、これも偽作の疑いがあるので、引証しない。なお「廃官を修む」とは、古えは官は世襲であったので、もとのようにしたということである。

総じて、尭、舜、湯、武王の道は天を敬い、民を重んじるものであった。

「寛なれば則ち衆を得、……公なれば則ち説ぶ」は、旧本は前の部分と合わせて一章とするが、武王の事跡と関係無く、陽貨第一七・第六章の「子張仁を問う」の箇所とほぼ同じでその半分が無い。たぶん次章に「子張、孔子に問いて曰わく」とあるので、誤ってここに再び出したのであろう。なおこ

ここで「公」の字が出てくるが、『論語』には他に「公」の字は無い（あっても諸侯の称謂や人名の類）。ここは陽貨第一七にならって「恵」の字になおすべきである。朱子たち宋儒は「天理の公」などと言って「公」の字を学問の中枢とするが、「公」の字は道家の『老子』や『荘子』に見え、儒家の聖人の書には無い。なぜかと言えば「公」は是を是、非を非とし、私的偏りが無いことであるが、親疎を選ばずに行えば義に害があるからである。父は子のために隠し、子は父のために隠す（子路第一三・第一八章）という人情の至極に道はある。仁だけで義が無ければ墨子の兼愛（無差別な博愛）、義だけで仁が無ければ楊朱の為我（個人主義）に陥るのであって、仁であり義であってこそ、「公」を言わずともおのずと私的偏りは無くなるのである。

［徂徠］「天の暦数」とは、政治の道のことであって、古えの聖王の道は天を奉じていたからこのような表現になるのである。「允に其の中を執れ」とは、帝位につくことである。上に天があり、下に民がいて、帝王はその中にいるからである。

仁斎は「大禹謨」の文章を否定するが、もともとそれは朱子的に解釈したうえで加えた批判なので誤っている。民心の恐るべきことを「人心惟れ危く」と言い、民心をまだ微かにしか見えていない段階から導く必要があるゆえ「道心惟れ微なり」とし、さらに清静専一であるように努めて帝位につくことを「惟れ精惟れ一、允に厥の中を執れ」と述べたのである（「精」は「清」）。仁斎は『荀子』で「道経に曰わく」とあることを問題にするが、『荀子』は儒家の書であるし、「道」と「夏」は篆文の字形が似ているので、本来は「夏経に曰わく」なのを誤ったのであろう。なお尭、舜、禹の道は一つであって、『春秋左氏伝』や『呂氏春秋』ではこの時期の文書を「夏書」と言っている。

「廃官を修む」について仁斎は官が世襲されていたことを言うが、そのこと自体はあっているものの、ここの解釈としてはおかしい。また世襲だったのは官吏で、公卿大夫は官を世襲しないものであった。「寛なれば則ち衆を得」以下を衍文とする仁斎の説は、よく『論語』を読む者と言えるが、そこまで断言できる保証は無い。また「公」の否定については、朱子たちに対する批判意識の行き過ぎであって、羹《あつもの》に懲りて膾《なます》を吹くの類である。確かに朱子の「天理の公」は『老子』や『荘子』から来ているが、聖人は「公」を憎んだことがあろうか。

＊『書経』の偽古文については、朱子は疑いをもちながらもその中のフレーズを重要な典拠として使用したために、全面的批判には踏み切れなかった。それを仁斎は宋明の儒者の議論を整理しつつ実証的に否定したのであるが、徂徠は今度その仁斎を批判しているのである。

第二章

子張問於孔子曰、何如斯可以従政矣。子曰、尊五美、屏四悪、斯可以従政矣。子張曰、何謂五美。子曰、君子恵而不費、労而不怨、欲而不貪、泰而不驕、威而不猛。［子張、孔子に問いて曰わく、何如なれば斯れ以て政に従う可き、と。子曰わく、五美を尊び、四悪を屛《しりぞ》ければ、斯に以て政に従う可し、と。子張曰わく、何をか五美と謂う、と。子曰わく、君子恵して費さず、労して怨みず、欲して貪らず、泰にして驕らず、威ありて猛らず、と。］

「費」は芳味の反。

費、芳味反。

費は、芳味の反。(1)

（1）『経典釈文』二四。この字は他にも発音があるが、ここでは通常の意味。本文の「君子恵して費さず」の意味は、民を恵むけれども行き過ぎた無駄な出費をしない。

子張曰、何謂恵而不費。子曰、因民之所利而利之。斯不亦恵而不費乎。択可労而労之。又誰怨。欲仁而得仁。又焉貪。君子無衆寡、無小大、無敢慢。斯不亦泰而不驕乎。君子正其衣冠、尊其瞻視、儼然人望而畏之。斯不亦威而不猛乎。

［子張曰わく、何を恵して費さずと謂う、と。子曰わく、民の利する所に因りて之を利す。斯れ亦た恵して費さざるにあらずや。労す可きを択びて之を労す。又た誰をか怨まん。仁を欲して仁を得たり。又た焉んぞ貪らん。君子は衆寡と無く、小大と無く、敢えて慢《あなど》ること無し。斯れ亦た泰にして驕らざるにあらずや。君子は其の衣冠を正しくし、其の瞻視《せんし》を尊くし、儼然として人望みて之を畏る。斯れ亦た威あって猛からざるにあらずや、と。］

焉は於虔の反。

焉、於虔反。

焉は、於虔の反。(1)

(1) ここでは、「いずくんぞ」。為政第二・第一〇章の注（1）（第1巻の一六七ページ）を参照。

子張曰、何謂四悪。子曰、不教而殺、謂之虐。不戒視成、謂之暴。慢令致期、謂之賊。猶之与人也、出納之吝、謂之有司。

［子張曰わく、何をか四悪と謂う。子曰わく、教えずして殺す、之を虐と謂う。戒めずして成るを視る、之を暴と謂う。令を慢《みだり》にして期を致す、之を賊と謂う。之を猶《ひと》しくし人に与うるに、出納の吝《やぶさか》なる、之を有司と謂う、と。］

「出」は去声。○「虐」は、残酷で不仁なことを言う。「暴」は、唐突であって徐々に進めていくのではないことを言う。「期を致す」とは、期限を限ることである。「賊」は、ひどく害する意。前にはゆるやかであるが後で急に厳しくして、民を誤りに陥れてから処刑するのは、民を痛めつけるものである。「之を猶しくす」は、均しくするということである。結局は同じように物を人にあたえることになるのに、それを出す時になって、惜しんで果たさなければ、それは官僚的というもので、本来の政治のあり方に合致していない。それではあたえる物が多くても、人々はその恩恵を感じることは無い。項羽は人を使う際に、功績があって封じなければならないのに、任命の刻印をその角が摩滅するまで握りしめ、それをあたえるのを惜しむ気持ちを我慢できなかった。結局は敗北したのも、この道理の正しさを示すものである。○尹氏が言った。「政治の質問に答えたものは多い。しかしこのように完備したものは無かった。それゆえこの語を記して、前章の帝王の治の事跡につなげることで、孔子の政治論を知ることができるのである」。

出、去声。○虐、謂残酷不仁。暴、謂卒遽無漸。致期、刻期也。賊者、切害之意。緩於前而急於後、以誤其民而必刑之、是賊害之也。猶之、猶言均之也。均之以物与人、而於其出納之際、乃或吝而不果、則是有司之事、而非為政之体。所与雖多、人亦不

出は、去声。(1)○虐は、残酷不仁を謂う。暴は、卒遽《そっきょ》にして漸無きを謂う。期を致すは、期を刻するなり。賊は、切害の意。前に緩にして後に急に、以て其の民を誤らせて必ず之を刑するは、是れ之を賊害するなり。猶之は、猶お之を均しくすと言うがごとし。(2)之を物を以て人に与うるに均しくして、其の出納(3)の際に於て、乃ち或いは吝にして果たさざれば、則ち是れ有司の事にして、政を為すの体に非ず。与うる所多しと雖も、人も亦た其の恵を

懐其恵矣。項羽使人、有功当封、刻印刓、忍弗能予。卒以取敗、亦其験也。○尹氏曰、告問政者多矣。未有如此之備者也。故記之以継帝王之治、則夫子之為政可知也。

懐《おも》わざるなり。項羽④人⑤を使うに、功有りて当に封ずべきに、刻印刓《がん》すれども、忍びて予《あた》うること能わず。⑥卒に以て敗を取るも、⑦亦た其の験なり。○尹氏曰わく、⑧政を問うに告ぐる者多し。未だ此の如く備うる者有らざるなり。故に之を記して、以て帝王の治に継ぐれば、則ち夫子の政為るを知る可きなり、と。

（1）「出」には入声と去声がある。ここは日本漢字音で「スイ」の去声。（2）「倶《とも》に当に人に与うべきに、……」（『論語集解』に引く孔安国の注）。朱子は、「之を均しくすとは、猶お一等（同じく）是れ此の如しと言うがごときなり。史家多く此の般（この種類）の字有り」と説明する（『朱子語類』五〇）。（3）「出納」とあるが、ここでは出す方について言う。（4）楚の項羽。（5）角が摩滅すること。（6）「項王人を見るに、恭敬慈愛、言語嘔嘔、疾病有れば、涕泣して食飲を分つも、人を使うに至りては、功有りて当に封爵すべき者に、印刓敝《がんぺい》すれども、忍びて予《あた》うること能わず。此れ所謂婦人の仁なり」（『史記』淮陰侯列伝）。（7）漢の劉邦に敗れ自殺した。（8）尹焞の語。『論語精義』一〇下に引く。

【補説】

［仁斎］「恵して費さず、労して怨みず、欲して貪らず、泰にして驕らず、威ありて猛らず」が「五美」

なのは、恵が費しやすく、労が怨まれやすく、欲が貪りやすく、泰が驕りやすく、威が猛りやすいからである。「恵して費さず、労して怨みず」は民をおさめる要点、「欲して貪らず、泰にして驕らず、威ありて猛らず」は身を修める要点で、身を修めることは民を治める根本である。政治は、仁を根本とし、不仁にならないように戒めることに尽きる。

［徂徠］仁斎の「五美」の解釈とその意味づけは妥当である。ただ本文に「欲して貪らず」について「仁を欲して仁を得」と言っているところの解釈は誤っている。これは仁人を得るという意味である。切に求めるのは貪ることであるが、賢人を求めるのは貪るということに該当しない。それゆえ「欲して貪らず」と言っているのである。孔子は他箇所では仁である賢者を得難い現実を言っていながら、ここでは「仁を欲して仁を得」とあるが、それはこの語が古語で、孔子がそれをそのまま誦しているのである。後世の儒者は「仁」を仁道で解釈してしまっているが、これでは学問であって、直接政治の道に結びつかない。

その他「成を視る」の「視る」を仁斎は督促することと言うが、「視る」にはそのような意味は無く、他の事を考慮せずただ成果だけを視ることである。また「令を慢にして期を致す」は、民に再三命令戒告せず怠慢にしておきながら、期限がやってきてしまうようにするということである。朱子の「暴」の説明もおかしい。「虐」が殺戮することなのに対して、「暴」は必ずしも殺さず、「虐」よりもやや軽い。

第三章

子曰、不知命、無以為君子也。［子曰わく、命を知らざれば、以て君子と為ること無きなり。］

程子が言われた。「天命を知る者は、天命があることを知ってそれを信ずる。天命を知らなければ、害を見ては必ず避け、利を見ては必ず駆け寄る。そのような者をどうして君子とできようか」。

程子曰、知命者、知有命而信之也。人不知命、則見害必避、見利必趨。何以為君子。

程子曰わく、(1)命を知る者は、(2)命有るを知りて之を信ずるなり。(3)人命を知らざれば、則ち害を見ては必ず避け、利を見ては必ず趨る。何を以て君子と為さんや。

(1) 程頤の語。『程氏遺書』一八。ただ「命有るを知りて之を信ずるなり」の箇所は程顥の語。『程氏遺書』一一。　(2) 程頤も程顥も朱子も天命のこととする（朱子については『朱子語類』五〇）。
(3) この「信ずる」とは、むしろ受け止めるということ。たとえ身に何が起ころうと天命は天命として受け止め、義によって行為すべきことを言う。なお程顥はこの箇所で「天を楽しみ命を知る。故に憂えず」の語を挙げる（『程氏遺書』一一）。

不知礼、無以立也。［礼を知らざれば、以て立つこと無きなり。］

礼を知らなければ、耳目で何を見聞きしてよいのかも、手足をどこにもっていったらよいのかも、わからなくなる。

不知礼、則耳目無所加、手足無所措。礼を知らざれば、則ち耳目加うる所無く、手足措《お》く所無し。(1)

(1)「若し礼無ければ、則ち手足措く所無く、耳目加うる所無く、進退揖譲《ゆうじょう》制する所無し」（『礼記』仲尼燕居）。

不知言、無以知人也。［言を知らざれば、以て人を知ること無きなり、と。］

言うことの善し悪しで、その人の邪正がわかる。〇尹氏が言った、「この三項がわかれば君子に必要なものが具わる。弟子はこれを記して本篇を終えた。無意味なことなどありえようか。学ぶ者が若い時にこれを読んでも、老いてまだ一項の実行すらもわきまえていないようであれば、これはもう聖人の言葉を侮る者と言ってもよいであろう。このような者は孔子にとっては罪人である。ここに思いを凝らさなくてもよいであろうか」。

言之得失、可以知人之邪正。○尹氏曰、知斯三者、則君子之事備矣。弟子記此以終篇。得無意乎。学者少而読之、老而不知一言為可用、不幾於侮聖言者乎。夫子之罪人也。可不念哉。

言の得失、以て人の邪正を知る可し。○尹氏曰わく(1)、斯の三者を知れば、則ち君子の事備わる。弟子此を記して以て篇を終う。意無きことを得んや。学者少《わか》くして之を読み、老いて一言の用う可しと為すことを知らざれば、聖言を侮る者に幾《ちか》からざらんや。夫子の罪人なり。念《おも》わざる可けんや、と。

(1) 尹焞の語。『論語精義』一〇下に引く。

【補説】

［徂徠］天命を受けて天子、公卿、大夫となるのであるから、その学問や政治は天職なのである。もしこのことをわきまえていないのであれば、君子ではない。それが「命を知らざれば、以て君子と為る

こと無きなり」ということである。先儒が「命」を吉凶禍福のこととするのは末梢的なことである。「言」とは先王の法言（規範となるべき言葉）である。「人を知る」とは、先王の法言を基準にして賢者を知るということである。先王の法言は詩書にある。先王の詩書礼楽は、君子が学ぶものである。上論（『論語』の前半）の冒頭は、学ぶことと命を知ることで始め、下論（『論語』の後半）の最後は、命と礼と先王の法言の意義を説くことで終えている。これは『論語』編集者の意図によるものである。

学には、聖人の道が具わっている。聖人は天命を奉じて道を立てた。それゆえ君子の道は、天と聖人を一貫して重視する。『論語』にもそれは行き渡っている。

訳注者あとがき

一

今回『論語集注』という稀代の古典を訳注作業の対象にできたことは、幸いなことであった。この注釈書は数ある『論語』の注釈書の中でも、獲得した読者数、及ぼした影響において冠絶した存在である。本書を抜きにして東アジアの近世の思想や文化は論じられない。

ただ作業中に、出典調査が充実した注釈書の類がまだどこかにあるのではないかという不安が頭から去らなかった。管見が及んだ範囲では見当たらなかったものの、読んだ人間の圧倒的な多さを考えれば、その存在の可能性は否定できないのである。もっとも古人はかかる基本中の基本と言える書物の出典などは自明なことであって、それをいちいち注としてあげつらう必要を感じていなかったかもしれない。

典拠の問題はともかくとして、内容の解釈については近現代の学者が『論語集注』自体の現代語訳や書き下し文、また『論語集注』に沿った『論語』の現代語訳を公にしていることは第

1巻の「訳注者まえがき」に記したとおりである。ただそのいずれも江戸時代の中村惕斎《てきさい》が和文で書いた『論語示蒙句解』には及ばない。この惕斎の著書は書名のごとく『論語集注』のだいたいの内容を初心者向けに和文で示したものであって、朱子の注文に忠実に即した和訳ではないため「訳注者まえがき」には触れなかったが、ここに補っておきたい。惕斎は京都の朱子学者である。同じく京都を拠点に活動していた反朱子学の代表的存在である伊藤東涯がその『論語』の講義でわざわざ取り上げている人物であることからも知られるように(土田健次郎「伊藤東涯之《論語》研究」(『東亜論語学――韓日篇』、国立台湾大学出版中心、二〇〇九年)、その実力には並々ならぬものがある。ちなみに惕斎には漢文で書かれた『論語集注鈔説』というものもあり、これも参照してみたが、こちらの方は朱子の注の字面の解説は少なく、それゆえ今回の作業にはあまり役に立たなかった。それに対して『論語示蒙句解』は、漢学に関しては童蒙の段階になりさがった現代人にとってありがたい書物ということであろうか。

二

訓読のスタイルというのは、若い時に習ったものが染みこんでいてなかなか修正できないものである。今では未然形と已然形で読み分ける類も、筆者が高校で漢文をならった時は已然形が主であった。教科書の中にはわざわざ「漢文は已然形で読む」旨を注に明記してあるものもあったと記憶する。最初は今風に書いてみても、修正の段階で次第に昔になじんだスタイルにもどってしまった。もっともそれで厳格に統一しているわけでもなく今風も取りまぜているのだが。ともかくも本訳注は、結局は筆者がなじんだ姿になってしまっていることを諒とせられたい。言うまでもないが、江戸時代の訓読スタイルにはかなりのヴァリエーションがある。筆者は伊藤仁斎の論文を何本か書いたが、最初の草稿では古義点に統一して訓読してみることを試みた。しかしその結果非常に読みづらいものになってしまったので、高校漢文流になおして発表し、そのやり方を今でも続けている。

本書はこのシリーズの基本方針にならい現代仮名遣いを使用した。筆者は、漢文訓読は古文だから歴史的仮名遣いをすべきだと思っているが、今回は東洋文庫の基本方針に従っている。また総ルビを採用すれば送り仮名の量を最小限にできるが、これもそのような方針ではなかったので、その分読者の便を考え送り仮名を通常よりも多めに付している。

その他、細かいことであるが、若干のことを改めてお断りしておきたい。

まずなるべく字の統一をするという原則からすると「脩」も「修」になおした方がよいのだが（「脩」は古代南方では「ながい」という意味であったというような話は別としても）、どういうわけか諸テキストがほとんど「脩」になっている箇所がかなりあるので、その場合はこれを採用した。また底本は「詞」になっているところが他の多くのテキストでは「辞」になっているので、それは「辞」に改めてある。あと、底本では注文の中の圏点（〇）が他のテキストに比して少ないが、これも他の多くのテキストによって多めにしてある。

テキストの問題に関しては、処理しきれなかったというのが本音である。『論語集注』には朱子の自筆稿本と称されている断簡をはじめ、各種の版本が中国、台湾、日本に残っている。筆者は若い時から『論語集注』のテキストを集めていた。各種校合本や影印本はもとより、内外の図書館所蔵のテキストも写真焼き付けなどで手に入れたりしていたのであるが、全体としてはまだ不十分であるし、いちばん問題なのはテキストの系統について特に知見が得られていないことであって、それゆえ本書では底本を中心に最低限の注を付すにとどめた。「而」の有無など細かい差について各テキストの差を網羅的に列挙すると、意味上特に影響が無いにもかかわらずむやみに煩瑣になって終わる。それゆえこの類は注していない。意外なほど重要な字句の差異は少ないというのが全体的な印象である。

三

朱子は「私の語孟集注（『論語集注』と『孟子集注』）には一字も添えられず、一字も減らせられない」とまで言ったが（『朱子語類』一九）、意外なのは、自明なはずの出典を誤って記していることが皆無ではないことである。またある箇所の語句がもとは別の箇所にあったはずだという議論をしているが、今ある箇所の注ともとあったとされる箇所の注とで一致していないこともある。これらについては該当箇所に注を付しておいたのでそれを参照されたいが、要するに『論語集注』は水も漏らさぬほどの整合性を持つとまでは言えないのである。

しかしそれよりももっと本質的な引用上の問題がある。それは朱子の先輩の道学（いわゆる宋学）諸儒の説の引用のしかたである。『論語精義』は同じく朱子が編集した道学諸儒の『論語』解釈の資料集であり、『論語或問』は諸儒の解釈の調停を試みたものであるが、『論語集注』とこれらの書の間には齟齬が少なからず存在する。第1巻の「訳注者まえがき」でも強調しておいたが、もともと『論語集注』においては、わかりづらい諸儒の文章についてはそのまま引かずに意味が明確に取れるようにあえて改変したと、朱子自身が明言している。中には改変という範囲を逸脱しているものさえ見られる。

また『論語精義』でははっきりと誰それの解釈としてあげているものを、『論語集注』の方では自分の言葉のように記していることもある。さらには、『論語精義』にはあげられていないものの、『朱子語類』や『朱子文集』では誰のものか明示してある語が、『論語集注』では断り無くそのまま記されていたりもする。この類を注しはじめると煩瑣かつ膨大になり、かえって本書の議論の筋道がたどりづらくなるので、よほどの場合でない限り今回はその一つ一つを記すのを省いているが、朱子はこと先儒の引用に関しては、厳密さということをかなり犠牲にしているという感がある。

朱子は道学に属していたが、この道学とは二程（程顥《こう》と程頤《い》）学派である。道学の祖としては周敦頤（周濂渓）をあげるのが一般的であるが、そうではないことについては以前論じた（土田健次郎『道学の形成』、創文社、二〇〇二）。その朱子が肝腎の二程の言葉を引用する時ですら、時に程顥のものとしたり程頤のものとしたり定まらない語が少なからずある。朱子が二程の語を集成した『程氏遺書』や『程氏外書』は、両書の「目録」やところどころに付されている朱子自身の注記からすると、自分の意に沿わないものですらそのまま収録するといった原型尊重の姿勢が堅持されているように見える。しかし『論語集注』の方では、むしろ原型に囚われない姿勢が顕著なのである。

『論語精義』では道学諸儒の注が多数引かれているが、その核にあるのは二程であり、特に『論語集注』の前半に関しては、程頤の「論語説」（『程氏経説』七）が柱になっている。ただこの「論語説」の引用は憲問第一四までであって、それはこの書物がここあたりまでしか無かったからであろう。ちなみに『程氏経説』所収のテキストでは子罕第九で終わっている。また「論語説」はテキストによっては「論語解」という題名であり、『程氏経説』に収められている場所が第六巻であったり第七巻であったり一定していない。本訳注では『程氏経説』六「論語説」という形にしたが、『論語精義』では「伊川の解に曰わく」と「解」とあるので、「論語解」の方があるいはよかったかもしれない（以上は、子路第一三・第二〇章の注（9）、第3巻の四六四ページ参照）。

ともかく程頤の「論語説（論語解）」は未完であったらしいので、その引用は『論語精義』では全篇にわたっていない。また『論語精義』には、それ以外にも二程の語は随時引かれているが、その二程の語と『程氏遺書』や『程氏外書』中の語とを比較すると、かなりが一致するものの一語一句までとはいかず、また複数の箇所を一時の言葉のようにつなげているものもある。これは二程のおりおりの語の中から『論語』の内容や文言に関わる箇所を引き抜いてきているのだから致し方無かったかもしれない（中には程頤『易伝』や『程氏文集』所収の文もある）。ただいくら当時伝わっていた二程の語録に各種のヴァージョンがあったにしろ、もっと一致していてもよいのではないかという疑念は残る。

ともかくも『論語集注』は、「集注」という書名が示すように注を集めたことを標榜していながら、実は朱子がかなり自分の解釈をもとにアレンジし、結果的には朱子の創作のようになっている書物なのである。朱子にとって重要だったのは、道学諸儒の説の忠実なトレースではなく、自分の信ずる道学流『論語』注釈を提出することであった。

四

朱子の注は、本文の意味を定めれば能事足れるとするようなものではない。そこに思想的意義を汲みとる注である。ただ朱子といえば理と気による壮大な思想体系の所有者ということがまず頭に浮かぶが、『論語集注』ではその体系が背景に控えてはいるものの、それを説くための注釈書とまで言えるものではない。もともとこの注釈は「学者」のためのものであり、その「学者」とは、今風の専門研究者という意味ではなく、広く学問修行の途上にある「学ぶ者」のことである。この「学ぶ者」は自分自身が聖人に到達することを目的としている。『論語集注』

では、聖人の境地も、多くが学ぶ者の段階から見上げた形で語られている。学ぶ者は意識的に道と一体となろうとするが、聖人はそれを実現しているのでその意識が無い。要するに人為から自然へ移行するのであって、聖人の境地を描出する際に自然な意識の限りない連続性が強調され、それにともない聖人に体現されている理についても渾一が言われることが多いのはそれゆえである。

学ぶ者の視線ということで一つ例をあげておきたい。子張第一九・第一二章は孔子の語ではなく弟子の子夏の語であるのに、ひときわ長い注がつけられていて、その内容は掃除応接の礼儀作法の実践といった身近なことから順次向上していくことがいかに重要かというものである。朱子は、道学及びその周辺がいきなり高遠かつ本質的な問題を議することを批判し続けたが、ここでは道学の祖である二程の語を五条も引用し、あくまでも日常の場からの着実な積み上げが必須である旨を強調している。これはかかる考え方が道学の祖である二程の基本的姿勢であることを示そうとしているのである。

以前拙著で論じたことであるが（前出の『道学の形成』）、朱子は、時に新興宗教的胡乱さが感じられていた道学に対して、士大夫社会での市民権をあたえたいと願った。それには経学として道学が十分に成り立つものであるということを示す必要があり、『論語集注』をはじめとした『四書集注』はその要請に応えるものであった。またそれと同時に、内部分裂に悩む道学内部に対して朱子は『四書』解釈の決定版を示す必要も感じていた。先の下からの積み上げの必要性の強調も、道学及びその周辺の儒者たちがともすれば高遠に馳せることに対する批判が背景にある。『論語集注』は単に諸解釈を機械的に集めた注釈書ではなく、自己主張が色濃い朱子しか作り得なかった著作なのである。

五

朱子は『四書』というまとまりを重視した。学ぶ者は、まず『大学』で聖人の学のプログラムを知り、『論語』で根本を確立し、『孟子』で心を発揚し、『中庸』で微妙な問題の理解を深めるべきであるとする（『朱子語類』一四）。朱子学の文脈に沿うならば、読者は『論語集注』のみならず、『大学章句』、『孟子集注』、『中庸章句』をも読まなければならないことになる。ただ長い儒学の歴史の上の安定的評価という点からすれば『論語』は別格である。『論語』より五経を重視することも時になされるが、『論語』自体の経書性を否定する儒者はほとんどいない。本訳注で取り上げた伊藤仁斎と荻生徂徠との関係に限ってみても、この四書のうちでは仁斎は『論語』と『孟子』のみ、徂徠は『論語』のみしか経書として認めなかった。朱子、仁斎、徂徠とも『論語』を尊崇したうえでその位置づけと内容把握を異にしたのであって、それゆえ三者の考え方の差が、『論語』解釈の場においてはひときわ対比的かつ具体的に現れていくのである。

このような意味もあり、本訳注では仁斎の『論語古義』と徂徠の『論語徴』の要旨を【補説】

として付したのであるが、その意義については、第1巻の「訳注者まえがき」で記したので繰り返さない。なぜこのような作業をすることになったかというと、編集者の関正則氏との話し合いの結果である。これは実はかなり勇気のいる試みであった。筆者の理解力の程度が露見するからである。それでも『論語』という経書がいかに解釈の多様性をはらんでいるか、また儒者が経学という形で行う自己主張がいかなるものかが、これを通して感じていただけると思う。『論語』解釈をめぐって、朱子、仁斎、徂徠という卓越した思想家たちの個性がお互いに照射しあっているのは、なかなかの見物ではなかろうか。

ちなみに『論語古義』には現代語訳があり、『論語徴』も書き下し文にしたものが出版されていて、後者は東洋文庫にも入っている。ただ前者は翻訳としてはあまりに問題が多すぎ、後者はそのままでは一般読者がたやすく理解できるものではない。今回の【補説】がこの両書への手引きの役割を多少なりとも果たせればとも思っている。

なお『論語古義』と『論語徴』については、全訳でない以上、要約のしかたに粗密が出てしまう。またよくあることだが、批判する側がされる側の主張を正確に理解していない場合も想定される。ただ実際には予想以上にそのケースは少なかった。「正確な理解」なるものを厳密に考えればさらに議論も出てくるであろうが、他のケースと比較した場合、むしろ異例なほど朱子、仁斎、徂徠の三者の『論語』解釈は批判を媒介にしながら嚙み合っているのである。

六

本訳注の話が平凡社の関正則氏からあったのは五、六年前だったような気がする。しかし筆者は当時大学の副総長の役職についていて、休日も仕事に追われるありさまで、若干の訳注には手を染めたものの、とても進捗がいく状況ではなかった。それが二〇一〇年十一月初旬に任期が満了したので本格的に取りかかり、その後実質二年半ほどで全篇の訳注を作成した。ただ各冊が出版されたのはさらに二年ほどの幅があったので、その間手直しをする時間を得られた。もっとも副総長の任期は終わったものの、兼任していた九州唐津にある大学系属中高の理事長の職は以後も継続した。大学教員として東京で教育や授業をしたり会議をこなしたりするかたわら唐津に通う日々が続き、時に原稿や校正刷りを持ちながら東京と九州を往き来した。この中高は新設校であって、山有り谷有りであったが何とか開校でき、順調に学年進行を果たせ、予定していた生徒の数が満ちる完成年度をもう目の前に控えている。この時期にこの仕事を完成できたことにはやはり感慨がある。

本来ならば、もっと時間をかけてすべき作業であったであろう。しかし自分の年齢を考えると、とにかく進めるほかに道は無いと思ったのである。六十歳を越えてから、記憶力は減退し、ミスの多発に悩まされ、今夏はついに六十五歳となった。以前なら「仮すに十年を以てすれば」という気持ちであったものが、今は十年後はさらに精度が落ちるという不安しかない。

本訳注には誤りや不足もあろう。今回の仕事が将来の充実した訳注作成のたたき台になればと思っている。

平凡社の関正則氏には、企画から刊行までの全行程においてたいへんお世話になった。末尾ながら心から謝意を表したい。

二〇一四年九月一日

土田健次郎

土田健次郎《つちだけんじろう》

1949年、東京生まれ。早稲田大学第一文学部卒業、同大学院文学研究科博士課程単位取得退学。博士（文学）。現在、早稲田大学文学学術院教授。
主な著書に、『道学の形成』（創文社、2002年）、『儒教入門』（東京大学出版会、2011年）、『「日常」の回復——江戸儒学の「仁」の思想に学ぶ』（早稲田大学出版部、2012年）、『江戸の朱子学』（筑摩書房、2014年）、編著に『近世儒学研究の方法と課題』（汲古書院、2006年）、『21世紀に儒教を問う』（早稲田大学出版部、2010年）、訳注書に、山鹿素行『聖教要録・配所残筆』（講談社、2001年）等がある。

論語集注《ろんごしっちゅう》4（全4巻）　東洋文庫858

2015年2月20日　初版第1刷発行

訳注者　土田健次郎

発行者　西田裕一

印刷　創栄図書印刷株式会社
製本　大口製本印刷株式会社

発行所　電話編集 03-3230-6579　〒101-0051
営業 03-3230-6572　東京都千代田区神田神保町3-29
振替 00180-0-29639　株式会社 平凡社

平凡社ホームページ http://www.heibonsha.co.jp/

ISBN 978-4-582-80858-2
NDC 分類番号123.83　全書判（17.5cm）　総ページ494

《東洋文庫の関連書》

44　四書五経〈中国思想の形成と展開〉　竹内照夫 著
113　新訂 西洋紀聞　新井白石 著　宮崎道生 校注
440　看羊録〈朝鮮儒者の日本抑留記〉　姜沆 著　朴鐘鳴 訳注
470　科挙史　宮崎市定 著　礪波護 解説
485　東洋文明史論　桑原隲蔵 著　宮崎市定 解説
493　古代中国研究　小島祐馬 著　本田濟 解題
500　中国古代の祭礼と歌謡　M・グラネ 著　内田智雄 訳
508　東洋における素朴主義の民族と文明主義の社会　宮崎市定 著　礪波護 解説
518　詩経国風《しきょうこくふう》　白川静 訳注
557・559　支那史学史 全二巻　内藤湖南 著　吉川忠夫 解説
574　先哲叢談　原念斎 著　源了圓・前田勉 訳注
575・576　論語徴 全二巻　荻生徂徠 著　小川環樹 訳注

618・619　中国小説史略 全二巻　魯迅 著　中島長文 訳注
635・636　詩経雅頌《しきょうがしょう》 全二巻　白川静 訳注
716・718　中国における近代思惟の挫折 全二巻　島田虔次 著　井上進 補注
726　新編 日本思想史研究〈村岡典嗣論文選〉　村岡典嗣 著　前田勉 編
746・748　増補 本居宣長 全二巻　村岡典嗣 著　前田勉 校訂
754・755　制度通 全二巻　伊藤東涯 著　礪波護、森華 校訂
775　古書通例〈中国文献学入門〉　余嘉錫 著　古勝隆一・嘉瀬達男・内山直樹 訳注
811　政談〈服部本〉　荻生徂徠 著　平石直昭 校注
837　目録学発微〈中国文献分類法〉　余嘉錫 著　古勝隆一・嘉瀬達男・内山直樹 訳注
846　新民説　梁啓超 著　高嶋航 訳注
843・845・847・849・851　世説新語 全五巻　劉義慶 撰　井波律子 訳注